Desarrollar aplicaciones web con PHP y Symfony

Yves Rocamora

ISBN: 978-2-409-04600-1
Edición original: 978-2-409-04148-8

Ediciones ENI

P° Ferrocarriles Catalanes, 97-117, 2a pl. of. 18
08940 - Cornellà de Llobregat (Barcelona)

Tel: 934 246 401
Fax: 934 231 576

e-mail: info@ediciones-eni.com
http://www.ediciones-eni.com

Autor: Yves RACAMORA
Edición española: David GUILLEN JIMENEZ
Colección **Recursos Informáticos** dirigida por Émilie VILLETORTE

Introducción

¿Siempre ha querido ser programador, saber cómo se crea un sitio web o, en general, una aplicación que funcione en Internet?

Este libro le proporcionará los mecanismos para lograrlo sin ningún conocimiento previo. Lo aprenderá gradualmente, paso a paso, desde un nivel de conocimiento nulo hasta el punto final, en el que podrá ser completamente autónomo para continuar su propio aprendizaje, siendo consciente de que nunca dejamos de aprender.

No dude en realizar usted mismo todos los ejemplos propuestos, si es posible, varias veces seguidas, añadiendo sus propias variantes. Así, se familiarizará con todas las herramientas como un auténtico artesano de la web.

No se desanime. Aunque los conceptos tratados sean cada vez más complejos, se le presentan de la manera más simple y concisa posible. Aquí no encontrará teorías vagas ni ejemplos demasiado complejos, como los que se suelen ver en los tutoriales disponibles en Internet. Cada concepto se presenta de manera distinta y clara. Puede probarlos con ejemplos simples y fáciles de implementar. No dude en volver a revisar un concepto varias veces seguidas si es necesario antes de avanzar al siguiente.

Desarrollar aplicaciones web

con PHP y Symfony

Esta edición le permitirá dominar la versión 8 de PHP, así como la versión 7 de Symfony. Incluye todas las novedades.

Existen varias técnicas para desarrollar un sitio web. Hemos elegido proponerle la más común en la actualidad: el uso del lenguaje PHP de la mano del framework Symfony. Debe saber que empresas prestigiosas lo elogian, como Yahoo, Dailymotion, Opensky.com o incluso Drupal. El aprendizaje de estas técnicas le ayudará posteriormente a adquirir otras, como JavaScript, por ejemplo.

Si ya es un desarrollador experimentado y el lenguaje PHP no tiene secretos para usted, no cierre todavía este libro. Aunque su progreso se presente de manera progresiva para principiantes, aborda conceptos avanzados, especialmente de Symfony, que pueden ser útiles para cualquier persona que desee profundizar sus conocimientos y dominar las buenas prácticas. La distribución de los capítulos está diseñada de tal manera que puede dirigirse a un capítulo que trate un concepto específico sin tener que consultar los anteriores. Los ejercicios también están asociados a un capítulo particular y son completamente independientes entre sí.

¿Está decidido a empezar? Sin más preámbulos, le invito a descubrir los primeros elementos para construir nuestra aplicación web con todo su esplendor.

Podrá descargar algunos elementos de este libro en la página web de Ediciones ENI: **http://www.ediciones-eni.com**.
Escriba la referencia ENI del libro **RIT2PHSYM** en la zona de búsqueda y valide. Haga clic en el título y después en el botón de descarga.

Capítulo 4
El lenguaje orientado a objetos

Capítulo 5
Las novedades de PHP 8

Capítulo 6
Los frameworks

Capítulo 7
La gestión de dépendencias

Capítulo 8
Instalación de Symfony

Capítulo 9
Configurar una aplicación

Capítulo 10
La primera aplicacion

Capítulo 11
El enrutado

Capítulo 12
El motor de plantillas Twig

Capítulo 13
Webpack Encore

Capítulo 14
Symfony UX Stimulus

Capítulo 15
Modelización de datos con Doctrine

Capítulo 16
Los formularios

Capítulo 17
La seguridad

Capítulo 18
Personalización de las páginas de error

Capítulo 19
Internacionalización

Capítulo 20
Los servicios

Capítulo 21
La clase Mailer

Capítulo 22
Despliegue de la web en producción

Capítulo 1
¿Qué significa ser un buen programador?

1. Desarrollar aplicaciones web con PHP y Symfony

Posiblemente, antes de embarcarse en esta aventura, se estará preguntando:

- ¿Seré capaz de hacerlo?
- ?No terminaré dándome cuenta de que todo esto es demasiado difícil para mí en medio del aprendizaje¿

Es natural tener este tipo de dudas, especialmente al comenzar una carrera de programador sin conocimientos previos.

En nuestro campo, no hay criterios predefinidos de habilidades.

Cualquiera puede lograrlo.

Dicho esto, es necesario adquirir ciertos métodos de trabajo que nos facilitarán la vida.

Ser paciente

En informática, varios parámetros influyen en la ejecución de un código y no es raro que algo que funcionaba antes deje de hacerlo.

Mantenga la calma. Pruebe su aplicación, poco a poco, con diferentes herramientas. Si procede de esta manera, sin duda, encontrará la solución al problema...

No querer dominarlo todo

No es necesario entender línea por línea lo que hace su código. Es casi imposible saber qué sucede realmente dentro de un framework. Su código no es un bloque compacto, sino una combinación de módulos independientes y distintos. Solo necesita saber qué hace cada módulo y qué requiere para funcionar. Es como una pieza de automóvil: si funciona mal, ¡se reemplaza! No pierda tiempo buscando por qué no funciona correctamente.

Saber buscar la información

Afortunadamente, no es necesario conocer todas las instrucciones de un lenguaje o framework para trabajar con ellos.

Cuando se enfrente a un error o a una nueva funcionalidad, es probable que realice una búsqueda en Internet. En primer lugar, piense cuidadosamente en las palabras clave que definirán la búsqueda. Luego, compruebe la relevancia de lo que se le propone. ¿Otras personas han probado esta solución? ¿Tienen la misma configuración que usted? ¿Cuándo se publicó la información?

Lo mejor es comenzar siempre su búsqueda en el sitio web del propio framework. La documentación de Symfony está muy bien y a menudo encontrará la solución allí.

Para el lenguaje PHP, tiene un sitio de referencia: https://www.php.net/

Si la respuesta aún no está clara, eche un vistazo a este sitio:
https://www.stackoverflow.com

Este sitio funciona como un foro. Tiene una barra de búsqueda para encontrar una pregunta que se aproxime a lo que busca. Antes de revisar una respuesta, consulte la cantidad de personas que la aprueban, lo cual puede ser un buen criterio de relevancia.

Si aún no encuentra lo que busca, es posible que esté en el camino equivocado. La solución puede no existir o la búsqueda puede ser errónea. Seguramente haya otra forma más adecuada de lograr sus objetivos.

Ser organizado

Tómese el tiempo para entender lo que está haciendo y repita los ejercicios varias veces. Organice su proyecto en carpetas y subcarpetas significativas que le permitan recordar dónde se quedó.

No dude en hacer esquemas de su aplicación.

No querer reinventar la rueda

Hoy en día, existen muchas soluciones para problemas recurrentes. Ya no es necesario desarrollar lo que ya se ha hecho muchas veces. Antes de sumergirse en el desarrollo, verifique si alguien ya ha implementado una solución similar a la suya. Esto le ahorrará un tiempo valioso.

Asimismo, utilice las herramientas adecuadas. Un buen IDE (entorno de desarrollo integrado) siempre es mejor que un simple editor de texto como Notepad++. Tómese el tiempo de instalar los complementos correspondientes al lenguaje que está utilizando.

Finalmente, estructure su código de manera que pueda reutilizar varias veces los mismos elementos. Las llamadas, por ejemplo, a una base de datos Oracle o MySQL pueden hacerse con el mismo código, modificando únicamente la configuración.

Es el momento de presentar las herramientas adecuadas para trabajar.

Capítulo 2
Las herramientas

1. ¿Windows, Mac OS o Linux?

Para empezar a trabajar, necesitará... un ordenador. Y cuando decimos un ordenador, nos referimos al sistema operativo. Un sistema operativo es simplemente el software base que le permite trabajar en su máquina.

Existen tres sistemas operativos que dominan el mercado:

- Windows
- Linux
- Mac OS

¿Cuál elegir?

Si pregunta a un usuario de Mac, le dirá sin dudarlo que este es, de lejos, el mejor sistema para adoptar, y si pregunta a un usuario de Windows, afirmará que Windows es el mejor. Lo mismo sucederá si pregunta a un usuario de Linux.

La verdad es que cada sistema operativo tiene sus ventajas y sus desventajas.

Lo único seguro es que, independientemente de su sistema operativo, podrá trabajar en él con el lenguaje PHP y el framework Symfony.

La elección es suya.

Sin embargo, aquí proporcionamos algunos elementos que pueden ayudarle.

1.1 Windows

Windows es el sistema operativo más utilizado.

La gran mayoría de software en el mercado es compatible con Windows. Muchas versiones gratuitas de software están disponibles en este sistema.

La presentación gráfica en forma de ventanas se ha convertido en un estándar. La mayoría de las personas están acostumbradas al funcionamiento de Windows. Por lo tanto, no se sentirá desorientado al usarlo.

¿Las desventajas?

Dado que es el sistema más utilizado, la mayoría de los ciberataques y malware se dirigen a este sistema. Por lo tanto, deberá adoptar un buen antivirus.

Windows también tiene la reputación de presentar bugs con regularidad. Esto es cada vez menos cierto si adopta las últimas versiones del sistema (Windows 11), aunque a veces uno acabe preguntándose adónde han ido las ventanas y cómo hacer que vuelvan a la pantalla.

1.2 Linux

Es el sistema operativo preferido de los desarrolladores experimentados. Pero también puede usarlo como principiante. La principal diferencia con Windows es que deberá escribir la mayoría de las instrucciones a mano (por ejemplo, para instalar un nuevo software). El uso de la consola reemplaza la interfaz gráfica. Es un poco desconcertante al principio, pero se vuelve muy eficaz rápidamente. Al menos, se controla lo que se está haciendo.

Los nostálgicos de la interfaz gráfica siempre pueden instalar en Linux el sistema Ubuntu. Ubuntu es libre, gratuito y está compuesto por software que también es gratuito.

Linux es un sistema operativo muy confiable. Mientras que Windows oculta el interior ofreciendo una interfaz gráfica atractiva, Linux ofrece una transparencia perfecta. Puede intervenir en la configuración de su entorno. Esto le permite adaptar configuraciones precisas. Sin embargo, todo se realiza mediante la línea de comandos.

El software adaptado a Linux, al igual que el sistema operativo en sí, es gratuito y de código abierto.

¿Las desventajas?

La oferta de software disponible es menor que en Windows.

Esto se aplica especialmente a las herramientas ofimáticas, pero siempre es posible adaptar programas creados para Windows.

Las instalaciones se realizan muy habitualmente desde la línea de comandos. Deberá dominar un poco el lenguaje Linux antes de comenzar.

1.3 Mac OS

Este es el famoso sistema de la marca con la manzana mordida.

Su interfaz gráfica se asemeja mucho a Windows en cuanto a su apariencia, aunque no tanto en lo que respecta a su uso.

Mac OS se basa más en la línea de comandos que Windows y ofrece más opciones de configuración. Dado que es menos utilizado que Windows, presenta mucho menos riesgo de exposición a virus.

¿Las desventajas?

La desventaja principal de este sistema operativo es que la mayoría de los programas disponibles son de pago y a menudo más caros que sus homólogos en otros sistemas.

Además, las actualizaciones suelen ser muy largas en Mac OS.

Y hasta aquí esta comparación rápida. De todas formas, podrá desarrollar en PHP y Symfony independientemente de su elección. También es posible instalar varios sistemas operativos en un mismo ordenador utilizando lo que llamamos máquinas virtuales.

En este libro, se utilizará Windows simplemente porque es el sistema operativo más común. Se le proporcionará, si es necesario, los cambios que puedan surgir si utiliza Linux o Mac OS. No son muchos para lo que nos concierne.

2. La relación cliente-servidor

¿Cómo lanzar una aplicación web en su ordenador?

Todos los sitios web que ve en Internet están necesariamente alojados en un servidor.

¿Qué es un servidor? Un servidor no es más que un ordenador, aunque, claro, debe ser un poco más potente que el suyo para manejar todas las solicitudes. Sobre todo, está diseñado para proporcionar simultáneamente información a otros ordenadores conectadas a través de una red.

El principio de hacer que los ordenadores se comuniquen entre sí no es nuevo. A priori, no resulta fácil hacer que ordenadores con sistemas operativos y características físicas diferentes se comuniquen.

Una primera experiencia se llevó a cabo en 1965 por dos estudiantes de California en la agencia de investigación ARPA (*Advanced Research Project Agency*), creada en 1957 por el Departamento de Defensa de Estados Unidos. Fueron ellos quienes desarrollaron la primera red de ordenadores del mundo: ARPANET.

Después de múltiples trabajos, surgió el Internet que conocemos.

Pero ¿cómo poner su sitio web en Internet?

Como se mencionó anteriormente, necesitará un servidor. Siempre puede configurar su ordenador para que se convierta en un servidor (con buenos conocimientos de administración del sistema), pero la mayoría de las veces es más fácil usar un servidor ya existente.

En Internet, encontrará muchas direcciones de servidores o, más específicamente, de proveedores de alojamiento, que son organizaciones que le ofrecen alojar su sitio en sus servidores.

Aquí no recomendamos un proveedor de alojamiento en particular; la elección es suya. Solo le recomendamos que elija un alojamiento de pago (por lo general, es de unos pocos euros al mes) en lugar de un alojamiento gratuito, que podría desaparecer rápidamente, llevándose su sitio web consigo.

He aquí lo que sucede cuando alguien se conecta a un sitio.

Por ejemplo: www.misitioweb.com

Esta dirección se conoce como **nombre de dominio**.

Este nombre es el que le permite encontrar la dirección IP del servidor que aloja el sitio.

Una dirección IP (del tipo: 127.0.0.1) es como un número de teléfono que identifica de manera única su servidor en la red internet.

Cuando la persona intenta conectarse a través de un navegador (Chrome, Firefox, Safari...), introduce el nombre de dominio en la barra de direcciones. El navegador intenta una conexión al servidor remoto y envía lo que se llama una solicitud HTTP al servidor.

La solicitud es procesada por el servidor, que accederá a la página solicitada. Esta página se envía al usuario como respuesta.

Una vez recibida la respuesta, la conexión termina y no hay más conexión entre el cliente y el servidor hasta la próxima solicitud.

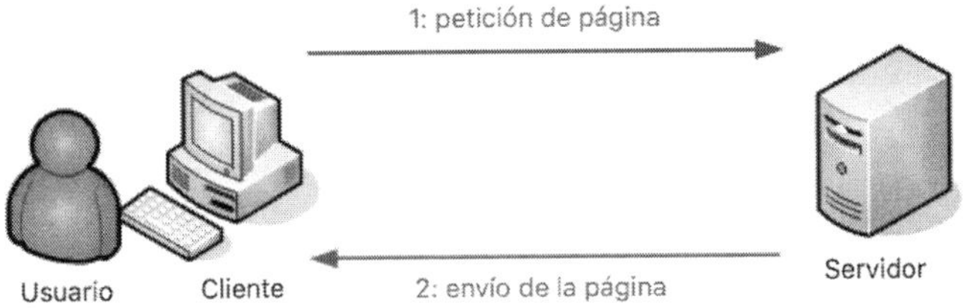

Sí, lo ha entendido: necesitaremos usar un servidor para instalar nuestra aplicación Symfony en él.

Comenzaremos instalando un **servidor local**, es decir, un servidor que no está conectado a Internet, pero que nos permitirá probar localmente, en nuestro ordenador, nuestra aplicación.

Una vez que nuestra aplicación funcione correctamente en nuestro ordenador, es decir, que la hayamos comprobado localmente, podremos desplegarla en un servidor accesible públicamente en Internet.

3. El servidor local

La distribución de servidor local más utilizada en Windows se llama Wamp (*Windows Apache MySQL PHP*).

Esta distribución le proporciona lo necesario para trabajar en su PC, a saber:

- un servidor Apache que le permitirá procesar solicitudes HTTP desde su navegador como si estuviera en Internet,
- un servidor MySQL que le ofrece la posibilidad de tener una base de datos local (volveremos a esto cuando usemos Symfony),
- un servidor PHP con las últimas versiones para interpretar el lenguaje.

¿Cómo instalar esta distribución?

Vaya al sitio web: http://www.wampserver.com/en

Llegará a esta página:

Simplemente haga clic en la pestaña **Download** y luego en **WampServer 64 bits**:

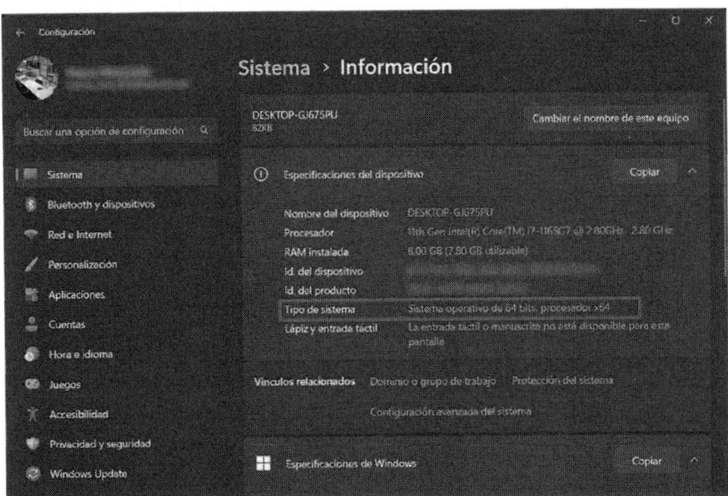

Observación

La mayoría de los sistemas hoy en día funcionan con 64 bits. Si tiene dudas, escriba en la barra de búsqueda de su barra de tareas el texto: ***Información del sistema****. Aquí debería ver que se trata de un PC basado en x64.*

Una vez que haya hecho clic en **Download WampServer 64 bits**, haga clic en el enlace **you can download it directly**:

DOWNLOAD WAMPSERVER 64 BITS (X64) 3.3.2

WampServer est disponible gratuitement (sous licence GPL). Vous pouvez remplir ce formulaire qui nous permettra de vous faire parvenir les actualités formation d'Alter Way, société éditrice, ainsi que toutes les informations liées aux évolutions de WampServer. Si vous ne le souhaitez pas, vous pouvez you can download it directly.

Prénom : Nom :

Société : Email (*) :

Téléphone : Pays :

Fonction (*) :

Vous avez des questions, des remarques, des commentaires ?

Votre utilisation de Wampserver :
- Utilisation pour une application interne
- Utilisation pour développer en préproduction
- Ne prévoit pas d'utiliser WAMPSERVER

Je souhaite recevoir des informations de WampServer

ENVOYER

* champs obligatoires

WARNING : N'utilisez pas d'extensions / addons Wampserver précédents. Ils ne sont plus compatibles avec la nouvelle version de wampserver (VC11)

La página de descarga está en una mezcla de inglés y francés. Sobre todo, cierre todas las ventanas emergentes de publicidad que puedan abrirse y espere. La descarga se realiza automáticamente. Se abrirá una pequeña ventana emergente que le pedirá que guarde el archivo. Haga clic en **Guardar el archivo**.

Si la ventana emergente no se abre, haga clic en el primer enlace indicado en la pantalla correspondiente a la última versión utilizable.

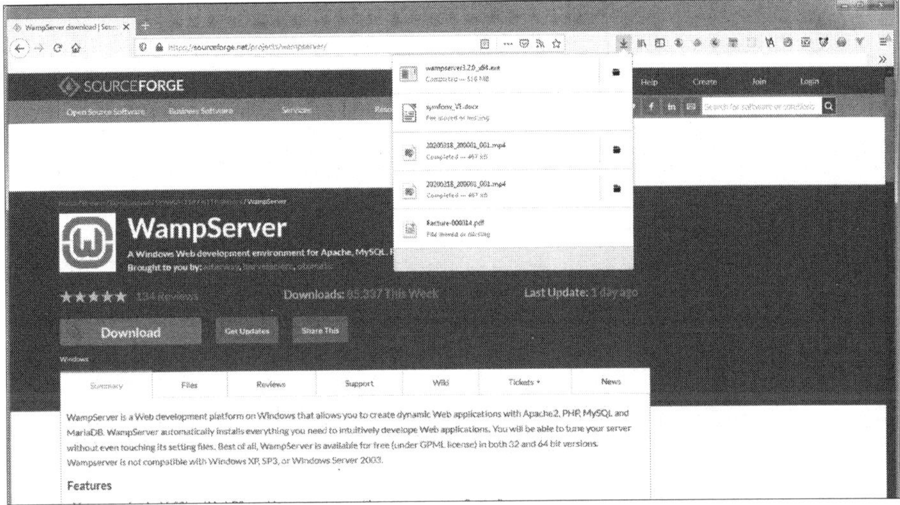

Haga doble clic en el archivo y ejecute el programa. Se le ofrecerán varias opciones.

Acepte todas las opciones por defecto. Si le pide que use Internet Explorer como navegador, haga clic en **sí**. De todos modos, esta opción no se utilizará para nada.

Si todo va bien, debería tener en su menú **Inicio** de Windows (haga clic en la esfera de la barra de tareas) el programa **WampServer64**. Haga doble clic en él para arrancar el servidor.

Espere a que aparezca un pequeño icono en forma de **W** verde en la barra de tareas. Puede tardar un poco en volverse verde.

Observación

Puede que se esconda en la pequeña pestaña de iconos ocultos. Abra esta pestaña:

Si aparecen errores al instalar WAMP (algo que puede ocurrir con sistemas operativos antiguos), como, por ejemplo: *falta el archivo MSVCR110.dll*, deberá instalar el entorno de desarrollo integrado (IDE) Microsoft Visual Studio (consulte la siguiente sección: Visual Studio Code). Durante la instalación, el IDE instalará automáticamente los archivos DLL.

Pero si aun así no funciona, no pierda el tiempo intentando instalar las bibliotecas que faltan.

Elija otro servidor local, como XAMPP. Funciona en Windows, Mac y Linux.

Encontrará su instalación en:
https://www.apachefriends.org/es/download.html

Para los usuarios del sistema Linux, XAMPP también es un servidor local adecuado.

Los usuarios de Mac OS pueden descargar el servidor local MAMP:
https://www.mamp.info/en

Ahora tiene un servidor local disponible en su máquina para trabajar.

Pero ¿cómo escribir sus programas PHP?

Necesitará un editor o, mejor aún, un entorno de desarrollo integrado (IDE, por sus siglas en inglés: *Integrated Development Environment*).

Después de múltiples intentos con IDE más o menos eficientes, el autor le recomienda que utilice **Visual Studio Code**. Es el IDE gratuito más fácil de usar.

Observación

Algunos hablarán del IDE PhpStorm. Es, de hecho, el mejor IDE, el más completo, pero tiene una gran desventaja: es de pago.

4. Visual Studio Code

Descárguelo en: https://code.visualstudio.com/, luego ábralo:

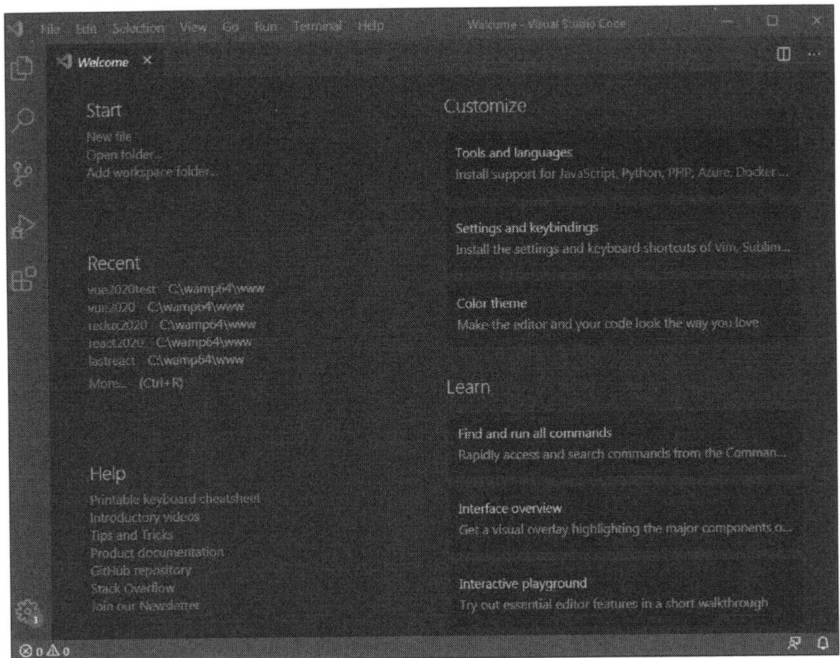

Si el IDE está en inglés, no se preocupe porque podemos descargar un plug-in para que se muestre en español. En este libro se utilizará la versión en español y se usarán los términos plug-in y extensión como sinónimos.

Lo primero que debe hacer es conectar su IDE a la carpeta de trabajo, donde va a escribir su código.

La distribución Wamp instalada anteriormente creó en su PC una carpeta: c:/wamp64/www

Puede verificarlo yendo a su explorador de Windows: teclas [Windows] **E**.

Observación

Para los usuarios de Xampp, la carpeta creada se llama c:/xampp/htdocs. Para los usuarios de Mamp, la carpeta se llama /Users/myUser/Applications/MAMP/htdocs

- En Visual Studio Code, haga clic en la pestaña **Archivo** y luego en **Abrir carpeta**.
- Vaya a la carpeta c:/wamp64/www o c:/xampp/htdocs si está utilizando un servidor XAMPP o /Applications/MAMP/htdocs en el caso de MAMP.

Vamos a crear una carpeta específica para poner toda nuestra aplicación. Haga clic en **Nueva carpeta** en la barra superior de la ventana. Dé un nombre a su carpeta. Por ejemplo, la llamaremos **SymfApp**.

- Haga clic en la parte inferior de la ventana en **Seleccionar carpeta**.

A partir de ahora, Visual Studio Code tiene acceso a la carpeta C:\wamp64\www\SymfApp.

- Haga clic de nuevo en **Archivo** y a continuación en **Nuevo archivo de texto** (o [Ctrl] **N**). Introduzca el nombre: index.php. Se aconseja este nombre porque se utiliza de forma estándar.

El archivo index.php ha sido creado en la carpeta SymfApp y se puede ver en Visual Studio Code:

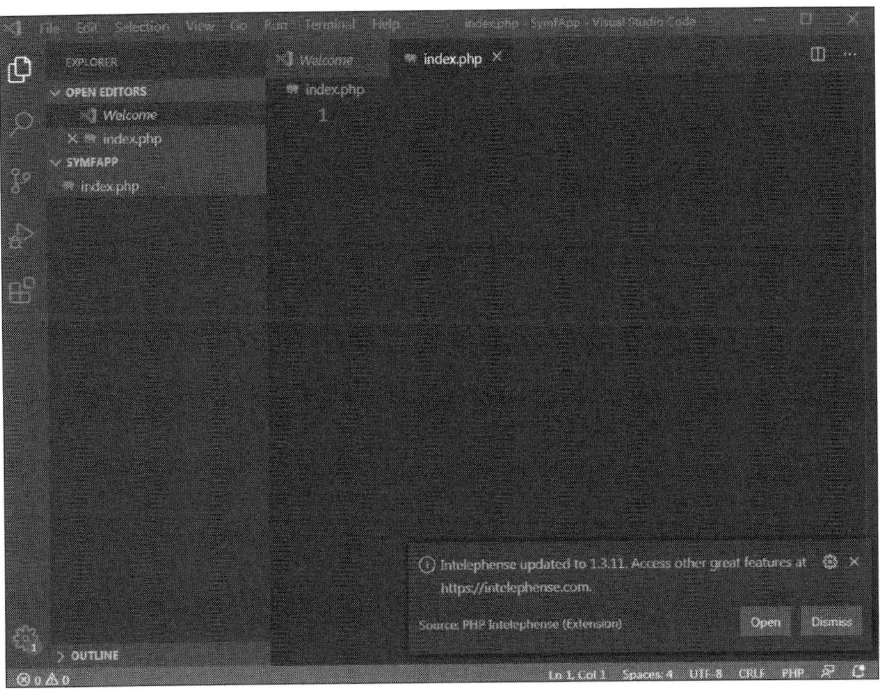

En nuestro editor podemos escribir el código PHP y ver el resultado en el navegador de Internet.

Visual Studio Code dispone de una gran cantidad de plug-ins para facilitarnos la vida. Los encontraremos en la barra vertical situada a la izquierda, con el icono .

Los plug-ins de Visual Studio Code para PHP

Estos son los plug-ins que nos van a resultar útiles:

Spanish Langage Pack for Visual Studio Code

▶ En la barra de búsqueda, escriba **Spanish**.

▶ Haga clic en **Instalar**.

PHP IntelliSense

▶En la barra de búsqueda escriba **PHP IntelliSense**.

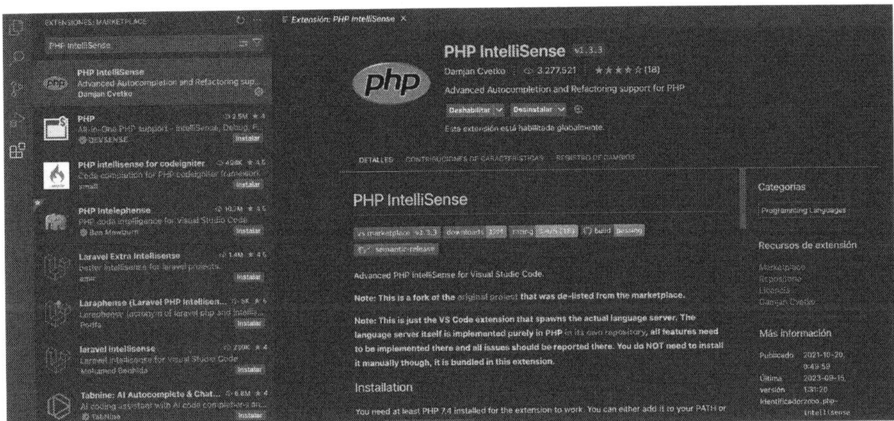

▶Haga clic en **Instalar**.

Este plug-in autocompleta el código que queremos escribir. Con tan solo tres caracteres de una instrucción, el plug-in IntelliSense propone los comandos y los parámetros apropiados.

También se recomienda instalar los siguiente plug-ins, de la misma manera que ya hemos descrito.

Bracket Pair Color DLW

Este plug-in utiliza colores diferentes para poder identificar el principio y fin de los paréntesis y las llaves.

PHP Namespace Resolver

Resultará de gran utilidad para importar los Namespace.

PHP

Instale todas las extensiones útiles para PHP de Visual Studio Code.

PHP class creator

Permite tener utilidades de ayuda para la creación de clases PHP. También permite crear un archivo que contenga una clase. Para hacerlo, haga clic con el botón derecho cuando el ratón esté sobre la pantalla del EXPLORADOR (parte izquierda de la pantalla de Visual Studio Code), luego haga clic en la opción **Create PHP Class** en el menú que aparece.

PHP Snippet Pack

Sirve para utilizar fragmentos de código o `snippets`. Los snippets son comandos abreviados que permiten insertar un fragmento de código. No deben confundirse con el autocompletado de Intellisense, que únicamente sirve para un comando.

Ejemplo de snippet PHP: si escribe la tecla **C** en un archivo, le crea una clase PHP.

PHP Getters & Setters

Permite generar automáticamente y de manera rápida los getters y setters en una clase PHP.

A continuación veremos los plug-ins útiles para Symfony:

Los plug-ins de Visual Studio Code para Symfony

Symfony for VSCode

Permite la depuración y el autocompletado de las instrucciones de Symfony.

Twig

Da el coloreado adecuado para la sintaxis de las instrucciones Twig.

Twig Language 2

Permite tener varios snippets, el coloreado de la sintaxis, el formato de los archivos Twig y el uso de Emmet.

Estos plug-ins son herramientas que le ayudarán a usar Visual Studio de manera más eficiente. Sin embargo, el hecho de no poder instalarlos no bloquea el progreso del aprendizaje.

Hay muchos otros plug-ins interesantes que se pueden encontrar en los foros de desarrolladores. Se recomienda probar estos plug-ins en un archivo de ejemplo simple antes de adoptarlos.

El uso de demasiados plug-ins puede resultar contraproducente. Por lo tanto, se recomienda encarecidamente instalar solo aquellos que de verdad son necesarios y que se complementen.

El efecto de los plug-in es inmediato. No es necesario cerrar y abrir sesión para utilizarlos.

Siempre se puede desinstalar o deshabilitar un plug-in. La ventana superior de los complementos muestra la lista de complementos que ha instalado (ACTIVO).

También se pueden utilizar los atajos de teclado. Por ejemplo, se puede duplicar una o varias líneas de comandos de la siguiente manera:

- Haga clic en la pestaña **Archivo**, después en **Preferencias**, luego en **Métodos abreviados de teclado** ([Ctrl] **K** [Ctrl] **S**).
- Realice una búsqueda en la zona adecuada con el texto **Copiar línea abajo**.
- Haga doble clic y pulse la combinación de teclas deseada; por ejemplo, [Ctrl] **D**.

- Si ya hay una combinación de teclas para esa función, haga clic en el enlace a esa combinación. Haga clic nuevamente para cambiar la combinación de teclas (por ejemplo, [Ctrl][Alt] **D**). Si acepta esta nueva combinación de comando, vuelva atrás, vuelva a escribir en la zona de búsqueda el texto **Copiar línea abajo**. Haga doble clic como antes y pulse la combinación de teclas: [Ctrl] **D**. Este acceso directo es muy útil cuando quiere duplicar una línea o un bloque de líneas. En ese caso, selecciónelo y haga [Ctrl] **D**.

Ahora tiene todas las herramientas necesarias para escribir código PHP de manera eficiente. Sin más preámbulos, sumerjámonos en la exploración del lenguaje.

Capítulo 3
El lenguaje PHP

1. ¿Cómo programar en PHP?

Regrese a su editor Visual Studio Code y haga clic en la pestaña **index.php**.

Vamos a escribir nuestro primer código en este archivo.

Todos los nombres de archivos PHP deben terminar con **.php** (por ejemplo: miArchivo.php). Evite los caracteres especiales en los nombres de sus archivos (/, >, <, ?, !...) y los caracteres acentuados (é, à, ü...), así como los espacios.

Si da a su archivo un nombre diferente de **index.php**, deberá especificarlo en la barra de direcciones del navegador (veremos esto más adelante).

Comencemos escribiendo código en nuestro archivo **index.php**. Todo el código PHP se encuentra dentro de las mismas instrucciones:

```
<?php
... una línea de código en php
?>
```

Aunque su archivo termine en **.php**, es necesario especificar estas etiquetas dentro de él para escribir código PHP. ¿Por qué?

Porque su archivo PHP también puede contener texto libre o código HTML, que será interpretado tal cual por el navegador.

Ejemplo

```
<h1>Título de la página en HTML</h1>
<?php
// mi código PHP
?>
```

La página que se muestre comenzará aquí con un título en negrita: Título de la página en HTML.

Así, un archivo PHP (con la extensión .php) puede contener código mixto con partes en HTML y partes en PHP.

```
Código HTML
<?php
Aquí dentro, código PHP
?>
Código HTML
<?php
Aquí dentro, código PHP
 ?>
```

También podría únicamente contener código PHP, como será nuestro caso con Symfony:

```
<?php
Aquí dentro, código PHP
?>
```

Cuando un archivo contiene únicamente código PHP, se puede prescindir de la etiqueta de cierre ?> (y es mejor para evitar la visualización de cualquier carácter que quede al final en la página).

Ejemplo

```
<?php
Aquí dentro, código PHP
```

Los comentarios (líneas que no serán interpretadas por el servidor) se indican con // o con /* ... */ para un bloque de líneas.

Se recomienda agregar comentarios en su código (no demasiados) para explicar lo que hace y facilitar la comprensión cuando usted o alguien más retome el desarrollo del código.

Ejemplo

```
<?php
// comentario en una línea
*/Ejemplo de
comentario en
varias líneas */
?>
```

Visual Studio Code le permite insertar automáticamente comentarios seleccionando la línea o líneas deseadas y pulsando [Ctrl] / (las mismas teclas para deseleccionar).

2. La base del lenguaje: el primer «Hello World!»

Vamos a escribir solo una línea de código para mostrar en el navegador:

```
Hello World!
```

Normalmente, se suele escribir texto en inglés, el idioma más utilizado en informática, pero también podría escribir «¡Hola, mundo!».

La instrucción PHP que permite mostrar algo en el navegador se llama `echo`.

▶ Escriba este código en el archivo index.php:

```
<?php
echo 'Hello World!';
?>
```

Observamos que es necesario colocar el texto entre ' (comillas simples) para distinguirlo del código y que la instrucción termina con un punto y coma.

■ Observación

Todas las instrucciones de PHP terminan con un punto y coma. Si lo olvida, se mostrará un error en su navegador.

▶ No olvide guardar su archivo: [Ctrl] **S** (cada vez que modifique un archivo, deberá guardar las modificaciones).

¿Cómo ver el resultado de su código en su navegador como lo vería un internauta?

Si su WAMP está encendido (**W** verde en la barra de tareas; de lo contrario, asegúrese de reiniciarlo): abra un navegador (se recomienda Firefox) y escriba la siguiente dirección en la barra de direcciones: localhost/SymfApp.

Observación

«localhost» es el nombre del servidor instalado en su propio ordenador.

El archivo index.php se abrirá automáticamente porque es el que se abre por defecto, y verá que aparece el texto:

Ahí lo tiene: acaba de escribir su primer código PHP.

- Vuelva a su archivo index.php en Visual Studio Code (que llamaremos Vscode en lo sucesivo) y modifique el título:

```
<?php
echo 'Hello everybody';
?>
```

- Guarde (teclas [Ctrl] **S**) y actualice su navegador. Verá que se ha realizado la modificación en el navegador.

Ahora, aprenderemos algunas instrucciones de PHP.

No se trata aquí de explorar el lenguaje PHP en todos sus detalles, sino de tener las herramientas necesarias para sentirse cómodo con el framework Symfony.

Las herramientas que vamos a ver son realmente indispensables, así que sumérjase en esta iniciación con cuidado. Practique creando sus propios ejemplos en el archivo **index.php**.

3. Las variables en PHP

Los primeros de estos instrumentos son **las variables**.

Una variable permite almacenar información para poder reutilizarla tantas veces como se desee en el código. También podemos realizar operaciones entre variables (sumarlas, multiplicarlas, etc.).

Todas las variables en PHP comienzan con $. Así es como se identifican. El nombre de una variable debe seguir las mismas reglas que los nombres de archivos (sin caracteres especiales ni acentuados, ni espacios).

Ejemplo de variable: `$texto`

Si desea utilizar nombres de variables con varias palabras, la convención es distinguir cada palabra, excepto la primera, con una mayúscula (no es obligatorio, pero es un estándar de escritura). Esta convención recibe el nombre de camelCase o dromedaryCase.

Ejemplo: `$miTexto`

Puede crear tantas variables como desee en su código.

Todas las variables se eliminan al final de la ejecución del código.

Es posible asignar texto a una variable:

```
<?php
$miTexto='Hello World!';
?>
```

¿Por qué es útil?

Cada vez que desee mostrar este texto en cualquier parte de su código, utilizará el nombre de la variable. Una de las ventajas es que, si desea cambiar el texto en todos los lugares donde lo ha insertado (¡imagínese que lo ha insertado 100 veces!), solo tiene que cambiar el texto en su variable y se actualizará automáticamente en todas partes.

Para mostrar el contenido de su variable, seguirá utilizando la instrucción echo, pero esta vez sin las comillas simples:

```
<?php

$miTexto='Hello World!';

echo $miTexto;

?>
```

Este código produce el mismo resultado que anteriormente (puede probarlo; no olvide guardar con [Ctrl] **S** cada vez que modifique su código).

También es posible insertar una variable en un texto que se va a mostrar. Para ello, se utilizan las comillas dobles ("):

```
<?php

$miNombre='Francisco';

echo "Hello $miNombre!";

?>
```

Este código mostrará `Hello Francisco!` en el navegador.

Otra forma de hacerlo es utilizar la concatenación para yuxtaponer varias cadenas de caracteres usando el operador . (punto):

```
<?php

$miNombre='Francisco';

echo "Hello ".$miNombre."!";

?>
```

Aquí, la cadena de caracteres `"Hello"` se concatena con la variable `$miNombre`, que a su vez se concatena con la cadena de caracteres "!".

A las cadenas de caracteres también las llamamos **strings**. Este es el término que se usará a partir de ahora en el libro.

También es posible insertar números en una variable (para realizar operaciones, por ejemplo). Para distinguir los números de las cadenas de caracteres, se omiten las comillas.

Ejemplo: `$precio=20; $iva=0.21;`

He aquí cómo mostrar una cantidad de productos y un IVA con variables:

```
<?php

$precio=20;
$cantidad=10;
$iva=0.21;

$total=$precio*$cantidad*(1+$iva);

echo "Precio Total (IVA incluido): $total euros";

?>
```

Observación

** es el operador de multiplicación (los operadores aritméticos son: +, -, *, /).*

Una vez actualizado, el resultado será: `Precio Total (IVA incluido): 242 euros.`

Las variables son muy útiles, ya que permiten agrupar varios datos en todo el código.

4. Las declaraciones de tipo en PHP

Las variables se definen según su tipo. Llamamos `TIPO DE VARIABLE` a la naturaleza del valor que puede almacenar. ¿Es la variable de tipo numérico (por ejemplo, *$precio=20;*) o alfanumérico (por ejemplo, *$nombre='Francisco';*)?

Según el tipo de variable, su comportamiento y su visualización serán diferentes. Por ejemplo, puedo realizar operaciones en variables de tipo numérico, pero no en variables de tipo alfanumérico.

En PHP, existen diferentes tipos de variables:

Null: la variable solo puede tomar un valor, el valor null. Existe, pero no contiene nada. Se pueden declarar variables sin asignarles un valor. Basta con escribir: *$miVariable=null*. Se supone que a esta variable se le otorgará un valor más adelante, en el código.

Bool: estas variables solo pueden tomar dos valores: *true* o *false*. Veremos en la siguiente sección (Las estructuras de control) el interés de este tipo.

Int: son variables numéricas enteras. Solo pueden contener números enteros (sin decimales). Ejemplo: *$precio=10;*

Float: son variables numéricas de punto flotante (también conocidas como «floats», «doubles» o «números reales»). Estas variables se pueden especificar utilizando las siguientes sintaxis:

$a = 1.234;

$b = 1.2e3;

$c = 7E-3; // esta última notación es la notación científica (7E-3 significa 0.007).

String: estas variables son de tipo alfanumérico. Sus valores siempre están definidos entre comillas. Por ejemplo: *$ciudad='Madrid'*; o *$pais="España"*

Veremos más adelante en el libro que hay otros tipos de variables, como arrays u objetos (Object), pero, por ahora, nos limitaremos a estos.

En PHP, no es necesario declarar el tipo de una variable. El tipo se define automáticamente cuando se asigna un valor a una variable.

Por ejemplo, si escribe: *$altura=1.85*, su variable será automáticamente de tipo float. Esto puede causar confusiones, ya que si luego, en su código, asigna a la variable otro valor con otro tipo, por ejemplo: *$altura='entre 175 y 190 cm'*, su variable cambiará automáticamente de tipo. En este caso, tomará el tipo `STRING`.

La visualización mediante la instrucción `ECHO` no indica el tipo de una variable. Si quiere mostrar el tipo de una variable, puede utilizar la función `gettype()`.

Ejemplo

```
<?php
$var = null;
echo gettype($var);
```

Este código mostrará el valor NULL.

También puede mostrar el tipo y el valor de una variable utilizando la función `var_dump ()`. No es necesario usar la función echo en este caso.

Ejemplo

```
<?php
$precio = 101;
Var_dump($precio);
```

Este código mostrará: C:\wamp64\www\SymfApp\index.php:4:int 10.

Nótese que también indica la ruta hacia la variable creada.

El hecho de que la declaración de los tipos de variables sea automática en PHP no es trivial. Veremos más adelante cómo asegurarnos del tipo de nuestras variables.

5. Las estructuras de control

Nuestro código debe hacer algo más que ser una simple calculadora. Debe ser capaz de tomar decisiones. El caso más clásico es probar el valor de una variable y ejecutar una serie de instrucciones según el valor de esa variable.

Para ello, hay que utilizar lo que se llama una estructura de control, es decir, una instrucción que incluye un conjunto de instrucciones según ciertas condiciones. Se trata de la instrucción `if`.

5.1 La estructura de control if

Esta estructura de control se llama `if` («si» en español) y está delimitada por los caracteres **{** y **}** (llaves). Puede escribirlas, en Windows usando las teclas: [AltGr] ´ para **{** y [AltGr] ç para **}** (en Mac: [Alt] ´ y [Alt] ç).

Sintaxis:

```
if (condicion){

    conjunto de instrucciones a ejecutar

}
```

También podemos añadir otro bloque que se ejecutará si la condición no se cumple (si... sino...).

```
if (condicion){

    conjunto de instrucciones a ejecutar

}
else {

    conjunto de instrucciones a ejecutar

}
```

Observación

Podemos utilizar el autocompletado. Escribiendo 'if', Visual Studio Code propondrá un boque entero 'if...else....'

La condición comprueba el valor de una variable. Dependiendo de ese valor, las instrucciones siguientes podrían ejecutarse, o no.

Los operadores de prueba son los siguientes:

- ==: igualdad
- ===: igualdad en valor y en tipo. ('hola' es de tipo string y 10 es de tipo int)
- >: estrictamente mayor
- >=: mayor o igual
- <: estrictamente menor
- <=: menor o igual
- !=: diferente

Vamos a retomar el ejemplo anterior, pero esta vez queremos mostrar «Producto agotado» si la cantidad de productos es igual a 0:

```
<?php
$precio=20;
$cantidad=0;
$iva=0.21;

$total=$precio*$cantidad*(1+$iva);

if ($cantidad==0){

    echo "Producto agotado";

}
else {

    echo "Precio Total (IVA incluido): $total euros";

}
```

Por supuesto, aquí el código no tiene sentido, ya que `$cantidad` siempre es cero, pero podemos imaginar que, en la realidad, `$cantidad` contendrá un valor proveniente de la base de datos de productos, por ejemplo.

Observación

Cuidado con el operador ==; si escribe un solo = en la condición, no será correcta.

Vamos más allá: tenemos la posibilidad de anidar varios `if` sucesivos con la instrucción `else if` (si no, si).

La sintaxis es: `elseif` o `else if`.

```
<?php
if (condicion){

    conjunto de instrucciones a ejecutar

}
else if(condicion){

    conjunto de instrucciones a ejecutar

}
else if(condicion){

    conjunto de instrucciones a ejecutar

}
...
else {

    conjunto de instrucciones a ejecutar

}
```

Ejemplo

```
<?php

$precio=20;
$cantidad=0;
$iva=0.21;

if ($cantidad==0){

    echo "Producto agotado";

}
else if($iva==0){

    $total=$precio*$cantidad
    echo "Precio (IVA NO incluido): $total euros";

}
else {
    $total=$precio*$cantidad*(1+$iva);
    echo "Precio Total (IVA incluido): $total euros";

}
```

La instrucción `else` debe ser la última del bloque. Es la instrucción por defecto, que se aplica si ninguna de las condiciones anteriores es verdadera.

A veces se utiliza la instrucción `switch` cuando se trata de hacer varias elecciones sucesivas sobre la igualdad del valor de una variable. Hace lo mismo que `if`, pero es más sintética.

Sintaxis:

```
<?php
switch(variable){
case value:
    conjunto de instrucciones a ejecutar
break;
case value:
    conjunto de instrucciones a ejecutar
break;
default:
    conjunto de instrucciones a ejecutar
}
```

Los bloques `case value: ... break;` corresponden a los bloques `if (condition){...}` y `elseif(condition){...}`.

El bloque `default: ....}` corresponde al bloque `else {...}`.

Ejemplo

Para mostrar el tipo de tasa de IVA según su valor:

```
<?php

$iva=0.21;

switch($iva){

case 0.21:
    echo 'IVA normal';
break;

case 0.1:
    echo 'IVA reducido';
break;

case 0.04:
    echo 'IVA superreducido';
break;

default:
    echo 'Otro tipo de IVA';
}
```

Observación

El valor de la tasa de IVA en el «case» se especifica sin comillas, ya que es un valor numérico. Para un valor string (un texto), se necesitarían comillas, como case "0.2". En este caso, ambas notaciones son equivalentes.

5.2 Variable booleana

Es una variable que solo puede tomar dos valores: `true` o `false` (verdadero o falso). Esta variable es muy útil para crear una condición rápida. Para probar una variable booleana, simplemente coloque el nombre de la variable en el `if` (sin operador de comparación). En el ejemplo del cálculo del IVA, basta con crear una variable booleana llamada `$agotado` para indicar que el producto se ha agotado.

El código, usando esta variable, sería:

```
<?php
$precio=20;
$cantidad=0;
$iva=0.21;

$total=$precio*$cantidad*(1+$iva);

$agotado=true;  // aquí la variable booleana que tiene el valor verdadero

if ($agotado){

    echo "Producto agotado";

}
else if($iva==0){

    $total=$precio*$cantidad
    echo "Precio (IVA NO incluido): $total euros";

}
else {
    $total=$precio*$cantidad*(1+$iva);
    echo "Precio Total (IVA incluido): $total euros";

}
```

Observación

Para asignar un valor a una variable booleana, no se usan la comillas: `$agotado=true` *(inversamente:* `$agotado=false`*).*

5.3 La estructura de control foreach

Esta estructura de control permite ejecutar un conjunto de instrucciones varias veces. El caso más frecuente de uso de este bloque es el recorrido de un array.

¿Un array? Sí, es un nuevo tipo de variable (lo mencionamos anteriormente: el tipo array) que puede contener varios valores.

Sintaxis:

```
$arrayNombre=[valor1, ...]
```

Los símbolos [y] se obtienen respectivamente con las teclas [AltGr] ` y [AltGr] + en Windows. En MAC: [Alt][Shift] (la tecla mayúscula) y ` y, para el corchete de cierre, [Alt][Shift] +.

Ejemplo de array que contiene una lista de autores favoritos:

```
$autores=["Victor Hugo","Cervantes","García Márquez",
"Vargas Llosa"];
```

Es posible mezclar diferentes tipos de variables en un array (strings y enteros, por ejemplo).

```
$productos=["impresora", 10];
```

Para acceder a un elemento del array, debe utilizar el índice del array. Tenga en cuenta que este índice comienza en 0, y no en 1.

```
$arrayNombre[índice]
```

Sintaxis:

Ejemplo en la variable `$autores`, para mostrar «Victor Hugo»:

```
echo $autores[0];
```

Victor Hugo es, de hecho, el primer elemento del array.

Para recorrer todos los elementos de un array, debe utilizar el bloque de comandos `foreach`:

Sintaxis:

```
foreach($arrayNombre as $variable){

    conjunto de instrucciones utilizando $variable
}
```

Ejemplo

Para mostrar la lista de autores favoritos:

```
<?php

$autores=["Victor Hugo","Cervantes","García Márquez","Vargas
Llosa"];

foreach($autores as $autor) {

    echo "$autor <br>";

}
```

El código `<br>` es un código HTML que indica un salto de línea.

La ejecución de este código en un navegador mostrará la lista de autores línea por línea.

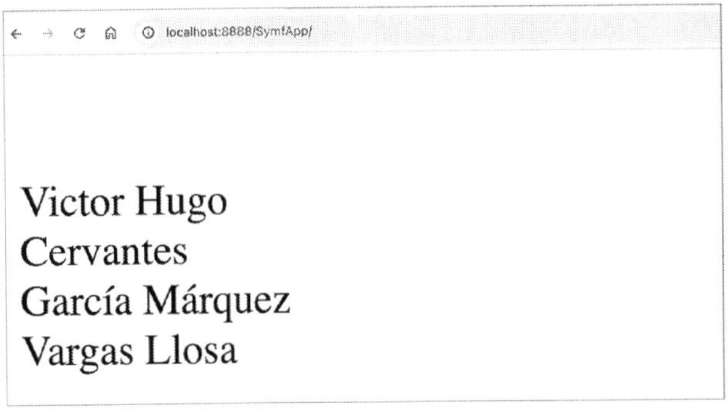

localhost:8888/SymfApp/

Victor Hugo
Cervantes
García Márquez
Vargas Llosa

Puede asociarse una clave para identificar un elemento en el array.

En lugar de utilizar el índice, se puede personalizar la búsqueda de un valor mediante esta clave.

Sintaxis:

```
$arrayNombre=[ key=>value, ...]
```

Ejemplo, para crear un array que describa un producto:

```
$producto=["nombre"=>"impresora", "cantidad"=>10, "precio"=>300,
"agotado"=>false];
```

Funciona como si hubiera varias variables en una sola.

Para acceder a un elemento del array, se utiliza la clave correspondiente.

Sintaxis:

```
$arrayNombre[key]
```

Ejemplo

```
echo " Producto: ".$producto["nombre"]." Precio: ".$producto["precio"];
```

Aquí, es necesario usar la concatenación (el punto) para evitar confusiones entre las comillas de las claves y las de la instrucción echo.

Es posible recorrer un array con claves con el `foreach`.

Sintaxis:

```
foreach($arrayNombre as $key => $variable){

    conjunto de instrucciones utilizando $key (contiene la clave)y
    $variable (contiene el valor asociado)
}
```

Ejemplo

```
<?php

$producto=["nombre"=>"impresora", "cantidad"=>10, "precio"=>300,
"agotado"=>true];

foreach($producto as $key=>$valor) {

    echo $key.": ".$valor."<br>";
}
```

Este ejemplo muestra el siguiente resultado en el navegador:

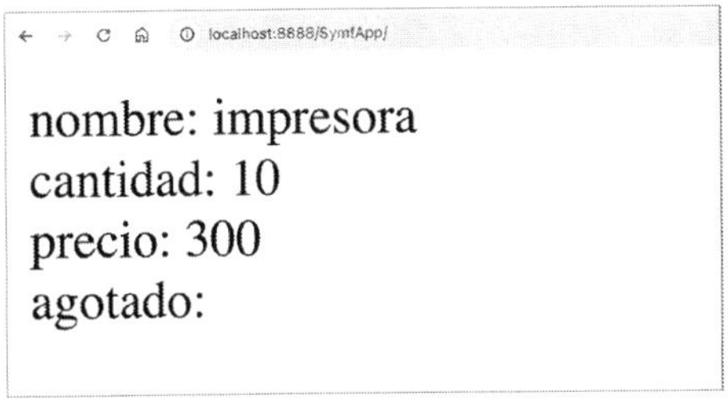

localhost:8888/SymfApp/

nombre: impresora
cantidad: 10
precio: 300
agotado:

El valor de la clave «agotado» no se muestra porque los valores `true` o `false` no tiene equivalente en texto.

Para poder ver el valor de una variable booleana, se utiliza nuestro viejo conocido: el `if`:

```
<?php

$producto=["nombre"=>"impresora", "cantidad"=>10, "precio"=>300,
"agotado"=>true];

foreach($producto as $key=>$valor) {

    if($key=="agotado"){

            if($valor){ echo "Producto agotado";}
    }
    else {
            echo $key.": ".$valor."<br>";
     }
}
```

Este código nos muestra el resultado siguiente:

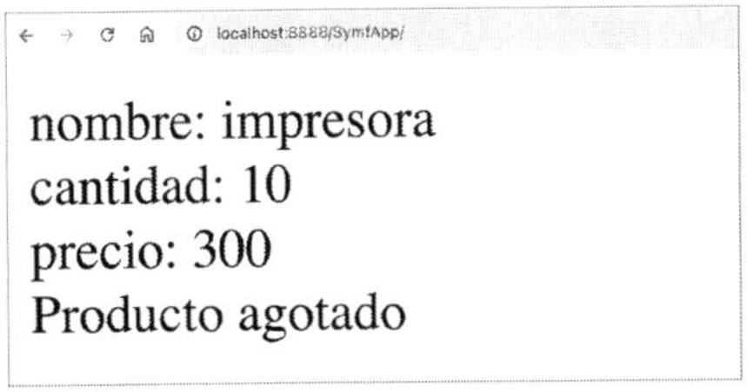

localhost:8888/SymfApp/

nombre: impresora
cantidad: 10
precio: 300
Producto agotado

5.4 Operador ternario

El operador ternario es un atajo del bloque de comando `if`, utilizado para devolver el valor de una variable.

Sintaxis:

```
$variable=(condicion)? valorSiCierto:valorSiFalso
```

En el ejemplo anterior, es posible reemplazar la instrucción:

```
if($valor){ echo "Producto agotado";}
```

por:

```
echo($valor)? "Producto agotado":"";
```

Si `$valor` vale `true`, entonces echo mostrará «Producto agotado»; si no, no mostrará nada.

También podemos modificar la primera condición:

```
if($key=="agotado"){...}
```

Al final, obtenemos:

```
<?php

$producto=["nombre"=>"impresoras", "cantidad"=>10, "precio"=>300,
"agotado"=>true];

foreach($producto as $key=>$valor) {

    echo ($key=="agotado")?($valor)?"Producto agotado":"":
    $key.": ".$valor."<br>";

}
```

Observación

Aquí hemos anidado dos operadores ternarios.

Es una escritura más concisa, pero también más difícil de leer.

Existen otras estructuras de control, como `while(condition){...}`, pero no serán necesarias en este libro. A pesar de ello, si desea descubrir la lista de instrucciones de bloques PHP existentes, las encontrará en: https://www.php.net/manual/es/language.control-structures.php

6. Las funciones PHP

Después de ver las variables, que permiten guardar información, y las estructuras de control, que permiten agregar bloques de instrucciones, vamos a tratar las funciones que permiten volver a ejecutar código.

Una función es simplemente un bloque de código al que se puede llamar varias veces, en cualquier parte del script. El interés de esta funcionalidad es estructurar mejor el código en diferentes elementos independientes (como módulos independientes).

La creación de una función se realiza mediante la palabra clave: `function`.

Sintaxis:

```
function nombreDeLaFuncion()
{
   conjunto de instrucciones
}
```

Observación

Atención: los paréntesis () son obligatorios. No hay punto y coma al final de la declaración de una función. El nombre de la función sigue las mismas convenciones que los nombres de las variables, es decir, la norma camelCase (sin caracteres especiales ni acentuados, ni espacios).

Esta función se llama desde el lugar del código donde se desea ejecutar, simplemente invocando el nombre de la función (atención: los paréntesis () deben usarse para indicar que se llama a una función, y no a una variable).

Sintaxis:

```
<?php
...
nombreDeLaFuncion();
...
```

Es posible, por ejemplo, retomar el código que recorre el array `$producto` definido anteriormente e incluirlo en una función llamada: `imprimeProductos()`.

```
<?php
function imprimeProductos()
{
    $producto=["nombre"=>"impresoras", "cantidad"=>10, "precio"=>300,
   "agotado"=>true];

   foreach($producto as $key=>$valor) {

          echo ($key=="agotado")?($valor)?"Producto agotado":"":
    $key.": ".$valor."<br>";

    }
}
```

La función solo se va a ejecutar si la llamamos. La podemos llamar todas las veces que queramos: `imprimeProductos()`.

Ejemplo

Llamada a la función `imprimeProductos`.

```
<?php

imprimeProductos();


// declaración de la función
function imprimeProductos()
{
    $producto=["nombre"=>"impresoras", "cantidad"=>10, "precio"=>300,
   "agotado"=>true];

   foreach($producto as $key=>$valor) {
```

```
        echo ($key=="agotado")?($valor)?"Producto agotado":"":
    $key.": ".$valor."<br>";

    }
}
```

El orden, en su script, entre la declaración de la función y su llamada no importa. Al llamarla, PHP buscará la función en todo el código. Ejecute este código y verá en su navegador el mismo resultado que antes.

6.1 Parámetros de una función

Llamar a una función que ejecuta un código está bien, pero llamar a una función que permite ejecutar un código según las variables que se le pasan está mejor.

Así, en lugar de llamar siempre al mismo código, se puede personalizar según algunos **parámetros**. Los parámetros se definen al declarar la función:

Sintaxis:

```
<?php

// declaración de la función
nombreDeLaFuncion($nombrePrimerParametro, $nombreSegundoParametro,...)
{
...
}
```

No hay límites en el número de parámetros definidos en una función.

Los valores de estos parámetros se especifican al llamar a la función, en el orden en que se han definido.

Observación

Desde la versión 8 de PHP, es posible identificar los parámetros no según el orden en que se han definido, sino por su nombre. Esto simplifica enormemente la llamada a la función, sobre todo si contiene varios parámetros opcionales. Consulte la sección Los argumentos pueden tener nombre del capítulo Las novedades en PHP 8 para obtener más detalles sobre esta característica.

```
<?php

// llamada a la función
nombreDeLaFuncion(valor de nombrePrimerParametro,
valor de nombreSegundoParametro,...)
...
?>
```

Observación

Cuidado, cada parámetro debe tener un valor; de lo contrario, será indefinido en la función.

Veamos un ejemplo.

Será útil llamar a la función `imprimirProductos()` definida anteriormente con un array diferente por producto (un array para la venta de impresoras, un array para la venta de ordenadores...).

No es necesario duplicar el código para cada producto.

Basta con llamar al código pasando como parámetro el array del producto deseado (el parámetro que contiene el producto se llamará `$producto`):

```
<?php

// declaración de la función imprimirProductos
function imprimirProductos($producto)
{
    foreach($producto as $key=>$valor) {

    echo ($key=="agotado")?($valor)?"Producto agotado":"":    $key.":
".$valor."<br>";

    }
}
```

Ya no hay declaración del array «producto» en la función. Este se pasará como parámetro en el código al llamar a la función. He aquí el código final:

```
<?php

// llamada de la función con el parámetro 'impresora'
$impresora=["nombre"=>"impresora", "cantidad"=>10, "precio"=>300,
"agotado"=>true];
imprimirProductos($impresora);

echo '<hr>';

// llamada de la función con el parámetro 'ordenador'
$ordenador=["nombre"=>"ordenador", "cantidad"=>20,
"precio"=>1200,"agotado"=>false];
imprimirProductos($ordenador);


// declaración de la función imprimirProductos
function imprimirProductos($producto)
{
    foreach($producto as $key=>$valor) {

    echo ($key=="agotado")?($valor)?"Producto agotado":
"Disponible":    $key.":
".$valor."<br>";

    }
}
```

El código está optimizado. No hemos necesitado duplicar el código, uno para la impresora y otro para el ordenador. El parámetro `$producto` en la función `imprimirProductos` tomará sucesivamente los valores de los arrays `$impresora` y `$ordenador`.

Observación

echo '<hr>'; permite mostrar una línea horizontal para separar los productos (<hr> en HTML).

El resultado que se muestra es el siguiente:

```
nombre: impresora
cantidad: 10
precio: 300
Producto agotado

nombre: ordenador
cantidad: 20
precio: 1200
Disponible
```

6.2 Valores por defecto de los parámetros

Puede que no sea necesario especificar los valores de todos los parámetros al llamar a una función. Esto es especialmente cierto si algunos parámetros tienen casi siempre el mismo valor. No es necesario proporcionarles sistemáticamente este valor.

En la declaración de la función, podemos establecer valores predeterminados para los parámetros.

«Por defecto» significa, obviamente, que este valor se asigna al parámetro solo si no se transmite ningún valor para ese parámetro al llamar a la función.

Sintaxis:

```
<?php

nombreDeLaFuncion($primerParam=valorPorDefecto,
$segundoParam,...);
```

En el ejemplo anterior, podríamos pasar un valor predeterminado para el primer parámetro(`$producto`) indicando que no se ha seleccionado ningún producto: `$producto=["msg"=>"Ningún producto seleccionado"]`.

```
<?php

// declaración de la función
function imprimirProductos($producto=["msg"=>"Ningún producto seleccionado"])
{
```

```
foreach($producto as $key=>$valor) {

    echo ($key=="agotado")?($valor)?"Producto agotado":"":$key.":
".$valor."<br>";

}
}
// llamada de la función con el parámetro 'impresora'
$impresora=["nombre"=>"impresora", "cantidad"=>10, "precio"=>300,
"agotado"=>true];
imprimirProductos($impresora);

echo '<hr>';

// llamada de la función sin parámetros; se usará el valor por defecto
imprimirProductos();
```

El código muestra el siguiente resultado:

localhost:8888/SymfApp/

nombre: impresora
cantidad: 10
precio: 300
Producto agotado

msg: Ningún producto seleccionado

6.3 Retorno de la función

La función puede devolver un valor en lugar de ejecutar «echo».

Esto es mucho mejor, ya que puede personalizar la visualización de su función en su llamada según desee, o incluso almacenar este resultado en una variable para usarlo como le parezca mejor.

El retorno de la función se realiza con la palabra clave «return».

La sintaxis es la siguiente:

```
<?php

function nombreDeLaFuncion()
```

```
{
  conjunto de instrucciones

  return valorRetorno;

   // nada más después
}
```

Cuidado: tras la instrucción `return`, no se puede añadir más código.

En efecto, `return` devuelve el valor y termina la ejecución de la función.

Llamada a la función:

```
$resultadoFuncion=nombreDeLaFuncion();
```

La variable `resultadoFuncion` recupera el valor devuelto por la función.

Ejemplo

¿Cómo mostrar el resultado de la función `imprimirProductos` en diferentes **echo**?

```
<?php
// declaración de la función
function imprimirProductos($producto=["msg"=>"Ningún producto seleccionado"])
{
  $resultadoFuncion="";

  foreach($producto as $key=>$valor) {

  $resultadoFuncion.=($key=="agotado")?($valor)?"Producto agotado":"":
$key.": ".$valor."<br>";

  }

    // retorno de la función
    return $resultadoFuncion;
}


// llamamos a la función para que nos transforme la impresora en texto

$impresora=["nombre"=>"impresora", "cantidad"=>10, "precio"=>300,
"agotado"=>true];

// mostramos en pantalla el texto generado por la función

echo "Resultado :<br>".imprimirProductos($impresora);
```

La variable `$resultadoFuncion` permite recuperar todos los resultados de la iteración en el bucle `foreach`.

La instrucción `$resultadoFuncion.=` indica que, en cada iteración, se concatena un valor con el contenido existente de la variable `$resultadoFuncion`.

Es equivalente a haber escrito lo siguiente:

```
$resultadoFuncion=$resultadoFuncion. ($key=="agotado")?($valor)?
"Producto agotado":"":$key.":
".$valor."<br>";
```

La variable `$resultadoFuncion` concatena el resultado de `$key=="agotado")?...`

Esto es lo que veremos en el navegador:

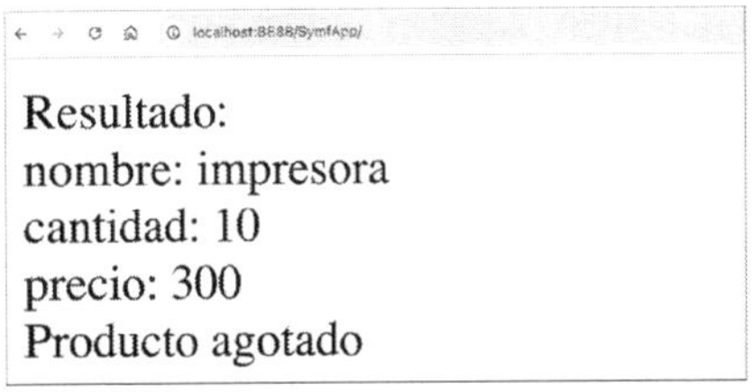

Resultado:
nombre: impresora
cantidad: 10
precio: 300
Producto agotado

6.4 El tipo de funciones

6.4.1 El tipo de parámetros

Hemos visto en una sección anterior el tipo de variables. Para evitar posibles errores y controlar mejor los valores de los parámetros proporcionados al llamar a una función, es prudente definir el tipo de valor esperado para cada parámetro. Esto se hace en la declaración de la función, simplemente colocando el tipo esperado como prefijo de cada parámetro.

Este concepto también se conoce como «tipado» y asegura que estamos operando con tipos de datos compatibles.

Tomemos el ejemplo de la función `imprimirProductos()`. Habíamos declarado la función así:

```
<?php
// declaración de la función imprimirProductos
function imprimirProductos()
{
    $producto=["nombre"=>"impresoras", "cantidad"=>10,
"precio"=>300,
    "agotado"=>true];

   foreach($producto as $key=>$valor) {

          echo ($key=="agotado")?($valor)?"Producto agotado":"":
    $key.": ".$valor."<br>";

    }
}
```

Al llamar a la función, se espera que el parámetro `$producto` sea un array. Sin embargo, no hay restricciones para llamar a la función `imprimirProductos()` con un entero, por ejemplo:

Podríamos escribir: `imprimirProductos(10);`

La función mostrará un mensaje de error cuando la instrucción `foreach` intente recorrer el array recibido.

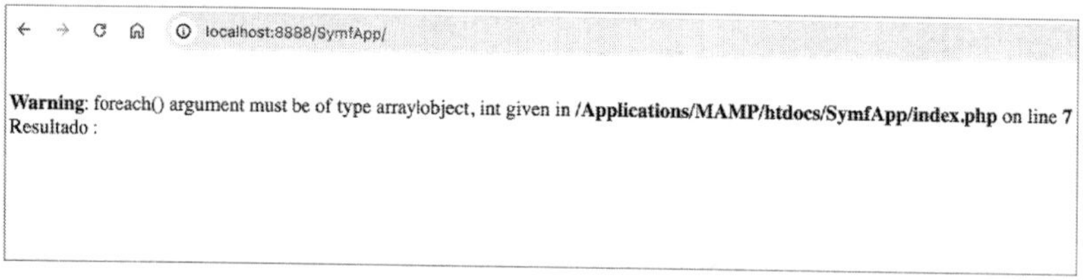

localhost:8888/SymfApp/

Warning: foreach() argument must be of type array|object, int given in **/Applications/MAMP/htdocs/SymfApp/index.php** on line **7**
Resultado :

Esto puede ser problemático, especialmente si la función contiene varias líneas de código, ya que puede resultar difícil identificar la causa del error.

Si declaramos el tipo esperado para el parámetro, en este caso, un array:

```
<?php

// declaración de la función imprimirProductos con el tipado del parámetro
function imprimirProductos(array $producto)
{
```

```
    foreach($producto as $key=>$valor) {

            echo ($key=="agotado")?($valor)?"Producto agotado":"":
    $key.": ".$valor."<br>";
    }
}
```

Y llamamos a la función con un entero como parámetro, por ejemplo:

```
imprimirProductos(10);
```

Este es el mensaje que obtenemos:

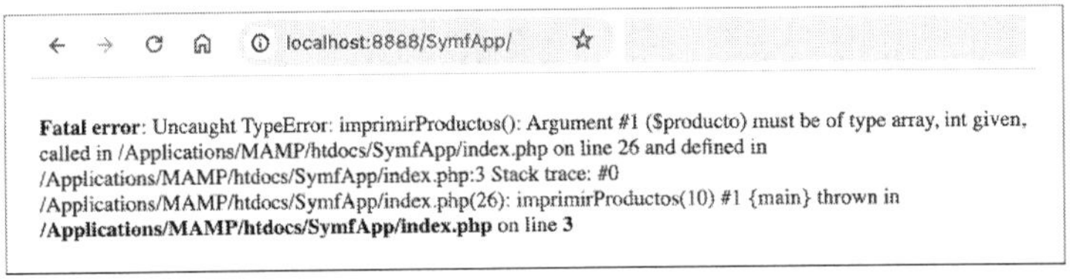

localhost:8888/SymfApp/

Fatal error: Uncaught TypeError: imprimirProductos(): Argument #1 ($producto) must be of type array, int given, called in /Applications/MAMP/htdocs/SymfApp/index.php on line 26 and defined in /Applications/MAMP/htdocs/SymfApp/index.php:3 Stack trace: #0 /Applications/MAMP/htdocs/SymfApp/index.php(26): imprimirProductos(10) #1 {main} thrown in **/Applications/MAMP/htdocs/SymfApp/index.php** on line **3**

La función sigue generando un error, pero ahora lo generará en el momento de la llamada, lo cual proporciona seguridad.

El código dentro de la función no se ejecutará, ya que podría causar problemas (imaginemos si, dentro de la función, se realizara una escritura en una base de datos). En este caso, el código se detiene en la llamada a la función porque se detectó una anomalía, y el mensaje de error es mucho más claro. Se trata, efectivamente, de un problema de coherencia de tipos (o tipado) en la llamada a la función.

Es recomendable declarar el tipo de todos los parámetros de sus funciones para evitar este tipo de problemas.

6.4.2 El tipo de retorno de una función

Si está utilizando la instrucción *return* para devolver un valor de la función, también es importante definir el tipo del valor devuelto.

Retomando el ejemplo de la función con la instrucción *return*:

```
<?php
// declaración de la función
function imprimirProductos($producto=["msg"=>"Ningún producto
seleccionado"])
```

```
{
  $resultadoFuncion="";
  foreach($producto as $key=>$valor) {

  $resultadoFuncion.=($key=="agotado")?($valor)?"Producto
agotado":"":
    $key.": ".$valor."<br>";

  }
    // retorno de la función
    return $resultadoFuncion;
}

// llamamos a la función para que nos transforme la impresora en texto
$impresora=["nombre"=>"impresora", "cantidad"=>10, "precio"=>300,
"agotado"=>true];

// mostramos en pantalla el texto generado por la función
echo "Resultado:<br>".imprimirProductos($impresora);
```

El valor de retorno $retour se imprime por pantalla gracias a la instrucción «echo». Para ello debe ser de tipo string.

¿Cómo precisar que queremos un retorno de tipo string? Lo indicamos en el momento de declarar la función añadiendo el tipo de esta manera:

```
function imprimirProductos($producto=["msg"=>"Ningún producto
seleccionado"]) :string
```

`:STRING` es el tipo de variable que devuelve la función.

De esta manera, el código queda:

```
<?php
// declaración de la función
function imprimirProductos($producto=["msg"=>"Ningún producto
seleccionado"]):string
{
  $resultadoFuncion="";
  foreach($producto as $key=>$valor) {

  $resultadoFuncion.=($key=="agotado")?($valor)?"Producto
agotado":"":
    $key.": ".$valor."<br>";

  }
```

```
    // retorno de la función
    return $resultadoFuncion;
}

// llamamos a la función para que nos transforme la impresora en texto
$impresora=["nombre"=>"impresora", "cantidad"=>10, "precio"=>300,
"agotado"=>true];

// mostramos en pantalla el texto generado por la función
echo "Resultado:<br>".imprimirProductos($impresora);
```

Debo aconsejarle que, para evitar posibles errores, especifique siempre el tipo de retorno en una función.

Hay muchas otras características de las funciones, como el alcance de las variables dentro de una función, pero, para este trabajo introductorio sobre PHP y Symfony, lo que acabamos de ver es suficiente para continuar.

Capítulo 4
El lenguaje orientado a objetos

1. Introducción

En este capítulo veremos la noción más interesante de la programación en PHP.

No se preocupe: aunque la palabra **objeto** pueda sonar extraña, en realidad solo representa elementos de programación simples y lógicos diseñados para facilitarle la vida.

Sin más demora, sumerjámonos con alegría en el maravilloso mundo de la programación orientada a objetos.

2. Los objetos en programación

Antes de explicar por qué se habla de objetos, vamos a desvelar de manera sencilla qué significa esto en programación.

Anteriormente, exploramos la noción de **variable**, que sirve para almacenar información para su uso posterior.

También examinamos la noción de **función**, que permite utilizar el mismo código varias veces con diferentes parámetros.

Lógicamente, el siguiente paso consiste en tener un elemento que contenga tanto variables como funciones. Esto es lo que llamamos un **objeto**.

Un objeto es esencialmente una variable que, en lugar de contener un valor, contendrá variables y funciones. Nos referimos a esta variable como de tipo **objeto**.

Los objetos existen en la mayoría de los lenguajes de programación, y su creación puede variar de un lenguaje a otro. Sin embargo, en PHP, utilizamos un estándar de creación conocido como **clase**.

¿Para qué nos puede servir una clase? Los objetos tienden a compartir muchas características (variables) y usos (funciones). Para evitar redundancias, vamos a definir un modelo que nos permitirá crear los objetos.

3. Las clases

Una clase es un modelo que permite crear uno o varios objetos.

¿Cómo creamos una clase?

Utilizamos la palabra clave `class`.

```
<?php

// declaración de una clase
class NombreClase
{

    public $primeraVariable=valor;
    public $segundaVariable=valor;
    ...
    primeraFuncion(parámetros...)
    {

          ...
    }

    segundaFuncion(parámetros...)
    {

          ...
    }
}
```

Observación

Las { } de la clase encapsulan todas la variables y todas las funciones de la clase.

Es importante tener en cuenta el nombre de la clase: NombreClase. La primera palabra comienza con mayúscula, a diferencia de las variables y funciones. Usamos comúnmente la `PascalCase` en lugar de la `camelCase`. No es obligatorio, pero se recomienda.

También es crucial tener el modificador de acceso `public` antes de las variables. Este es el alcance de la variable y retomaremos este tema más adelante. Es obligatorio; si se omite, obtendremos un error de PHP.

Sin más preámbulos, creemos en nuestro archivo index.php una clase Producto. Por ahora, nuestro ejemplo es muy simple:

La clase `Producto` contendrá una variable `$nombre`, una variable `$cantidad`, una variable `$precio` y una variable `$agotado`.

También contendrá las siguientes funciones:

- Una función `visualizar()` que devuelve el mensaje «Visualización del producto».
- Una función `anadirProducto()` que devuelve el mensaje «Se ha añadido un nuevo producto».
- Una función `suprimirProducto()` que devuelve «Se ha eliminado un producto».

Contentémonos con esto por ahora:

```
<?php

class Producto
{

    public $nombre="mi Producto";
    public $cantidad=10;
    public $precio=120;
    public $agotado=false;

    function visualizar()
    {
```

```
            return "Visualización del producto";
        }
        function anadirProducto()
        {
            return "Se ha añadido un nuevo producto";
        }
        function suprimirProducto()
        {
            return "Se ha eliminado un producto";
        }
    }
    ?>
```

Observación

En este código, asignamos valores predeterminados a las variables. Por ejemplo, la variable $nombre será igual a «mi Producto» para todos los objetos creados a partir de esta clase. No es obligatorio asignar valores predeterminados.

4. Los objetos

Para crear un objeto a partir de una clase, utilizaremos la palabra clave new seguida del nombre de la clase. A esto se le llama crear una **instancia** de la clase o **instanciar** la clase.

Observación

La forma correcta en español no sería «instanciar», sino instar. No obstante, le insto a encontrar algún ejemplo de uso correcto en el mundo de la programación. En esta edición se usarán los dos términos indistintamente.

Es posible instar una clase tantas veces como queramos.

Sintaxis:

```
$miObjeto=new nombreClase;
```

Cuando el objeto ya ha sido instanciado, podemos acceder a sus variables y funciones con la instrucción ->:

```
$miObjeto->miVariable; // para acceder a la variable miVariable
$miObjeto->miFuncion(); // para acceder a la función miFuncion
```

Observación

Preste atención al hecho de que no se pone $ delante del nombre de la variable.

Vamos a instanciar la clase `Producto` para crear un objeto al que llamaremos `impresora`:

```
<?php
// Aquí, la declaración de la clase
...
// Creación de la impresora como instancia del objeto Producto
$impresora=new Producto;
// Asignamos valores las variables
$impresora->nombre="impresora";
$impresora->precio=700;
$impresora->cantidad=20;
$impresora->agotado=false;

// Visualización de las variables
echo "Nombre del producto : ".$impresora->nombre."<br>";
echo "Precio del producto : ".$impresora->precio."<br>";
echo "Cantidad del producto : ".$impresora->cantidad."<br>";

// Usamos la concatenación
echo "Nombre del producto: ".$impresora->nombre."<br>";
echo "Precio del producto: ".$impresora->precio."<br>";
echo "Cantidad del producto: ".$impresora->cantidad."<br>";
echo ($impresora->agotado)?"Producto agotado<br>":"Producto disponible<br>";

// llamada a las funciones de un producto
echo $impresora->visualizar().'<br>';
echo $impresora->anadirProducto().'<br>';
echo $impresora->suprimirProducto().'<br>';
```

El código quedará así:

```
<?php
$impresora=new Producto;
$impresora->nombre="impresora";
$impresora->precio=800;
$impresora->cantidad=100;
$impresora->agotado=false;

echo "Nombre del producto: ".$impresora->nombre."<br>";
echo "Precio del producto: ".$impresora->precio."<br>";
echo "Cantidad del producto: ".$impresora->cantidad."<br>";
echo ($impresora->agotado)?"Producto agotado<br>":"Producto disponible<br>";

echo $impresora->visualizar().'<br>';
echo $impresora->anadirProducto().'<br>';
echo $impresora->suprimirProducto().'<br>';

/* Esta clase describe de manera general todos los productos que
tenemos almacenados*/

class Producto
{

    public $nombre="mi Producto";
    public $cantidad=10;
    public $precio=120;
    public $agotado=false;

    function visualizar()
    {
        return "Visualización del producto";
    }
    function anadirProducto()
    {
        return "Se ha añadido un nuevo producto";
    }
    function suprimirProducto()
    {
        return "Se ha eliminado un producto";
    }

}
```

Observación

Al igual que las funciones, las clases pueden definirse antes o después de la creación de los objetos.

Si probamos el código en el navegador:

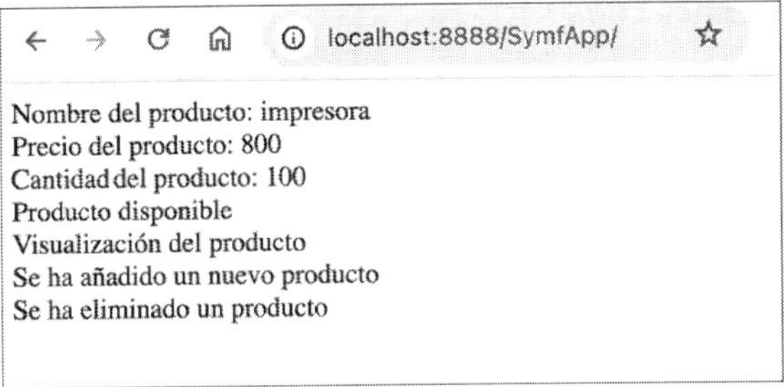

5. Las propiedades y los métodos de un objeto

Para distinguir las variables y las funciones de una clase de las variables y de las funciones habituales, utilizamos un vocabulario diferente:

- Las variables de una clase se llaman **propiedades** de la clase (también se les llama **atributos** en ocasiones).
- Las funciones de una clase se llaman **métodos** de la clase.

Este será el vocabulario utilizado a lo largo del libro.

6. La razón de la programación orientada a objetos

¿Por qué se denomina a este nuevo tipo de variable «objetos»?

Los seres humanos tienden a hacer analogías entre el lenguaje de programación y la vida real. Existe una analogía entre la definición de nuestros objetos, tal como los acabamos de describir en el código, y la de los objetos en la vida real.

Retomemos el ejemplo anterior:

La clase «Producto» describe un producto real disponible en una tienda.

Este producto tiene ciertas características que lo definen: su nombre, su precio, la cantidad disponible, etc. Estas son las propiedades del objeto. Las propiedades se suelen asociar a un sustantivo que define una cualidad del objeto.

Podríamos tomar el ejemplo de un automóvil cuyas propiedades serían la marca, el color y el número de puertas.

Los objetos también tienen ciertas capacidades: podemos arrancar el automóvil, acelerar, hacer que disminuya la velocidad y detenerlo. Estos son los «métodos» del objeto. Los métodos se suelen asociar a un verbo que describe una facultad del objeto.

En nuestro ejemplo, «Producto» tiene tres métodos. Es posible agregar un producto, eliminar un producto y mostrar las propiedades de un producto.

Las propiedades de un objeto se asemejan a las características físicas de un objeto en la realidad.

Los métodos de un objeto se asemejan a las funcionalidades de un objeto en la realidad.

7. El objeto $this

A menudo es útil en un método de una clase poder usar las propiedades de esa clase.

Del mismo modo, podría ser útil llamar a un método de una clase desde otro método de la misma clase.

Por desgracia, no es posible llamar directamente a estos elementos por su nombre. No son variables ni funciones ordinarias.

Es necesario pasar por el objeto instanciado para acceder a sus propiedades o métodos, utilizando el operador - >.

Pero en la declaración de la clase, no conocemos el nombre del objeto que se instanciará.

Por lo tanto, dentro de la clase, necesitamos poder hacer referencia al objeto sobre el que estamos trabajando para poder utilizar sus propiedades y métodos.

Es por eso por lo que se creó el objeto `$this`.

`$this` representa por defecto el objeto que instancia la clase. Así, podemos, en la declaración de la clase, llamar a las propiedades y métodos del objeto que instanciará la clase.

La sintaxis es la siguiente:

```
<?php
// declaración de una clase
class NombreClase
{

    public $primeraVariable=valor;
    public $segundaVariable=valor;

    primeraFuncion(parámetros...)
    {

         // cómo acceder a una propiedad de la clase
         $this->primeraVariable ...

         // cómo acceder a un método de la clase
         $this->segundaFuncion(parámetros)
```

```
    }

    segundaFuncion(parámetros...)
    {

        ...
    }

}
```

Observación

`$this` solo se utiliza dentro de una clase. ¡En el script, use el nombre del objeto!

Veamos nuestra clase Producto.

`$this` será muy útil en el método `anadirProducto()` para incrementar la propiedad `$cantidad`.

Del mismo modo, utilizaremos `$this` en el método `suprimirProducto()` para decrementar `$cantidad`.

Finalmente, usaremos `$this` en el método `visualizar()` para devolver los valores de `$nombre`, `$precio`, `$cantidad` e indicar si hay o no ruptura de stock.

Veamos las modificaciones en el código:

```
<?php

//Crear el objeto a partir de la clase
$impresora = new Producto;

// Definir el valor de la variable 'nombre' del objeto 'impresora'
$impresora->nombre = "impresora";

// Mostrar las propiedades del producto Producto
echo $impresora->visualizar(). "<br>";

// Añadir un producto
$impresora->anadirProducto();

// Mostrar las propiedades del producto Producto
echo $impresora->visualizar(). "<br>";

// Eliminar 4 Productos
$impresora->suprimirProducto();
$impresora->suprimirProducto();
$impresora->suprimirProducto();
$impresora->suprimirProducto();
```

```
// Mostrar las propiedades del producto Producto
echo $impresora->visualizar() . "<br>";

// Definir la clase Producto
class Producto
{

    public $nombre = "mi Producto";
    public $cantidad = 3;
    public $precio = 120;
    public $agotado = false;

    function visualizar()
    {
        return "Nombre: " . $this->nombre. '<br>'.
            "Precio: ". $this->precio. '<br>'.
            "Cantidad: ". $this->cantidad. '<br>'.
            (($this->agotado) ? "Producto agotado<br>": "Producto disponible<br>");
    }
    function anadirProducto()
    {
        $this->cantidad += 1;
        if ($this->cantidad > 0)
            $this->agotado = false;
    }
    function suprimirProducto()
    {
        $this->cantidad -= 1;
        if ($this->cantidad <= 0) {
            $this->cantidad = 0;
            $this->agotado = true;
        }
    }

}
```

Vamos a analizar este código.

Primero, la ejecución del script:

El valor de la propiedad `$cantidad` no se asigna como antes, con `$impresora ->cantidad=20;` la propiedad `$cantidad` tiene el valor predeterminado definido en la clase, es decir, 3.

Comenzamos con `visualizar()`, que muestra todas las propiedades predeterminadas. Luego, agregamos un producto con `anadirProducto()` y mostramos de nuevo con `visualizar()`.

La cantidad se incrementa en 1, por lo que `$cantidad` ahora es 4.

Se siguen cuatro ejecuciones de `suprimirProducto()`.

Mostramos de nuevo con `visualizar()`, que esta vez indica una ruptura de stock porque `$cantidad` es igual a 0.

Nos fijamos ahora en el operador ternario: *($this->agotado)?"Producto agotado
":"Producto disponible
"* está contenido entre paréntesis para confirmar el orden de interpretación del código. PHP ejecuta primero el código entre paréntesis y luego lo añade a la cadena de caracteres.

`anadirProducto()` incrementa la propiedad `$cantidad` en 1. El símbolo += es equivalente a: *$this->cantidad=$this->cantidad+1*.

Tras haber incrementado la propiedad `$cantidad`, comprobamos si es positiva. Si lo es, volvemos a definir la propiedad `$agotado como false` (por si hubiese pasado a `true` al ejecutar el método `suprimirProducto()`).

`suprimirProducto()` decrementa la propiedad `$cantidad` en 1. El símbolo -= es equivalente a: `$this->cantidad=$this->cantidad-1`.

La propiedad `$cantidad` se comprueba. Si es inferior o igual a 0, establecemos el valor de `$agotado` a `true`.

El resultado es el siguiente:

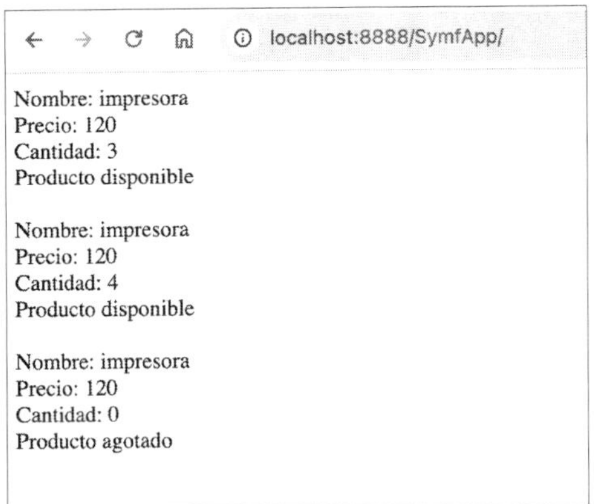

Es posible transmitir una cierta cantidad de productos para agregar o eliminar, respectivamente, a los métodos `anadirProducto()` y `suprimirProducto()`. Solo es necesario pasar esta cantidad como parámetro a los métodos, de forma similar a como lo haríamos en una función básica.

Ejemplo para la función `anadirProducto()`:

```
function anadirProducto($cantidad)
{
    $this->cantidad+=$cantidad;
    if($this->cantidad>0) $this->agotado=false;
}
```

`$cantidad` es el parámetro que recibe el método (no confundir con `$this->cantidad`).

Toma el valor que se ha pasado con la ejecución del método:

```
$impresora->anadirProducto(10);
```

8. Los métodos mágicos

¡De hecho, hay magia en la programación orientada a objetos!

Los métodos se llaman «mágicos» cuando se ejecutan sin que se les llame directamente.

Sí, pero ¿cuándo sucede esto?

Todo depende del método mágico en cuestión, ya que cada uno tiene un papel predefinido y se ejecuta cuando ocurre un evento específico, como la instanciación de una clase, la visualización de un objeto o el acceso a una propiedad en lectura o escritura...

Aquí encontraremos todos los métodos mágicos de PHP:
https://www.php.net/manual/es/language.oop5.magic.php

Veamos algunos de los métodos mágicos más utilizados.

8.1 El método __toString()

Este método se activa tan pronto como el objeto es tratado como una cadena de caracteres. Es necesario definir este método en la clase.

Observación

Utilizamos __ (doble guion bajo) delante de cada método mágico.

Ejemplo: tenemos el objeto `$impresora` y queremos visualizar nuestro objeto: `echo $impresora;`

La instrucción `echo` no podrá mostrar el contenido de un objeto, si la clase no contiene el método mágico `__toString()`.

Para poder hacer un *echo $impresora*, bastará con remplazar nuestro antiguo método `visualizar()` por `__toString()` :

```
<?php

class Producto
{

    public $nombre="mi Producto";
    public $cantidad=3;
    public $precio=120;
    public $agotado=false;

    function __toString()
    {
        return "Nombre: ".$this->nombre.'<br>'.
               "Precio: ".$this->precio.'<br>'.
               "Cantidad: ".$this->cantidad.'<br>'.
               (($this->agotado)?"Producto agotado<br>":
"Producto disponible<br>");
    }
    function anadirProducto()
    {
        $this->cantidad+=1;
        if($this->cantidad>0) $this->agotado=false;
    }
    function suprimirProducto()
    {
        $this->cantidad-=1;
        if($this->cantidad<=0){
            $this->cantidad=0;
            $this->agotado=true;
        }
    }

}

$impresora=new Producto;
echo $impresora;
```

Este código mostrará el nombre, el precio, la cantidad y si el producto está agotado.

8.2 Los métodos __get () y __set(): visibilidad de los elementos

Hasta ahora, siempre hemos emplazado la palabra clave `public` delante de cada propiedad.

Con la palabra `public` indicamos que las propiedades o los métodos son accesibles en lectura y escritura desde fuera de la clase.

Por ejemplo, para poder darle un valor a la propiedad 'nombre':

```
$impresora->nombre="impresora";
```

Y para mostrar el valor de la propiedad:

```
echo $impresora->nombre="impresora";
```

Lo mismo se aplica a los métodos.

Por defecto, un método es `public`. Puede especificarlo si lo desea:

```
    public function anadirProducto(){
        $this->cantidad+=1;
        if($this->cantidad>0) $this->agotado=false;
    }

    public function suprimirProducto()
    {
        $this->cantidad-=1;
        if($this->cantidad<=0){
            $this->cantidad=0;
            $this->agotado=true;
         }
    }
```

Hay inconvenientes en dejar las propiedades accesibles en modo público.

Un desarrollador podría eliminar accidentalmente una propiedad haciendo:

```
unset($impresora->nombre);
```

Observación

`unset()` es una función de PHP que permite eliminar una variable. Como resultado, el script ya no tendrá acceso a esa variable.

De manera similar, podríamos asignar, por error, un valor incorrecto a una propiedad:

```
$impresora->nombre=true;
```

Para evitar estos inconvenientes, sería necesario realizar una serie de pruebas antes de acceder a las propiedades.

Esto es posible limitando el acceso de una propiedad desde el exterior de la clase mediante la palabra clave `private`.

La sintaxis sería:

```
class NombreClasse
{

    private $primeraVariable=valor;
    private $segundaVariable=valor;

    function primeraFuncion(parámetros...)
    {

        // acceso a la propiedad de la clase
        $this->primeraVariable ...

        // acceso al método de la clase
        $this->segundaFuncion(parámetros)
    }

    function segundaFuncion(parámetros...)
    {

        ...
    }
}
```

De esta manera, ya no es posible acceder a las propiedades desde el exterior de la clase.

Veamos un ejemplo:

```
$miObjeto=new NombreClasse;

echo $miObjeto->miVariable;

// o:
$miObjeto->miVariable=valor;
```

producirá un error en PHP.

Sin embargo, la propiedad aún es accesible dentro de la clase mediante la palabra clave $this.

```
...$this->primeraVariable ...
```

Pero ¿cómo acceder aún a las propiedades desde el exterior con ciertas restricciones?

Aquí es donde entran en juego los métodos mágicos `__get()` y `__set()`. Estos métodos se denominan comúnmente **accessors** (voz inglesa) y se activarán automáticamente cuando intente acceder a una propiedad.

Sintaxis:

```
class NombreClasse
{

    private $primeraVariable=valor;
    private $segundaVariable=valor;

    function __get($primeraVariable)
    {

         return $this->$primeraVariable;
    }

    function __set($primeraVariable, $valor)
    {
        // validación del valor
        $this->$primeraVariable= $valor
    }
            // continuación de la clase
          ...
}
```

Los dos métodos deben ser de tipo `public`.

Esta vez, es posible acceder a las propiedades. Los métodos se activarán automáticamente.

```
echo $miObjeto->variable; // llama al método __get()

// o:

$miObjeto->variable=valor; // llama al método __set(...)
```

No habrá errores, y serán los métodos `__get` y `__set` los que se activarán.

Observación

Observe el $ antes de primeraVariable en la sintaxis: `$this->$primeraVariable`;.

Buscamos el nombre de la propiedad (sobre la cual queremos actuar) en el valor de la variable pasada como parámetro. Este valor se pasa «mágicamente» al parámetro `$primeraVariable` de `__set()`.

Retomemos la clase Producto y hagamos algunos cambios:

```
<?php
class Producto
{
    private $nombre="mi Producto";
    private $cantidad=3;
    private $precio=120;
    private $agotado=false;

    function __get($nombrePropiedad)
    {
        return $this->$nombrePropiedad;

    }

    function __set($nombrePropiedad, $valor)
    {
        if ($nombrePropiedad=="nombre" && !is_string($valor)){

            echo "La propiedad nombre debe ser una cadena de caracteres";

        } else if($nombrePropiedad=="cantidad" && !is_int($valor)){

            echo "La propiedad cantidad debe ser un entero";
```

```
        } else if($nombrePropiedad=="precio" && !is_numeric($valor)){

            echo "La propiedad precio debe ser un número";
        }
        else if($nombrePropiedad=="agotado" && !is_bool($valor)){

            echo "La propiedad agotado debe ser un booleano (true o
false)";

        } else {

            $this->$nombrePropiedad=$valor;
        }

    }

    function __toString()
    {
        return "Nombre: ".$this->nombre.'<br>'.
               "Precio: ".$this->precio.'<br>'.
               "Cantidad: ".$this->cantidad.'<br>'.
               (($this->agotado)?"Producto agotado<br>":"Producto
disponible<br>");
    }
    function anadirProducto()
    {
        $this->cantidad+=1;
        if($this->cantidad>0) $this->agotado=false;
    }
    function suprimirProducto()
    {
        $this->cantidad-=1;
        if($this->cantidad<=0){
            $this->cantidad=0;
            $this->agotado=true;
        }
    }
}
$impresora=new Producto;
$impresora->nombre="impresora";
$impresora->cantidad=12;
$impresora->precio=1200.4;
echo $impresora;
```

Observación

*Las funciones is_... comprueban el tipo de la variable. El símbolo ! invierte el resultado del test. Ejemplo: !is_numerico($valor) comprueba si $valor **no es** numérico.*

El inconveniente del método mágico `__set()` es que se refiere, a priori, a todas las propiedades sin distinción.

También podría ser que los test de comprobación sean realmente diferentes para cada propiedad.

Aglutinar todos los test en un solo método `__set()` pude volverse confuso en cuanto crezca el número de propiedades.

Es por eso por lo que muchas veces (como en el caso del framework Symfony) se utiliza un método diferente para cada propiedad.

Los métodos se suelen nombrar de la misma manera, cambiando únicamente el nombre de la propiedad: `getNombrePropiedad()` y `setNombrePropiedad()`.

El código anterior, utilizando métodos personalizados, quedaría así:

```
<?php
class Producto
{
    private $nombre="mi Producto";
    private $cantidad=3;
    private $precio=120;
    private $agotado=false;

    function getNombre()
    {
        return $this->nombre;
    }

    function setNombre($valor)
    {
        if (!is_string($valor)){
            echo "La propiedad nombre debe ser una cadena de caracteres";
        }
         else {
            $this->nombre=$valor;
        }
    }
```

```
    function getCantidad()
    {
        return $this->cantidad;

    }

    function setCantidad($valor)
    {
        if (!is_integer($valor)){
            echo "La propiedad cantidad debe ser un entero";
        }
         else {
            $this->cantidad=$valor;
        }
    }

    function getPrecio()
    {
        return $this->precio;
    }

    function setPrecio($valor)
    {
        if (!is_numeric($valor)){
            echo "La propiedad precio debe ser un número";
        }
         else {
            $this->precio=$valor;
        }
    }


    function __toString()
    {
        return "Nombre: ".$this->nombre.'<br>'.
               "Precio: ".$this->precio.'<br>'.
               "Cantidad: ".$this->cantidad.'<br>'.
               (($this->agotado)?"Producto agotado<br>":
"Producto disponible<br>");
    }
    function anadirProducto()
    {
        $this->cantidad+=1;
        if($this->cantidad>0) $this->agotado=false;
    }
    function suprimirProducto()
    {
```

```
        $this->cantidad-=1;
        if($this->cantidad<=0){
            $this->cantidad=0;
            $this->agotado=true;
        }
    }
}
$impresora=new Producto;
$impresora->setNombre("impresora");
$impresora->setCantidad(12);
$impresora->setPrecio=120.4;
echo $impresora;

?>
```

Es mucho más verboso, pero también más claro y fácil de usar.

Le corresponde a usted decidir si prefiere los métodos `__get()` y `__set()`. No hay reglas estrictas al respecto.

8.3 Los métodos __construct y __destruct

El método mágico `__construct` es, sin duda, el más utilizado. Se le conoce como el constructor de la clase.

Se activa tan pronto como se instancia un objeto desde la clase (cuando se ejecuta new MiClase).

Sintaxis:

```
class nombreClasse
{
    function __construct(parámetros)
    {
      ...
    }

}
```

Al instanciar la clase, si el constructor tiene parámetros, se debe proporcionar los valores correspondientes.

Sintaxis:

```
$miObjeto= new MiClasse(valor de los parámetros)
```

Ejemplo

El constructor puede inicializar las propiedades de la clase.

Veamos un ejemplo con nuestra clase Producto:

```
<?php
class Producto
{
    private $nombre="mi Producto";
    private $cantidad=3;
    private $precio=120;
    private $agotado=false;

    function __construct($nombre,$cantidad,$precio,$agotado=false)
    {
        $this->nombre=$nombre;
        $this->cantidad=$cantidad;
        $this->precio=$precio;
        $this->agotado=$agotado;

    }

    function getNombre()
    {
        return $this->nombre;
    }

    function setNombre($valor)
    {
        if (!is_string($valor)){
            echo "La propiedad nombre debe ser una cadena de caracteres";
        }
         else {
            $this->nombre=$valor;
        }
    }

    function getCantidad()
    {
        return $this->cantidad;

    }
```

```
    function setCantidad($valor)
    {
        if (!is_integer($valor)){
            echo "La propiedad cantidad debe ser un entero";
        }
         else {
            $this->cantidad=$valor;
        }
    }

    function getPrecio()
    {
        return $this->precio;
    }

    function setPrecio($valor)
    {
        if (!is_numeric($valor)){
            echo "La propiedad precio debe ser un número";
        }
         else {
            $this->precio=$valor;
        }
    }


    function __toString()
    {
        return "Nombre: ".$this->nombre.'<br>'.
               "Precio: ".$this->precio.'<br>'.
               "Cantidad: ".$this->cantidad.'<br>'.
               (($this->agotado)?"Producto agotado<br>":
"Producto disponible<br>");
    }
    function anadirProducto()
    {
        $this->cantidad+=1;
        if($this->cantidad>0) $this->agotado=false;
    }
    function suprimirProducto()
    {
        $this->cantidad-=1;
        if($this->cantidad<=0){
            $this->cantidad=0;
            $this->agotado=true;
        }
    }
}
```

```
$impresora=new Producto("impresora",10,850.5);
echo $impresora;

$ordenador=new Producto("ordenador",120,1200, true);
echo $ordenador;
```

Pruebe este código y verifique que los valores predeterminados son distintos entre el objeto `$impresora` y el objeto `$ordenador`.

Los objetos se crean con los valores de las propiedades que les corresponden.

Si los parámetros tienen un valor predeterminado, como en el caso de la propiedad `$agotado`, no es necesario definir su valor al crear la instancia (en este caso, para la impresora).

En el capítulo Las novedades de PHP 8 encontrará una manera más concisa de declarar propiedades desde el constructor.

Por otro lado, existe un método mágico que se activa cuando el objeto es destruido. Es el método `__destruct()`, que se utiliza menos. Tenga en cuenta que este método se activará automáticamente al finalizar el script si los objetos no se destruyen antes. El final del script implica la eliminación de todas las variables, incluidos los objetos.

9. Los espacios de nombres

Por ahora, la clase utilizada está definida dentro del script que la utiliza.

Sin embargo, es más conveniente extraer esta clase y guardarla en un archivo separado, un archivo que solo contendrá esa clase. Esto contribuye a la modularidad de la aplicación, haciéndola más fácil de mantener y probar. Cada clase es independiente de las demás.

El estándar recomendado es colocar cada clase en un archivo con el mismo nombre que la clase, con la extensión .php (respetando mayúsculas y minúsculas).

Ejemplo

La clase Producto se guardará en un archivo llamado Producto.php.

Luego puede incluir este archivo en el script principal con la instrucción `include`.

Sintaxis:

```
<?php
include NombreClasse.php
```

Ejemplo

Guarde la clase Producto en el archivo Producto.php:

Cree un nuevo archivo con **VSCode**.

En el archivo index.php, seleccione solo el código de la clase, cópielo ([Ctrl] **C**), vuelva al nuevo archivo creado y péguelo ([Ctrl] **V**). No olvide incluir `<?php` en la primera línea. Finalmente, guarde el nuevo archivo ([Ctrl] **S**) con el nombre Producto.php.

```
<?php

// Descripción de la clase Producto. ¿Para qué sirve esta clase?
// ¿Qué objetos representa? Describir utilidad funcional

class Producto
{
    private $nombre="mi Producto";
    private $cantidad=3;
    private $precio=120;
    private $agotado=false;

    function __construct($nombre,$cantidad,$precio,$agotado=false)
    {
        $this->nombre=$nombre;
        $this->cantidad=$cantidad;
        $this->precio=$precio;
        $this->agotado=$agotado;

    }

    function getNombre()
    {
        return $this->nombre;
```

```
}

function setNombre($valor)
{
    if (!is_string($valor)){
        echo "La propiedad nombre debe ser una cadena de caracteres";
    }
     else {
        $this->nombre=$valor;
    }
}

function getCantidad()
{
    return $this->cantidad;

}

function setCantidad($valor)
{
    if (!is_integer($valor)){
        echo "La propiedad cantidad debe ser un entero";
    }
     else {
        $this->cantidad=$valor;
    }
}

function getPrecio()
{
    return $this->precio;
}

function setPrecio($valor)
{
    if (!is_numeric($valor)){
        echo "La propiedad precio debe ser un número";
    }
     else {
        $this->precio=$valor;
    }
}


function __toString()
{
    return "Nombre: ".$this->nombre.'<br>'.
           "Precio: ".$this->precio.'<br>'.
```

```
                "Cantidad: ".$this->cantidad.'<br>'.
                (($this->agotado)?"Producto agotado<br>":
"Producto disponible<br>");
    }
    function anadirProducto()
    {
        $this->cantidad+=1;
        if($this->cantidad>0) $this->agotado=false;
    }
    function suprimirProducto()
    {
        $this->cantidad-=1;
        if($this->cantidad<=0){
            $this->cantidad=0;
            $this->agotado=true;
        }
    }
}
?>
```

Luego, en el script principal de su index.php, debe incluir el contenido del archivo Producto.php:

```
<?php

include "Producto.php";

$impresora=new Producto("impresora",10,850.5);
echo $impresora;

$ordenador=new Producto("ordenador",120,1200, true);
echo $ordenador;
```

Como puede ver, el script se ha simplificado. Al probarlo, notará que el script aún funciona, obteniendo el mismo resultado que antes.

9.1 ¿Por qué definir un espacio de nombres?

El espacio de nombres o **namespace** es un contenedor abstracto en el que un grupo de uno o más identificadores únicos pueden existir.

Existen diversas variantes de la instrucción `include`:

- `include_once`: no genera un error (a diferencia de `include`) si la misma clase se incluye varias veces.
- `require`: genera un error si el archivo incluido no existe (a diferencia de `include`).
- `require_once`: es igual que require, pero solo incluye la clase una vez.

En la vida de un desarrollador, a menudo se incluyen muchas clases, y estas clases con frecuencia provienen de bibliotecas cuyo contenido no se conoce completamente. Puede suceder que estas bibliotecas hayan dado el mismo nombre a una de sus clases que usted está utilizando en su aplicación. Si, en el script, se incluyen dos clases con el mismo nombre, se producirá un conflicto y, por lo tanto, un error de PHP.

Tomemos un ejemplo:

Una biblioteca que contiene una clase Log se incluye al principio de su proyecto. Esta clase permite agregar información o errores en un archivo log.php.

Cierto tiempo después, usted desea crear su propia clase Log, pero, esta vez, que guarde la información en una base de datos.

Como ya no recuerda la clase Log que se incluyó anteriormente, crea su propia clase con el mismo nombre Log y la incluye. Y ahí es donde se manifiesta un conflicto en forma de error.

PHP no sabe qué archivo debe incluir.

Por supuesto, siempre se puede cambiar el nombre de su clase personal (por ejemplo, LogNuevo), pero imagine que su script utiliza esta clase Log en muchos lugares; no será fácil modificarlo todo, especialmente porque en cada lugar se debe distinguir de qué clase Log se trata.

Hay una segunda razón para conservar estas dos clases Log con el mismo nombre y poder cambiar de una a otra sin modificar todo el script: estas dos clases, aunque son diferentes, tienen las mismas funcionalidades. Podemos considerarlas como dos versiones de una sola clase. Lo ideal es decidir cuándo queremos aplicar una u otra versión.

Pero ¿cómo distinguirlas?

Aquí es donde entran en juego los espacios de nombres.

Los espacios de nombres permiten definir en qué espacio se encuentra la clase utilizada.

El espacio de nombres se define obligatoriamente en la segunda línea del archivo que contiene la clase (justo después de `<?php`).

Sintaxis:

```
<?php
namespace EspacioDeNombres;

class MiClasse
{
...
}
```

El espacio de nombres puede ser cualquier cadena de caracteres, pero hay un estándar que se recomienda seguir: dar al espacio de nombres la ruta de las subcarpetas que conducen al archivo que contiene la clase, con respecto a la raíz del proyecto.

Explicación:

Mueva la clase Producto a una subcarpeta llamada MisProductos.

- Para crear una subcarpeta en **VSCode**, haga clic en el nombre de su proyecto SYMFAPP, luego haga clic en la segunda pestaña a la derecha (**Nueva carpeta**) e introduzca el nombre de la subcarpeta: «MisProductos».
- Haga clic en el nombre de la subcarpeta que acaba de crear.
- Haga clic con el botón derecho y seleccione **Nuevo archivo**.
- Dele el nombre «Producto.php» al nuevo archivo.

- Regrese al archivo Producto.php en la raíz de su aplicación.
- Seleccione todo el contenido ([Ctrl] **A**) y cópielo ([Ctrl] **C**), regrese al nuevo archivo Producto.php y pegue el contenido ([Ctrl] **V**). No olvide guardar ([Ctrl] **S**).

Observación

Hay una manera más rápida de mover un archivo a una subcarpeta. Haga clic en el archivo Producto.php en la raíz del script, mantenga presionado el clic y muévalo al mismo tiempo hacia la subcarpeta MisProductos (arrastrar y soltar).

Una vez hecha la operación, el espacio de nombres en Producto.php será:

```
<?php

// el namespace define el nombre de la subcarpeta donde
se encuentra el archivo Producto.php

namespace MisProductos;

class Producto
{
...
}
```

Si la clase está en varias subcarpetas, se utiliza \ (barra invertida) como separador.

Sintaxis:

```
<?php
namespace carpeta\subcarpeta\...;
class MiClase
{
...
}
```

Hemos definido un espacio de nombres en nuestra clase Producto.

Ahora, ¿cómo usar la clase en el script principal especificando su espacio de nombres?

Debe usar la instrucción `use`.

Sintaxis:

```
<?php
// aquí estamos en el archivo index.php

use EspacioDeNombre\MiClase; // nombre del espacio de nombres
seguido del nombre de la clase

$miObjeto=new MiClase;
```

Puede usar la instrucción use varias veces siempre que desee cambiar los espacios de nombres de las clases utilizadas.

Observación

Cuidado: en use, se indica el nombre del espacio de nombres seguido del nombre de la clase.

La instrucción use es solo una indicación del espacio de nombres, no permite incluir realmente el archivo que contiene la clase. Aquí, no sucederá nada. Aun así, deberá hacer un `include` o `require` para obtener la clase.

Si el script incluye muchas clases, el uso de `include` o `require` se vuelve tedioso rápidamente. Existe el riesgo de olvidar algunas inclusiones.

Para superar este problema, es preferible utilizar una instrucción muy práctica de una biblioteca de PHP (la biblioteca **SPL**). Esta biblioteca está instalada nativamente en PHP.

Esta instrucción se llama `spl_autoload_register`. Le permite definir su propia función de inclusión.

También es una función mágica, en el sentido de que PHP la ejecuta automáticamente tan pronto como crea una clase.

Sintaxis:

```
function myAutoloader($class) {
    include  $class . '.php';
}

spl_autoload_register('myAutoloader');
```

Como puede ver, `spl_autoload_register()` le permite crear su propia función de carga automática. Aquí, por ejemplo, llamamos a nuestra función myAutoloader (puede darle el nombre que desee) para definir las inclusiones de clase (con la instrucción `include`, por ejemplo).

El parámetro `$class` transmitido a la función `myAutoloader()` contendrá automáticamente el nombre de la clase precedido por su espacio de nombres, lo que permitirá incluir la clase desde su subcarpeta.

Observación

Aquí se ve el interés de definir espacios de nombres que correspondan a la ruta de las subcarpetas hacia el archivo de la clase. De lo contrario, sería imposible incluir el archivo correcto.

Apliquemos el cargador automático a nuestro ejemplo. Si la clase Producto está en un archivo Producto.php, en la subcarpeta MisProductos, deberá definir el espacio de nombres dentro de la clase:

```
 <?php
namespace MisProductos;
class Producto
{

    private $nombre="mi Producto";
    private $cantidad=3;
    private $precio=120;
    private $agotado=false;
...
}
```

y luego especificarlo en el script principal con la instrucción use:

```
<?php
function miAutoload($class) {
    include  $class . '.php';
}

spl_autoload_register('miAutoload');

use MisProductos\Producto;

$impresora=new Producto("impresora",10,850.5);
echo $impresora;

$ordenador=new Producto("ordenador",120,1200, true);
echo $ordenador;
```

Al probarlo, todo funciona como si la clase estuviera en el script. El script está mucho más simplificado y la aplicación está mejor estructurada. Veremos más adelante que todas las clases de Symfony utilizan espacios de nombres.

10. Herencia en clases

Algunas clases pueden tener elementos en común. En la lógica de evitar duplicar código innecesariamente, surgió la noción de herencia entre clases.

La herencia permite que una clase posea todas las propiedades y métodos de otra clase, al tiempo que tiene sus propios elementos adicionales.

La herencia se define con la palabra clave `extends`.

Sintaxis:

```
Class ClaseHija extends ClaseMadre
{
...
}
```

Tomemos el ejemplo de la clase Producto. Imaginemos un Producto que se vende en lotes. Este Producto es un poco diferente del Producto estándar. Cuando se ordena un Producto por lote, se ordena de una sola vez varias unidades del mismo Producto.

Por lo tanto, tiene sentido crear una nueva clase ProductoPorLotes que herede de la clase Producto, pero que contenga una propiedad adicional: el número de artículos por lote (`$numArticulosPorLote`).

Podemos crear esta clase en el subdirectorio MisProductos, al igual que la clase Producto. Cree el archivo MisProductos/ProductoPorLotes e inserte el siguiente código:

```
<?php
namespace MisProductos;

class ProductoPorLotes extends Producto
{
    private $numArticulosPorLote;

    function getNumArticulosPorLote()
    {
        return $this->numArticulosPorLote;

    }



    function setNumArticulosPorLote($valor)
    {
        if (!is_integer($valor)){
            echo "la propiedad numArticulosPorLote debe ser un entero";
        }
         else {
            $this->numArticulosPorLote=$valor;
        }

    }


}
```

Como heredamos las propiedades y métodos de la clase Producto, es posible insertar estos elementos en el script:

```
<?php

function MiAutoload($class) {
    include  $class . '.php';
}

spl_autoload_register('MiAutoload');

use MisProductos\ProductoPorLotes;

$cartuchosTinta=new ProductoPorLotes("Cartuchos de tinta",1,50);

$cartuchosTinta->setNumArticulosPorLote(10);

echo $cartuchosTinta;
```

Al instanciar el objeto, *new ProductoPorLotes("Cartuchos de tinta", 1,50)*, se llama al constructor de la clase Producto.

En la instrucción echo *$cartuchosTinta;* se llama al método `__toString()` de la clase Producto.

Observación

Hemos definido un use para la clase ProductoPorLotes, pero no para la clase Producto. Esto se debe a que ambas clases están en el mismo espacio de nombres (MisProductos). La instrucción `extends` buscará por defecto la clase Producto en el mismo espacio de nombres que ProductoPorLotes. De lo contrario, se debería agregar un use en la clase ProductoPorLotes para definir dónde se encuentra la clase Producto.

Clase madre y clases hijas

La clase desde la cual heredamos se llama clase **madre**.

Las clases que heredan de una clase madre se llaman clases **hijas**.

En el ejemplo anterior, la clase madre es Producto y la clase hija es Producto-PorLotes.

Varias clases hijas pueden heredar de la misma clase madre.

Pero cuidado: una clase hija solo puede heredar de una sola clase madre. No hay herencia múltiple en PHP.

El código anterior presenta imperfecciones. De hecho, el constructor no permite definir el valor de la propiedad `$numArticulosPorLote` en la instanciación (ya que está en la clase madre).

Más grave aún, la adición de un artículo mediante el método `anadirProducto()` no tiene en cuenta el número de artículos por lotes. Lo mismo ocurre con el método `suprimirProducto()`.

¿Cuál es la solución?

Se permite redefinir el comportamiento de los métodos en la clase hija.

El constructor, en PHP, tiene un comportamiento diferente a los demás métodos en la redefinición.

Los métodos distintos al constructor pueden ser redefinidos en la clase hija siempre y cuando respeten la misma firma.

11. La firma de un método

La **firma** de un método describe las entradas y salidas del método.

En otras palabras, la firma indica el número de parámetros de entrada y el tipo de los parámetros (string, integer, array, objeto, etc.).

Es posible, desde PHP7, especificar el tipo de los parámetros de entrada y también el tipo del método de salida (tipo del valor de retorno).

Sintaxis:

```
class NombreClase
{



    ...
    miPrimeraFuncion(type parámetro, type parámetro…):type
    {
        ...
    }



}
```

El **type** antes de cada parámetro indica el tipo del parámetro y el :**type** detrás de la declaración del método es el tipo del retorno del método (si el método no devuelve un valor, podemos asignarle un tipo vacío `:void` o simplemente omitirlo).

Agregar tipos permite un mejor control del uso de los métodos. Por lo tanto, se recomienda hacerlo.

Por ejemplo, en la clase Producto, podemos definir el tipo de los parámetros del constructor.

```
function __construct(string $nombre, int $cantidad, float $precio,

                     bool $agotado=false)
    {
        $this->nombre=$nombre;
        $this->cantidad=$cantidad;
        $this->precio=$precio;
        $this->agotado=$agotado;

    }
```

Observación

float es el tipo de los números de punto flotante. Incluye enteros y decimales.

12. Redefinición de un método

Volviendo a la redefinición de los métodos.

Para los métodos distintos al constructor, el método de la clase hija que redefine el método de la clase madre debe tener la misma firma.

En nuestro ejemplo, es posible redefinir los métodos `anadirProducto()` y `suprimirProducto()` en la clase ProductoPorLotes para tener en cuenta la propiedad `$numArticulosPorLote` en el cálculo:

```
class ProductoPorLotes extends Producto
{
    private $numArticulosPorLote;

    function anadirProducto()
    {
        $this->cantidad+=$this->numArticulosPorLote;
        if($this->cantidad>0) $this->agotado=false;
    }

    function suprimirProducto()
    {
        $this->cantidad-=$this->numArticulosPorLote;
        if($this->cantidad<=0){
            $this->cantidad=0;
            $this->agotado=true;
        }
    }
  // Lo que sigue...
}
```

Veamos cómo añadir un pedido de cartuchos de tinta:

```
<?php

function MiAutoload($class) {
    include  $class . '.php';
}

spl_autoload_register('MiAutoload');

use MisProductos\ProductoPorLotes;
```

```
$cartuchosTinta=new ProductoPorLotes("Cartuchos de
tinta",10,50.2);

$cartuchosTinta->setNumArticulosPorLote(10);

$cartuchosTinta->anadirProducto();

echo $cartuchosTinta;
```

Pero, si ejecuta este script, obtendrá el siguiente error:

Deprecated: Creation of dynamic property ProductoPorLotes::$cantidad is deprecated in **/Applications/MAMP/htdocs/SymfApp/MisProductos/ProductoPorLotes.php** on line **21**

Warning: Undefined property: ProductoPorLotes::$cantidad in **/Applications/MAMP/htdocs/SymfApp/MisProductos/ProductoPorLotes.php** on line **21**

Deprecated: Creation of dynamic property ProductoPorLotes::$agotado is deprecated in **/Applications/MAMP/htdocs/SymfApp/MisProductos/ProductoPorLotes.php** on line **23**

Nombre: Cartuchos de tinta
Precio: 50.2
Cantidad: 10
Producto disponible

PHP indica que no reconoce la propiedad `$cantidad` en la clase ProductoPorLotes. Sin embargo, ProductoPorLotes hereda las propiedades de la clase madre Producto.

¿Qué está pasando?

El error proviene de la visibilidad o alcance de las propiedades.

Hemos definido anteriormente el alcance de las propiedades de Producto como `private`. Por lo tanto, esta propiedad no es visible desde las clases hijas. Podemos utilizar los accesors para acceder a esta propiedad o utilizar una nueva definición del alcance o visibilidad de los elementos.

13. Visibilidad de los elementos en las clases hijas

Existe un modificador de visibilidad o alcance que permite acceder a los elementos de la clase madre desde la clases hijas, sin permitir el acceso a otras clases que no hereden de la clase madre. Este modificador es `protected`.

Sintaxis:

```
class NombreClase
{

    protected $primeraVariable=valor;
    protected $segundaVariable=valor;
    protected primerMetodo()
    {
          ...
    }
```

En la clase Producto, por ejemplo, es preferible definir las variables como `protected`, para poder reutilizarlas en los métodos de la clase ProductoPorLotes.

Estas son las modificaciones para la clase Producto:

```
<?php
namespace MisProductos;
class Producto
{

    protected $nombre="Mi Producto";
    protected $cantidad=3;
    protected $precio=120;
    protected $agotado=false;
    ...
}
```

En esta ocasión, el script ya no provoca ningún error:

14. Redefinición del constructor de la clase madre

El constructor funciona de manera diferente, ya que es posible redefinir un constructor que no tiene la misma firma en la clase hija.

Por ejemplo, en la clase ProductoPorLotes, agregaremos el parámetro `$numArticulosPorLote` para definir este valor al crear el objeto. Este parámetro no existe en la definición del constructor de la clase madre Producto.

El constructor de la clase hija tiene prioridad. Pero también queremos llamar al constructor de la clase madre.

Para evitar duplicar el código del constructor de la clase madre en el de la clase hija, llamamos a este constructor utilizando el operador `::` y la palabra clave `parent`.

Sintaxis:

```
class nombreClaseHija
{
    function __construct(parámetros de la clase hija)
    {
      ...
      // llamada al constructor de la clase madre
      parent::construct(parámetros de la clase madre)
    }

}
```

En el ejemplo, podemos definir el constructor dentro de la clase ProductoPorLotes:

```
<?php
namespace MisProductos;
class ProductoPorLotes extends Producto
{

    private $numArticulosPorLote;

    function __construct(string $nombre, int $cantidad, int
$numArticulosPorLote, float $precio, bool $agotado=false)
    {

        $this->numArticulosPorLote=$numArticulosPorLote;
        parent::__construct($nombre,$cantidad,$precio,$agotado);

    }

    function anadirProducto()
    {

        $this->cantidad+=$this->numArticulosPorLote;

        if($this->cantidad>0) $this->agotado=false;
    }

    function suprimirProducto()
    {
        $this->cantidad-=$this->numArticulosPorLote;
        if($this->cantidad<=0){
            $this->cantidad=0;
            $this->agotado=true;
        }
    }

    function getNumArticulosPorLote()
    {
        return $this->numArticulosPorLote;

    }

    function setNumArticulosPorLote($valor)
    {
        if (!is_integer($valor)){
            echo "la propiedad numArticulosPorLote debe ser un entero";
        }
         else {
```

```
                $this->numArticulosPorLote=$valor;
            }
        }

    }
```

He aquí la clase Producto:

```
<?php
namespace MisProductos;
class Producto
{

    protected $nombre="mi Producto";
    protected $cantidad=3;
    protected $precio=120;
    protected $agotado=false;

    function __construct(string $nombre, int $cantidad, float $precio, bool
$agotado=false)
    {

        $this->nombre=$nombre;
        $this->cantidad=$cantidad;
        $this->precio=$precio;
        $this->agotado=$agotado;

    }

    function getNombre()
    {
        return $this->nombre;

    }

    function setNombre($valor)
    {
        if (!is_string($valor)){
            echo "la propiedad nombre debe ser una cadena de caracteres";
        }
         else {
            $this->nombre=$valor;
        }
    }

    function getCantidad()
    {
        return $this->cantidad;
```

```
    }

    function setCantidad($valor)
    {
        if (!is_integer($valor)){
            echo "La propiedad cantidad debe ser un entero";
        }
         else {
            $this->cantidad=$valor;
        }

    }

    function getprecio()
    {
        return $this->precio;

    }

    function setprecio($valor)
    {
        if (!is_numeric($valor)){
            echo "La propiedad precio debe ser un número";
        }
         else {
            $this->precio=$valor;
        }
    }

    function __toString()
    {
        return "Nombre: ".$this->nombre.'<br>'.
               "Precio: ".$this->precio.'<br>'.
               "Cantidad: ".$this->cantidad.'<br>'.
               (($this->agotado)?"Producto agotado<br>":
"Producto disponible");
    }
    function anadirProducto()
    {
        $this->cantidad+=1;
        if($this->cantidad>0) $this->agotado=false;
    }
    function suprimirProducto()
    {
        $this->cantidad-=1;
        if($this->cantidad<=0){
            $this->cantidad=0;
            $this->agotado=true;
        }
```

```
    }
}
```

y, finalmente, el script principal:

```
<?php
function MiAutoload($class) {
    include  $class . '.php';
}
spl_autoload_register('MiAutoload');
use MisProductos\ProductoPorLotes;
$cartuchosTinta=new ProductoPorLotes("Cartuchos de tinta",10,50.2);
$cartuchosTinta->anadirProducto();
echo $cartuchosTinta;
```

Puede probar el código y verificar que funciona perfectamente.

15. Las constantes y las variables «static»

Hay dos tipos adicionales de variables que se pueden incluir en una clase: las **constantes** y las **variables «static»**.

15.1 Las constantes

Las constantes son elementos cuyo valor se define solo una vez y no se puede cambiar durante la ejecución del script.

Las constantes se utilizan para definir elementos de configuración fijos en la aplicación.

La convención es escribir las constantes en mayúsculas, separadas por el carácter _ (norma conocida como **snake_case**).

Sintaxis:

```
class MiClase
{

    const MI_CONSTANTE=valor;


}
```

Estas constantes se pueden utilizar en los métodos de la clase usando la palabra clave `self` y el operador de visibilidad `::`.

Es importante distinguir entre `self` y `$this` :

- `self` hace referencia a la clase en la que estamos trabajando.
- `$this` hace referencia al objeto instanciado actualmente.

Esta distinción es muy importante.

Independientemente del objeto que instancia la clase, el elemento *self::CONSTANTE* hace referencia al mismo valor incluido en la propia clase.

`$this` hace referencia a variables intrínsecas al objeto. Estas variables pueden tener valores diferentes según los objetos, a diferencia de `self`, ya que nos encontramos en la clase común.

Sintaxis del operador `self`:

```
class MiClase
{

    const MI_CONSTANTE=valor;

    public function miFuncion(parámetros)
    {
        ...
        self::MI_CONSTANTE
        ...

    }

}
```

Por ejemplo, en Producto, creamos la constante MONEDA para la divisa de los precios y la utilizamos en el método `__toString()`:

```
<?php
namespace MisProductos;
class Producto
{
    const MONEDA="euros";
    ...
```

```
    function __toString()
    {
        return "Nombre: ".$this->nombre.'<br>'.

                 Precio: ".$this->precio.self::MONEDA.'<br>'.

                 "Cantidad: ".$this->cantidad.'<br>'.
                 (($this->agotado)?"Producto agotado<br>":
"Producto disponible<br>");
    }
...
}
```

Los precios se mostrarán en euros.

15.2 Las variables «static»

Las variables «static», al igual que las constantes, pertenecen a la clase, y no al objeto.

Sin embargo, son variables, por lo que es posible modificar su valor durante la ejecución del script.

Cuando cambiamos el valor de una variable «static», esto afecta a su valor en todos los objetos que instancian la clase.

Sintaxis de «static»:

```
class MiClase
{

    public static $variableStatic=valor;

    public function miFuncion(parámetros)
    {
        ...
        self::$variableStatic
        ...

    }

}
```

Observación

El término clave static se coloca después de la definición del ámbito; en este caso, public.

Para mostrar esta variable externamente, usamos el nombre de la clase seguido del operador de resolución de visibilidad `::`.

Sintaxis:

```
<?php
NombreClase::$variableStatic;
```

Por supuesto, la variable debe definirse como *public*; de lo contrario, se utilizarán accesors, como con una propiedad estándar.

En nuestro ejemplo, creamos una variable estática `$numProductos` que contendrá el número de productos diferentes pedidos (es decir, el número de objetos instanciados).

Cada vez que se instancia un objeto, es necesario incrementar `$numProductos`, lo cual se hace en el constructor de Producto:

```
<?php
namespace MisProductos;
class Producto
{
   const MONEDA="euros";

   public static $numProductos=0;

   protected $nombre="mi Producto";
   protected $cantidad=3;
   protected $precio=120;
   protected $agotado=false;

   function __construct(string $nombre, int $cantidad, float $precio,
                        bool $agotado=false)
   {
       $this->nombre=$nombre;
       $this->cantidad=$cantidad;
       $this->precio=$precio;
       $this->agotado=$agotado;

       self::$numProductos++; // incrementamos en uno $numProductos

   }
```

```
...
}
```

Para mostrar la variable, retocamos el script : `Producto::$numProductos`.

```
<?php
function MiAutoload($class) {
    include  $class . '.php';
}

spl_autoload_register('MiAutoload');

use MisProductos\ProductoPorLotes;
use MisProductos\Producto;

$cartuchosTinta=new ProductoPorLotes("Cartuchos de tinta",10,50.2);
$impresora=new Producto("impresora",1,800);
$ordenador=new Producto("ordenador",1,1200);

echo "Número de productos diferentes creados:
".Producto::$numProductos;
```

Se obtiene un resultado como el siguiente:

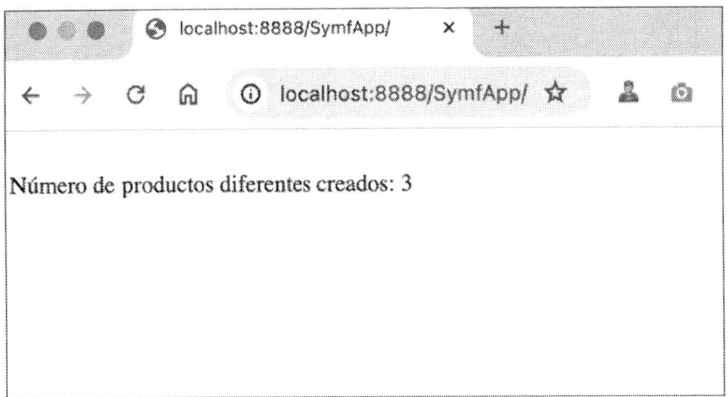

16. Las clases abstractas y las interfaces

No profundizaremos más en el estudio del lenguaje orientado a objetos (aunque aún hay mucho que decir), pero hay una última noción que es importante, especialmente porque se utiliza en Symfony: la noción de clase abstracta e interfaz.

16.1 Las clases abstractas

Todo se deriva de la herencia de clase; la idea es tener clases madre que solo sirvan para la herencia.

Una clase abstracta es una clase que no se puede instanciar. No se pueden crear objetos de esa clase.

Se define con la palabra clave `abstract`.

Una clase abstracta puede contener métodos abstractos. Los métodos abstractos son métodos que es obligatorio redefinir en la clase o las clases hijas.

Estos métodos solo contienen firmas, no tienen contenido.

Sintaxis de una clase abstracta:

```
abstract class MiClase
{

    // puede contener tanto propiedades como métodos

    abstract public function miFuncion(parámetros);

}
```

Un método solo puede ser abstracto si la clase es abstracta.

En nuestro ejemplo, la clase Producto puede derivar de una clase abstracta que llamaremos ProductoAbstract, que agrupará la estructura general de la clase Producto.

Creemos una subcarpeta de MisProductos que llamaremos MisProductosWith Abstract.

Luego, creemos un archivo ProductoAbstract.php en esta subcarpeta y coloquemos la clase abstracta en MisProductos/MisProductosWithAbstract:

```
<?php
namespace MisProductos\MisProductosWithAbstract;

abstract class ProductoAbstract
{
   const MONEDA="euros";
   static $numProductos;
   protected $nombre;
   protected $cantidad;
   protected $precio;
   protected $agotado;

   abstract function __toString();

   abstract  function anadirProducto();

   abstract function suprimirProducto();
}
```

Observación

Una clase abstracta permite asegurar la estructura de las clases que heredan de ella. Es una buena manera de diseñar una estructura básica desde el principio y estar seguro de que todas las clases que se crearán la respetarán.

Haremos una herencia de la clase Producto a partir de la clase abstracta ProductoAbstract.

Hay que fijarse en que es necesario definir el use en el archivo Producto.php para poder acceder a la clase ProductoAbstract:

```
<?php
namespace MisProductos;
use MisProductos\MisProductosWithAbstract\ProductoAbstract;

class Producto extends ProductoAbstract
{
    function __construct(string $nombre, int $cantidad, float
    $precio, bool $agotado=false)
    {

        $this->nombre=$nombre;
```

```
        $this->cantidad=$cantidad;
        $this->precio=$precio;
        $this->agotado=$agotado;
        self::$numProductos++;

    }

    function getNombre()
    {
        return $this->nombre;

    }

    function setNombre($valor)
    {
        if (!is_string($valor)){
            echo "La propiedad nombre debe ser una cadena de caracteres";
        }
         else {
            $this->nombre=$valor;
        }

    }
    function getCantidad()
    {
        return $this->cantidad;

    }

    function setCantidad($valor)
    {
        if (!is_integer($valor)){
            echo "La propiedad cantidad debe ser un entero";
        }
         else {
            $this->cantidad=$valor;
        }

    }

    function getprecio()
    {
        return $this->precio;

    }

    function setprecio($valor)
    {
```

```
        if (!is_numeric($valor)){
            echo "La propiedad cantidad debe ser un número";
        }
         else {
            $this->precio=$valor;
        }

    }


    function __toString()
    {
        return "Nombre: ".$this->nombre.'<br>'.
               "Precio: ".$this->precio.' '.self::MONEDA.'<br>'.
               "Cantidad: ".$this->cantidad.'<br>'.
               (($this->agotado)?"Producto disponible<br>":"Producto
agotado<br>");
    }

    function anadirProducto()
    {
        $this->cantidad+=1;
        if($this->cantidad>0) $this->agotado=false;
    }

    function suprimirProducto()
    {
        $this->cantidad-=1;
        if($this->cantidad<=0){
            $this->cantidad=0;
            $this->agotado=true;
        }
    }

}
```

Observación

La clase Producto debe definir obligatoriamente los métodos abstractos `__toString()`, `anadirProducto()` *y* `suprimirProducto()`. *Ya no necesitamos definir las propiedades en Producto, puesto que se han trasladado a ProductoAbstract.*

La clase ProductoPorLotes no cambia. El script index.php tampoco.

```
<?php

function MiAutoload($class) {
    include  $class . '.php';
}

spl_autoload_register('MiAutoload');

use MisProductos\ProductoPorLotes;
use MisProductos\Producto;

$cartuchosTinta=new ProductoPorLotes("Cartuchos de tinta",10,50.2);

$impresora=new Producto("impresora",1,800);
$ordenador=new Producto("ordenador",1,1200);

echo "número de productos diferentes
creados:".Producto::$numProductos."<br>";

$cartuchosTinta->anadirProducto();
echo $cartuchosTinta;

$impresora->anadirProducto();
$impresora->suprimirProducto();
echo $impresora;
```

Pruebe el código para asegurarse de que todo funcione correctamente.

16.2 Las interfaces

Las interfaces son similares a las clases abstractas: solo sirven para implementar otras clases y no se pueden instanciar.

He aquí las diferencias esenciales entre una interfaz y una clase abstracta:

- Una interfaz no contiene propiedades (solo constantes, opcionalmente).
- Todos los métodos de una interfaz deben ser obligatoriamente redefinidos.
- Todos los métodos son públicos (no hay métodos `protected` ni `private`).

La palabra clave para crear una interfaz es `interface`.

Sintaxis:

```
interface MiInterfaz
{

    public function miMetodo(parámetros);
    ...
}
```

Como se mencionó anteriormente, no heredamos de una interfaz, la implementamos.

Sintaxis:

```
class MiClase implements MiInterfaz1, MiInterfaz2...
{

    // los métodos de las interfaces deben redefinirse aquí

}
```

En nuestro ejemplo, podemos modificar la clase abstracta ProductoAbstract para que implemente una interfaz ProductoInterface.

Creemos en la subcarpeta MisProductos/MisProductosWithAbstract un archivo ProductoInterface.php.

Coloquemos la interfaz ProductoInterface en ese archivo:

```
<?php
namespace MisProductos\MisProductosWithAbstract;

interface ProductoInterface
{
    const MONEDA="euros";

    public function __toString();

    public function anadirProducto();

    public function suprimirProducto();

}
```

Observación

A menudo se habla del contrato de servicio de una interfaz, es decir, que una interfaz ofrece un cierto servicio. Aquí, si implementa esta interfaz, le permitirá definir productos, mostrarlos, agregarlos y eliminarlos. Este es el servicio proporcionado por nuestra interfaz.

La clase ProductoAbstract implementará esta interfaz:

```
<?php
namespace MisProductos\MisProductosWithAbstract;
abstract class ProductoAbstract implements ProductoInterface
{

    static $numProductos;
    protected $nombre;
    protected $cantidad;
    protected $precio;
    protected $agotado;

    abstract function __toString();

    abstract function anadirProducto();

    abstract function suprimirProducto();

}
```

Todo lo demás permanece sin cambios y se deriva automáticamente de esta estructura.

¿Cuál es la ventaja de las interfaces en comparación con las clases abstractas?

Una clase puede implementar varias interfaces, mientras que solo puede heredar de una única clase.

17. Conclusión

Ahora tiene todos los conocimientos esenciales para desarrollar en PHP y, sobre todo, utilizar el framework Symfony. Por supuesto, hay otras nociones en PHP que no se han abordado para no sobrecargar este libro. Si desea profundizar en la programación en PHP, le recomendamos que visite el sitio: *PHP the right way*, que detalla de manera clara y precisa todas las nociones de PHP: https://www.phptherightway.com

Capítulo 5
Las novedades de PHP 8

1. Una pizca de asincronía: las fibras en PHP 8

Una nueva característica se ha introducido en PHP a partir de la versión PHP 8.1. Se llama fibras (*fibers* en inglés).

¿De qué se trata?

Hasta ahora, nuestro código PHP se ejecuta de manera *secuencial*. Es decir, las instrucciones se procesan una tras otra, siguiendo el orden impuesto por las estructuras de control y las llamadas a funciones.

Pero puede ser interesante tener varios códigos PHP que se ejecuten de manera simultánea. Esto es posible, pero ¿para qué sirve?

Imagine que su programa PHP llama a otro programa que está en otro servidor. En lugar de volver a escribir programas que ofrecen el mismo servicio que otros disponibles en servidores externos, ¿por qué no llamar directamente a estos programas? Esto ocurre con frecuencia. Llamamos a estos programas *servicios*. Hablamos entonces de programación de servicios o, mejor aún, de arquitectura = de servicios.

No se preocupe, no es complicado.

Tomemos un ejemplo: un programa que necesita conocer las temperaturas meteorológicas de cada ciudad de España en una fecha específica para procesarlas posteriormente, quizás para proporcionar un historial. En lugar de crear el código que busca estas temperaturas una por una, su programa llamará a un *servicio* meteorológico externo, es decir, un programa externo cuya función es precisamente devolver la lista de temperaturas solicitada.

Puede encontrar este tipo de servicio si busca en Google los términos:

Api meteorológica ciudad España

Estos servicios también se llaman **API**, que significa *Application Programming Interface* (interfaz de programación de aplicaciones), es decir, interfaces de programación que permiten conectar un software con otro.

Por supuesto, no queremos obtener directamente los datos de resultados de estas API escribiendo la dirección en el navegador. Tendremos que pasar por un programa PHP que, mediante una instrucción, llamará directamente al servicio. Varias instrucciones de PHP permiten llamar a un programa externo. Por ejemplo, la instrucción `file_get_contents` permite hacerlo.

Le sugiero que, para obtener más información, consulte el enlace:
https://www.php.net/manual/es/function.file-get-contents.php

Encontrará, al final de la página, ejemplos de uso.

Otra instrucción interesante para llamar a un programa externo es `curl`.

Curl es, de hecho, una biblioteca independiente de PHP que se puede utilizar para comunicarse con muchos tipos de servidores. Veremos en un ejemplo más adelante cómo usarla con PHP.

Volviendo a la programación asíncrona, imagine que el retorno del servicio externo al que llamamos no es instantáneo.

De hecho, hay que tener en cuenta el tiempo de acceso al servidor. También es posible que este tenga varias llamadas para gestionar al mismo tiempo y la ponga en espera. La recuperación de datos tampoco es inmediata. Hay que tener en cuenta el tiempo de acceso a la base de datos, el formato de los resultados, etc.

Mientras tanto, el procesador de nuestro servidor está bloqueado en la línea de nuestro programa que llama al servicio externo y espera, para continuar con su tarea, a que los datos se reciban por completo.

Esto resulta en un tiempo de espera más largo para el usuario y, por lo tanto, en una falta de rendimiento. Este tiempo puede volverse restrictivo, sobre todo, si su programa llama varias veces al mismo servicio.

Gracias a las fibras (*fibers* en inglés), podremos realizar *programación asíncrona*.

El procesador de nuestro servidor podrá seguir ejecutando líneas de nuestro programa sin esperar el retorno de los datos del servicio externo. La parte del programa que utiliza estos datos no se ejecuta inmediatamente. Se pone en espera y el programa continúa con el resto de las instrucciones. Un evento informará al procesador de que debe continuar el proceso cuando todos los datos hayan llegado. A este modo de programación lo llamaremos *programación dirigida por eventos*.

He aquí un esquema que muestra el flujo de la programación asíncrona o de eventos:

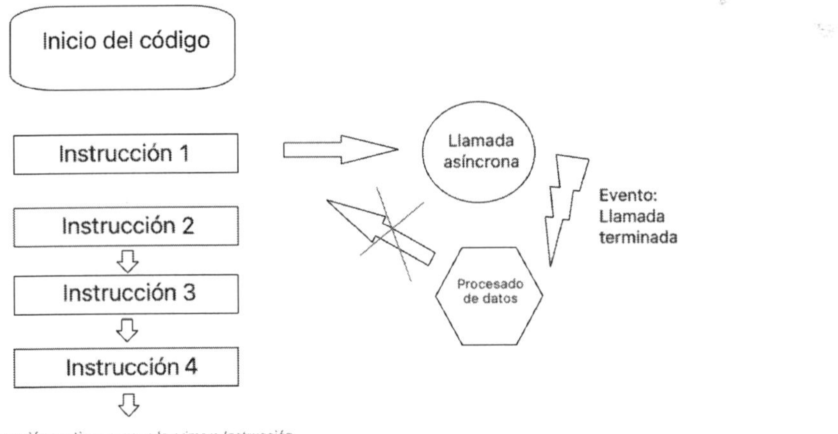

La programación asíncrona ha sido, desde hace tiempo, muy común en otros lenguajes. A menudo asociamos la programación asíncrona con el lenguaje JavaScript.

JavaScript es un lenguaje de script que ejecuta eventos en una página web desde un navegador. Un evento, por ejemplo, es hacer clic con el ratón para abrir un menú o mostrar una ventana emergente. El evento, tan pronto como aparece, desencadena la ejecución de un código JavaScript.

Pero no nos desviemos; estamos usando PHP y tenemos la suerte de disponer de esta funcionalidad en PHP 8.1.

¿Cómo implementar la programación asíncrona con las fibras?

Lo mejor es mostrarle un ejemplo:

Retomemos nuestro tema anterior. Vamos a simular la llamada a un servidor meteorológico para obtener las temperaturas medias de ciudades de España.

Por razones de derechos de uso, no vamos a llamar a un verdadero servicio meteorológico, pero la lógica sigue siendo la misma.

Vamos a simular nuestro servidor meteorológico remoto creando un archivo PHP local en nuestro ordenador. Lo llamaremos meteo.php.

Vaya a su editor Visual Studio y cree el archivo meteo.php.

Este archivo será llamado por el programa principal para devolver las temperaturas de las ciudades españolas. Para simplificar, imaginemos que hacemos tres llamadas diferentes a este archivo para obtener las temperaturas medias de tres ciudades, por ejemplo: Madrid, Barcelona y Teruel.

El nombre de la ciudad se transmitirá en la URL que llama al archivo.

Para Madrid, ejecutaremos la URL:
http://localhost/SymfApp/meteo.php?ciudad="Madrid"

Para Barcelona, ejecutaremos la URL:
http://localhost/SymfApp/meteo.php?ciudad="Barcelona"

Para Teruel, ejecutaremos la URL:
http://localhost/SymfApp/meteo.php?ciudad="Teruel"

En el archivo meteo.php, el nombre de la ciudad se recuperará automáticamente de la matriz asociativa $_GET (esto es así para todas las transmisiones de parámetros a través de una URL).

Así, el código de meteo.php comienza con:

```
<?php
$ciudad=$_GET["ciudad"];
```

Luego, ejecutaremos un switch para devolver, según la ciudad, la temperatura media correspondiente. Enviaremos estas temperaturas a archivos distintos. El código creará un archivo que llamaremos archivo_ciudad, en el que se almacenará la temperatura correspondiente a esa ciudad.

archivo_Madrid contendrá la temperatura de Madrid.

archivo_Barcelona contendrá la temperatura de Barcelona.

archivo_Teruel contendrá la temperatura de Teruel.

La creación de un archivo en PHP se realiza con la instrucción
`file_put_contents('nombre del archivo, 'datos');`

Por ejemplo, para crear el archivo archivo_Madrid y almacenar dentro la temperatura de 15 grados, escribiremos:

```
file_put_contents('archivo_Madrid.php', '15 grados');
```

Finalmente, para simular el tiempo de respuesta de un servidor externo, vamos a ralentizar la ejecución con la función sleep(número de segundos).

Por ejemplo, `Sleep(10)` permite poner en pausa el programa PHP durante 10 segundos.

El código de nuestro archivo meteo.php es, finalmente, el siguiente:

```
<?php
$ciudad=$_GET["ciudad"];
switch ($ciudad) {
case 'Madrid':
   sleep(5);
   file_put_contents('archivo_'.$ciudad.'.php', '15 grados');
   break;
case 'Barcelona':
   sleep(5);
   file_put_contents('archivo_'.$ciudad.'.php', '20 grados');
   break;
case 'Teruel':
   sleep(5);
   file_put_contents('archivo_'.$ciudad.'.php', '5 grados');
```

```
    break;
}
```

Ahora pasemos a escribir el programa que invocará a las fibras para llamar al archivo meteo.php.

La creación de una fibra se realiza utilizando una clase nativa en PHP 8.1, la clase `Fiber`.

La instancia de esta clase toma como parámetro para el constructor una función en la que se encontrará el código que desea ejecutar. De hecho, es posible colocar una función como parámetro de otra función. La única condición es que esta función devuelva un valor o el valor void, es decir, null.

```
$fiber = new \Fiber(function (string $ciudad): void { // aquí
van las instrucciones a ejecutar por la fibra});
```

`function(string $ciudad)` es una función anónima que toma como parámetro la variable `$ciudad` que contiene el nombre de la ciudad en la que se realizará nuestra solicitud.

Es dentro de esta función donde escribiremos el código que se ha de ejecutar.

Observación

El \ antes de \Fiber indica al compilador que Fiber es una clase nativa de PHP.

Iniciamos la ejecución de la fibra con el parámetro `$ciudad`:

```
$fiber->start($ciudad);
```

Como estamos ejecutando tres solicitudes para tres ciudades diferentes, crearemos, así, tres fibras diferentes. Pongámoslo en un bucle:

```
$ciudades = ["Madrid","Barcelona","Teruel"];

foreach($ciudades as $ciudad){

$fiber = new \Fiber(function (string $ciudad): void {
// aquí van las instrucciones a ejecutar por la fibra });

$fiber->start($ciudad);
}
```

Pasemos al código dentro de la fibra en sí. La fibra debe llamar al archivo externo meteo.php transmitiéndole el nombre de la ciudad. Usaremos la biblioteca curl para realizar estas llamadas externas:

```
$url = "http://localhost/SymfApp/meteo.php?ciudad=".$ciudad ;
$ch = curl_init($url);
$data=curl_exec($ch);
```

La primera instrucción almacena la URL a la que llamar transmitiendo el parámetro `$ciudad`. La segunda inicializa Curl con esta URL. La tercera ejecuta la llamada a la URL.

Obtenemos el código:

```
<?php
$ciudades = ["Madrid","Barcelona","Teruel"];

foreach($ciudades as $ciudad ){

  $fiber = new \Fiber(function (string $ciudad): void {
      $url = "http://localhost/SymfApp/meteo.php?ciudad=".$ciudad;
      $ch = curl_init($url);
      $data=curl_exec($ch);
      });

$fiber->start($ciudad);

}
```

Ahora es cuando entramos en el funcionamiento asíncrono de la fibra. Vamos a interrumpir la ejecución de esta mientras el archivo meteo.php no cree el archivo que contiene las temperaturas.

Para interrumpir una fibra, hay que usar la instrucción `\Fiber::suspend();`.

La fibra se interrumpirá mientras no se cree el archivo que contiene las temperaturas:

```
while(!file_exists("archivo_".$ciudad.".php")) {
    \Fiber::suspend();
 }
```

Añadimos un echo a la salida del bucle para indicar que la fibra ha terminado:

```
// la solicitud está terminada
 echo "fibra terminada: ", $ciudad, '<br>';
```

El código completo de nuestro programa es:

```
<?php
$ciudades = ["Madrid","Barcelona","Teruel"];
foreach($ciudades as $ciudad ){

  $fiber = new \Fiber(function (string $ciudad): void {
  $url = "http://localhost/SymfApp/meteo.php?ciudad=".$ciudad;
  $ch = curl_init($url);
  $data = curl_exec($ch);
  while(!file_exists("archivo_".$ciudad.".php")) {
      \Fiber::suspend();
   }

  // la solicitud está terminada
   echo "fibra terminada: ", $ciudad, '<br>';

}); // fin de la fibra

$fiber->start($ciudad);

} // fin del foreach
```

Si ejecutamos el código, entraremos en un bucle infinito. Cada fibra está suspendida y no se va a liberar, ni siquiera cuando se hayan creado los archivos con datos meteorológicos.

Es en el exterior de las fibras donde las suspensiones se pueden liberar con la instrucción `$fiber->resume` (resume es un método de la clase `\Fiber`).

Pero primero comprobaremos que están suspendidas. Y después las podemos liberar:

```
foreach ($fibers as $key => $fiber) {
      if ($fiber->isSuspended()) {
      $fiber->resume();
      }
```

Cada fibra será liberada de esta manera. Sin embargo, si el archivo con los datos meteorológicos de la ciudad no ha sido creado, volverá a suspenderse automáticamente:

```
while(!file_exists("archivo".$ciudad.".php")) {
   \Fiber::suspend();
}
```

Por lo tanto, hay que liberar las fibras de forma recurrente, ya que se bloquearán automáticamente hasta que las instrucciones se ejecuten por completo y los archivos con las temperaturas estén creados.

Para resolver este problema, utilizamos un array donde guardar las fibras, y un bucle para suprimirlas cuando haya terminado su ejecución:

Código dentro de la fibra:

```
$fibers[] = $fiber;
```

Código fuera de la fibra:

```
while ($fibers !== []) {
  foreach ($fibers as $key => $fiber) {
      if ($fiber->isSuspended()) {
      $fiber->resume();
     }
      if ($fiber->isTerminated()) {
      unset($fibers[$key]);
   }
  }
}
```

Mientras el array $fibers contenga fibras, se aplica la instrucción `resume();` si la fibra ha llegado al final de su ejecución, se la suprime del array: `unset($fibers[$key]);`

El código final de nuestro programa es el siguiente:

```
<?php
$ciudades = ["Madrid","Barcelona","Teruel"];
foreach($ciudades as $ciudad ){
  $fiber = new \Fiber(function (string $ciudad): void {
  $url = "http://localhost/SymfApp/meteo.php?ciudad=".$ciudad ;
  $ch = curl_init($url);
  $data=curl_exec($ch);
   while(!file_exists("archivo_".$ciudad.".php")) {
```

```
        Fiber::suspend();
     }
   // aquí ya hemos terminado la llamada
     echo "fibra terminada: ", $ciudad, '<br>';

});
// EJECUCIÓN DE LA FIBRA EN CURSO
  $fiber->start($ciudad);
// la guardamos en el array $fibers
  $fibers[] = $fiber;
} // fin del foreach

// liberamos las fibras

while ($fibers !== []) {
  foreach ($fibers as $key => $fiber) {
      if ($fiber->isSuspended()) {
      $fiber->resume();
      }
      if ($fiber->isTerminated()) {
      unset($fibers[$key]);
    }
  }
 }
```

Solo hay que ejecutar el script index.php. En el navegador de su elección, escriba: localhost/SymfApp.

Verá que se crean los tres archivos meteorológicos en su carpeta SymfApp y su navegador mostrará los siguientes mensajes (aguarde a que los tiempos de espera de las instrucciones sleep terminen).

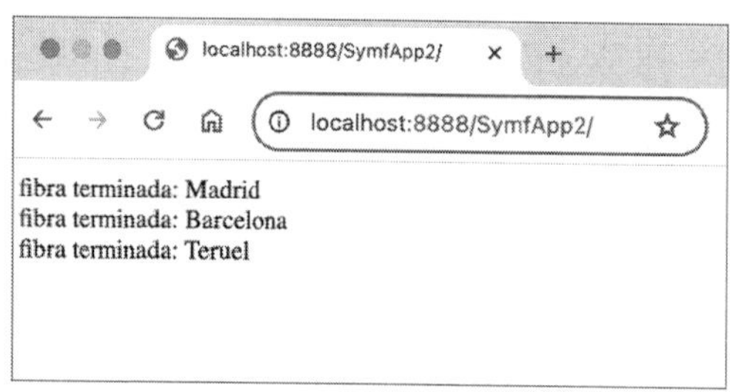

Si este ejemplo le ha parecido un poco difícil, no se preocupe; es necesario practicar un poco para acostumbrarse. Las fibras simulan llamadas asíncronas, pero en realidad no lo son. Para tener un sistema asíncrono real, es necesario utilizar JavaScript.

2. Otras novedades interesantes de PHP 8

Aparte de las fibras, he aquí algunas de las mejoras principales que se pueden destacar en PHP 8.1.

2.1 Los argumentos pueden tener nombre

En las versiones antiguas de PHP, la transmisión de valores de los parámetros (también llamados argumentos) se realizaba siguiendo el orden de definición en la declaración de la función. Esto presenta la desventaja de tener que proporcionar obligatoriamente un valor para cada argumento, incluso si son opcionales. En PHP 8, puede pasar estos valores utilizando los nombres de los argumentos.

Por ejemplo:

```
function miFuncion($a, $b, $c = 3, $d = 4) {
 return $a + $b + $c + $d;
}
echo miFuncion(a : 10, b : 15, d : 40);  // resultado: 68
```

Aquí hemos omitido transmitir el valor del argumento $c, que por defecto es 3.

2.2 Número de argumentos variable

PHP también admite argumentos de longitud variable en funciones definidas por el usuario utilizando el token `...`.

Los argumentos se pasan como un array indexado o asociativo:

```
function miFuncion($a, $b, $c = 3, $d = 4) {
  return $a + $b + $c + $d;
}
```

```
echo miFuncion(...[10,20, 'd' => 40]); // resultado: 73
```

Los valores de $a y $b se transmiten por indexación del array ($a=10 y $b=20); el valor de $c es «3» por defecto, y el valor de $d se transmite por la clave asociativa 'd'.

También es posible utilizar este token en la declaración de la función:

```
function miFuncion2(...$numeros) {
  $suma=0;
  foreach($numeros as $numero){

  $suma+=$numero;

  }
  return $suma;
}
echo miFuncion2(1, 2, 3, 4); // resultado: 10
```

Es posible combinar argumentos con nombre con el token en la declaración y en la llamada de una función.

2.3 Declaración de propiedades en el constructor de la clase

Si retomamos el ejemplo del capítulo anterior, para la clase Producto teníamos la siguiente definición:

```
<?php
class Producto
{
    protected $nombre;
    protected $cantidad;
    protected $precio;
    protected $agotado;

    function __construct(string $nombre,
int $cantidad, float $precio,
                    bool $agotado=false)
    {
        $this->nombre=$nombre;
        $this->cantidad=$cantidad;
        $this->precio=$precio;
        $this->agotado=$agotado;
```

```
    }
}
```

Cuando instanciamos la clase, le transmitimos los valores de las propiedades al constructor:

```
$impresora=new Producto("impresora",10,850.5);
echo $impresora->nombre, '<br>';
echo $impresora->cantidad, '<br>';
echo $impresora->precio, '<br>';
echo $impresora->agotado, '<br>';
```

En PHP 8, la declaración de propiedades se simplifica al poder realizarse directamente en los argumentos del constructor:

```
<?php
class Producto
{
    function __construct(public string $nombre="mi Producto",
public int
$cantidad=3, public float $precio=120, public bool $agotado=false)
    { }
}

$impresora=new Producto("impresora",10,850.5);
echo $impresora->nombre, '<br>';
echo $impresora->cantidad, '<br>';
echo $impresora->precio, '<br>';
echo $impresora->agotado, '<br>';
```

Este código es equivalente al anterior.

2.4 Operador null seguro

En PHP 8, es posible simplificar las instrucciones del operador ternario en las llamadas a los métodos de los objetos.

Ejemplo:

```
<?php
class Producto
{
    function __construct(public string $nombre="mi Producto",
public int
```

```
$cantidad=0,public float $precio=120, public bool $agotado=false)
    { }
}
$impresora=new Producto("impresora",100,850.5);

$cantidad=($impresora)?$impresora->cantidad:null;
```

La última instrucción comprueba la existencia del objeto `$impresora`. El operador ternario devuelve el valor de la propiedad `$cantidad` si el objeto `$impresora` existe, y null en caso contrario.

Gracias al operador null seguro (null safe operator), podemos simplificar esta última instrucción y reemplazarla por:

```
$cantidad2=($impresora)?-> cantidad;
```

2.5 Las cadenas de caracteres (string)

En versiones antiguas, disponíamos de la función `strpos()` para determinar si una cadena de caracteres contenía una palabra específica.

Ejemplo:

```
<?php
$contenido=strpos("la ciudad de Madrid es la más bella
de Europa", "Madrid");
if($contenido!=false){ echo "la cadena contiene la palabra Madrid"; }
```

En PHP 8, podemos utilizar la función `str_contains()`:

```
$contenido=str_contains("la ciudad de Madrid es la más bella
de Europa", "Madrid");
if($contenido!=false){ echo "la cadena contiene la palabra Madrid"; }
```

Además, existen las funciones `str_starts_with()` y `str_ends_with()` para probar si la cadena de caracteres comienza o termina, respectivamente, con una palabra.

2.6 Los tipos Union

En la declaración de una función (o un método de clase), se pueden declarar varios tipos posibles para un argumento con el operador de unión |.

Por ejemplo, si queremos que el argumento `$misDatos` sea un array o una cadena de caracteres en la función `miFuncion`, escribimos:

```
<?php
function miFuncion(array|string $misDatos){
var_dump($misDatos);
}
miFuncion("mi texto");
```

Es posible utilizar la unión también en el retorno de la función:

```
<?php
function miFuncion(array|string $misDatos) : array|string {
var_dump($misDatos);
}
miFuncion("mi texto");
```

2.7 Expresión match

La expresión match simplifica la escritura de una elección múltiple sobre el valor de una variable, en comparación con un switch.

He aquí un ejemplo que lo demuestra:

```
<?php
$fruta = 'pera';

echo match ($fruta) {
    'manzana' => 'esto es una Manzana',
    'pera' => 'esto es una Pera',
    'Cereza' => 'esto es una Cereza',

};
```

Aquí mostramos un mensaje diferente según el valor de la variable `$fruta`.

2.8 Otras mejoras

Existen muchas otras mejoras relacionadas con PHP 8 y PHP 8.1. Hemos enumerado aquellas que nos parecen más útiles. Para obtener una lista exhaustiva de todas las mejoras, recomendamos consultar este enlace:
https://www.php.net/releases/8.0/es.php

Capítulo 6
Los frameworks

1. Un framework: ¿por qué utilizarlo?

Hemos visto previamente cómo crear código en PHP y construir una página web.

Es perfectamente posible desarrollar aplicaciones utilizando directamente el lenguaje PHP.

Entonces, ¿por qué usar un framework?

Un framework es una estructura base predefinida donde desarrollar la aplicación.

1.1 ¿Cuáles son las ventajas?

- La estructura del framework le permite avanzar más rápido en el desarrollo del código. Un framework contiene la mayoría de las clases que necesitará para poner a punto su aplicación. ¡No necesita desarrollarlo todo usted mismo!
- Su código ya está estructurado. La división en subcarpetas y archivos ya está definida. Solo necesita ajustarse a ella. Además, esta estructura es óptima.

- Los desarrolladores que trabajen en su aplicación usarán la misma estructura, los mismos estándares de código. Se fomentan las buenas prácticas. Es más fácil trabajar en equipo cuando se adopta la misma lógica. Se acabaron los códigos de desarrolladores solitarios, difíciles de retomar por otros.
- Es más fácil para un desarrollador que conoce el framework sumergirse en su aplicación. Tardará menos tiempo en poder trabajar en ella. Asimismo, encontrará anuncios de empleo en los que se solicitan candidatos que dominen el framework.
- Los frameworks más famosos tienen una amplia comunidad. Ya no estará solo frente a su código.
- Puede reutilizar algunos componentes de su código para otras aplicaciones. El uso del framework conlleva la reutilización del código.
- Un framework evoluciona y se mantiene en el tiempo. Sin embargo, hay una pequeña pega. De vez en cuando, las nuevas versiones pueden no ser compatibles.

Como todo, el framework también tiene desventajas.

1.2 ¿Cuáles son las desventajas?

- Un framework implica cargar bibliotecas pesadas que no necesariamente necesita. Esto puede afectar al rendimiento y el tiempo de respuesta. Para solucionar este problema, los frameworks ofrecen una versión ligera que le permite cargar solo las bibliotecas que necesita de manera dinámica.
- Ya no necesita escribir su propio código. Sí, es una desventaja. Muchos usuarios de frameworks hoy en día han deteriorado su capacidad de desarrollar, y es una lástima. Tenderá a buscar la solución a su problema en las herramientas del framework o de la comunidad, en lugar de inventarlas usted mismo.

- El uso de un framework implica un período de aprendizaje (de ahí este libro). Nadie se sumerge en un framework sin conocer sus fundamentos. Es, por lo tanto, un paso adicional que hay que añadir al aprendizaje de PHP.
- Un framework evoluciona constantemente. Es posible que algunas actualizaciones afecten a sus aplicaciones anteriores. Deberá hacer que sus aplicaciones evolucionen según las actualizaciones.
- Reflexione bien sobre el framework que va a utilizar y no se deje seducir por la popularidad de un framework. Hemos visto en el pasado frameworks muy populares que, cinco años después, se volvieron obsoletos. La moda cambia, y eso también es válido para los frameworks. Usted ha elegido Symfony y es una buena elección, dadas sus posibilidades, su uso y su evolución. Por lo tanto, no tendrá ese tipo de inconvenientes en el futuro.

2. Los frameworks de PHP

En el momento en que se escriben estas líneas, existen tres grandes frameworks de PHP que se reparten el mercado:

- Symfony, por supuesto, que es indiscutiblemente el framework más apreciado, especialmente en Europa. Tiene una comunidad muy grande. Es un framework francés (desarrollado por SensioLabs). Su uso está en aumento, especialmente para proyectos grandes como Drupal 8, eZ Publish 5, Dailymotion, BlaBlaCar...
- Laravel, el mayor competidor de Symfony. Recoge muchos componentes de Symfony, como el sistema de enrutamiento, la gestión de formularios, las clases de peticiones y respuestas... Es muy utilizado en los Estados Unidos.
- CodeIgniter, que es el framework más simple. Se puede aprender en menos de una hora. Esto es lo que hace que sea popular. Es útil para aquellos que desean tener una estructura básica de framework y nada más. Pero sus características están mucho menos desarrolladas que las de los demás.

Existen otros frameworks, como Zend, Yii o CakePhp, que se utilizan mucho menos hoy en día.

3. El framework Symfony

3.1 Presentación del framework

Symfony es el que nos interesa especialmente. Su gran comunidad, su adaptabilidad, su longevidad lo convierten en uno de los frameworks más confiables hoy en día.

Symfony es de código abierto (*open source*), lo que significa que puede descargarlo y usarlo de forma gratuita, incluso para aplicaciones comerciales. Su primera versión se lanzó en 2005.

Vayamos al sitio web de Symfony: https://symfony.com

Si hace clic en el menú **What is Symfony** en la barra de navegación superior y luego en **Symfony Releases** en el menú vertical izquierdo, descubrirá la versión actual de *Symfony (Latest Stable Release)* y la última versión de soporte a largo plazo *(Latest Long-Term Support Release)*.

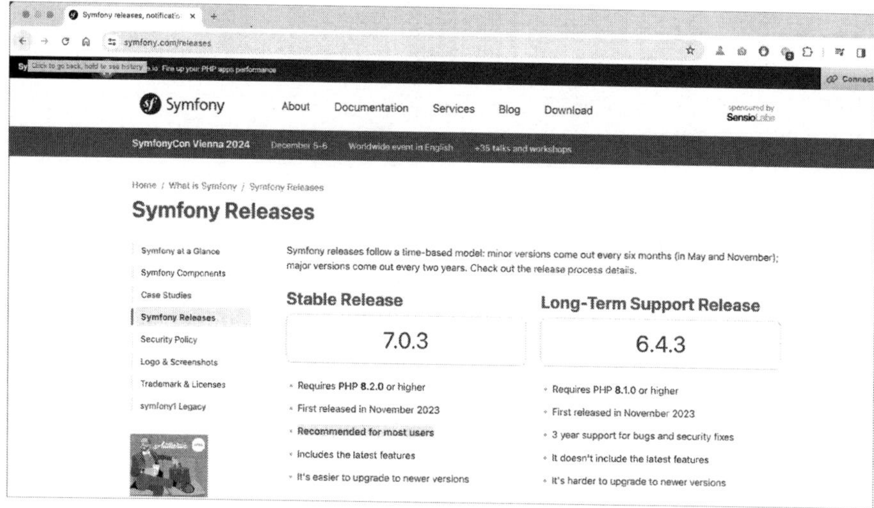

Si se desplaza por la página, verá la hoja de ruta, es decir, el calendario de actualizaciones de cada versión:

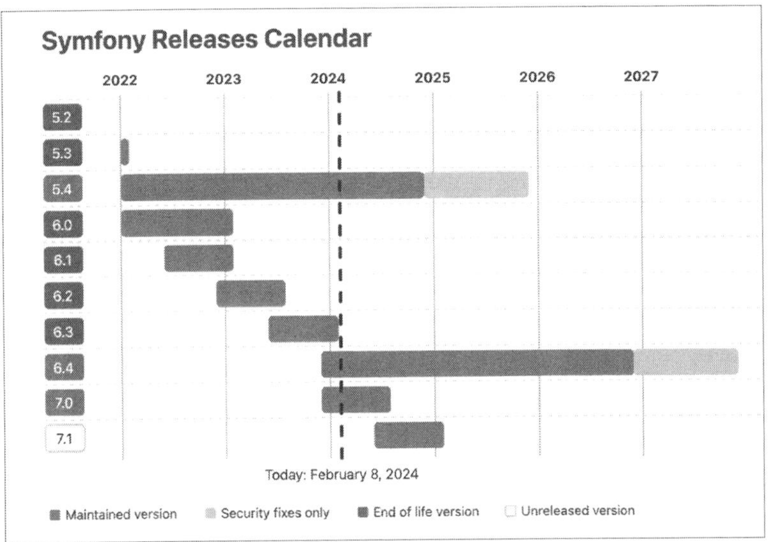

Aquí, nos damos cuenta de que hay dos versiones que están siendo soportadas desde hace tiempo: la versión 5.4 y la versión 6.4, teniendo en cuenta las diferentes versiones 6.1, 6.2, 6.3... Esto se explica porque se realizó un cambio importante en la estructura base de Symfony a partir de la versión 5.

Utilizaremos la versión actual, la versión 7.0, que presenta algunas modificaciones importantes en comparación con la versión 6.

3.2 La documentación

La documentación en Symfony está muy bien hecha. Le recomendamos que la consulte con frecuencia. El primer instinto, cuando se necesita una solución en Symfony (antes de buscar en Internet), debe ser consultar la documentación.

- Haga clic en la pestaña **Documentation**. Tiene un área de búsqueda que le permite buscar información en la documentación mediante palabras clave.

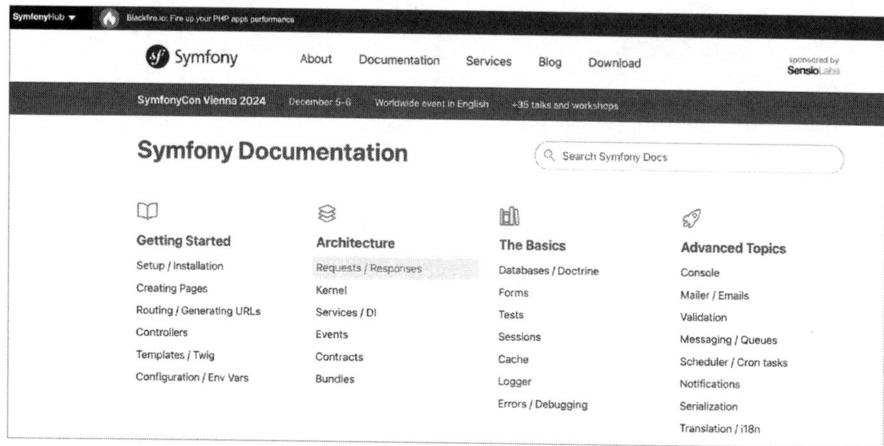

Dispone de varios tipos de documentación:

La documentación de Symfony: con sus ocho capítulos, es la documentación ideal para profundizar en su conocimiento del framework y descubrir lo esencial del desarrollo de aplicaciones web.

El libro de Symfony: este libro, escrito por el creador de Symfony, presenta un enfoque pragmático del desarrollo de aplicaciones web con Symfony: desde cero hasta la producción. Ya sea que trabaje con Symfony por primera vez o que esté actualizando sus conocimientos, esta guía práctica proporciona la introducción definitiva a las aplicaciones modernas de Symfony.

Los screenscasts: son vídeos sobre un tema específico del framework. Encontrará la lista de estos temas en el catálogo. Tenga en cuenta que la inscripción para acceder a estos screencasts es de pago.

Symfony Cloud: ahora es posible alojar un proyecto Symfony en la nube. Symfony pone a su disposición la plataforma Platform.sh.

Comenzaremos el aprendizaje de Symfony con su instalación. Pero antes, nos quedan algunas herramientas por explorar. Las llamamos herramientas de gestión de dependencias.

Estas herramientas serán muy útiles en toda la construcción y evolución de su aplicación.

Capítulo 7
La gestión de dépendencias

1. Introducción

No hace mucho tiempo, cuando queríamos instalar una biblioteca, bastaba con hacer clic en el archivo zip para descargarlo, luego descomprimirlo en una carpeta y listo. Hoy en día, las cosas han cambiado.

¿Por qué?

Porque la mayoría de las bibliotecas (o librerías) ya no funcionan independientemente. Necesitan una multitud de otras bibliotecas independientes a las que están conectadas y que también deben cargarse. A esto se le llama dependencias.

Por lo tanto, es necesario tener una herramienta que se encargue de descargar todo lo necesario para que la biblioteca funcione. Esta herramienta se llama gestor de dependencias.

Existen muchas herramientas de gestión de dependencias. Veremos las dos más utilizadas: **Composer** y **Scoop** (solo en Windows).

2. El gestor de dependencias Composer

Es un programa escrito en PHP que se encuentra aquí:
https://getcomposer.org

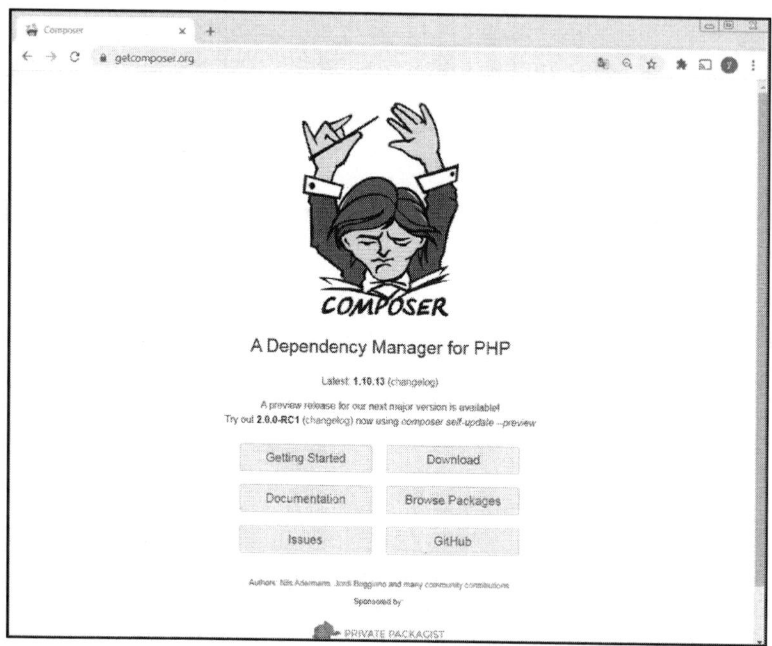

▶Haga clic en **Download**:

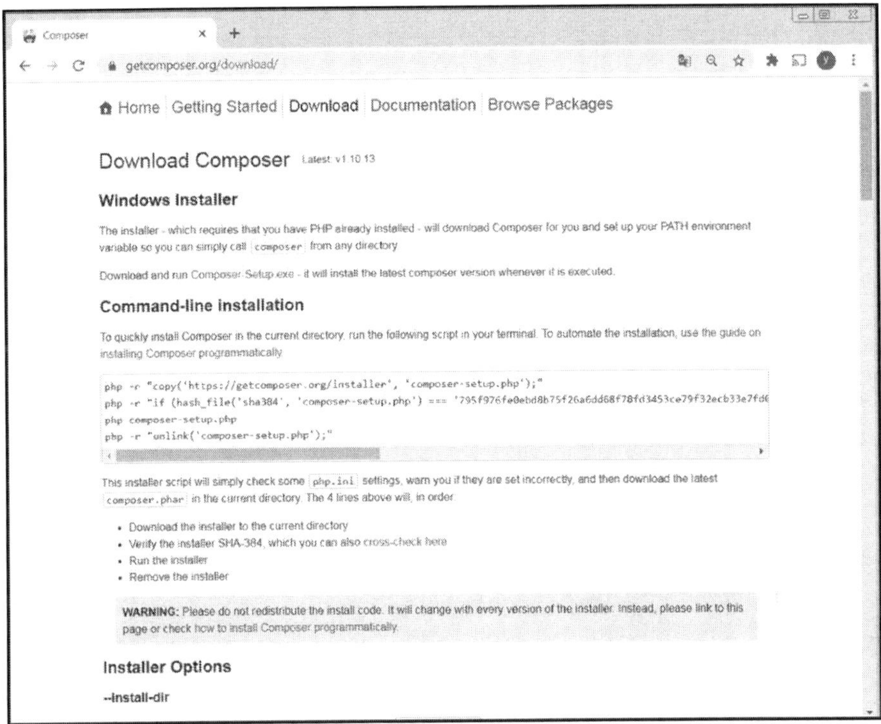

Puede hacer clic en el enlace **Composer-Setup.exe** para instalar Composer en su PC.

Observación

Aunque haya elegido la solución mencionada con anterioridad, le recomendamos que siga leyendo, especialmente en lo que respecta a las variables de entorno. Lo necesitará más adelante.

También puede ejecutar Composer desde la línea de comandos, como vamos a hacer a continuación.

Las instrucciones de la línea de comandos comienzan todas con **php**. De hecho, Composer no es más que un programa PHP. Para ejecutar una instrucción PHP desde la línea de comandos, su sistema debe saber dónde se encuentra el ejecutable de PHP.

Sería tedioso indicar la ruta del ejecutable cada vez que se quiere ejecutar PHP. Afortunadamente, podemos definir la ruta del ejecutable gracias a las variables de entorno.

3. Variables de entorno

Estas variables definen las configuraciones predeterminadas de cada programa que se puede usar desde la línea de comandos.

¿Dónde encontrar las variables de entorno?

En el caso de Windows, hay varias formas de encontrarlas. La más típica es la siguiente:

- En el menú de **Inicio** de Windows, haga clic en **Panel de control** (en Windows 10, escriba "panel de control" en la barra de búsqueda).
- Luego, haga clic en **Sistema y seguridad**, y después en **Sistema**. Finalmente, a la izquierda de la pantalla, encontrará la opción **Configuración avanzada del sistema**.

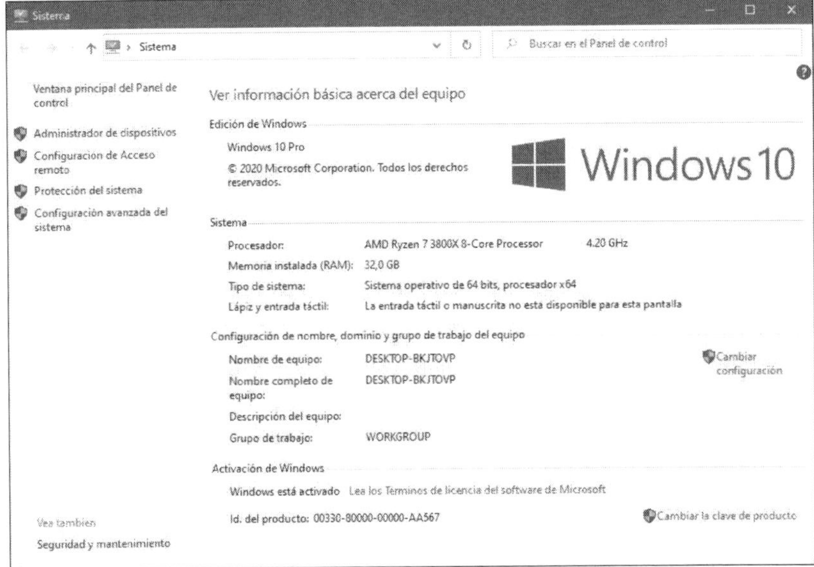

▶Haga clic en el botón de **Variables de entorno**:

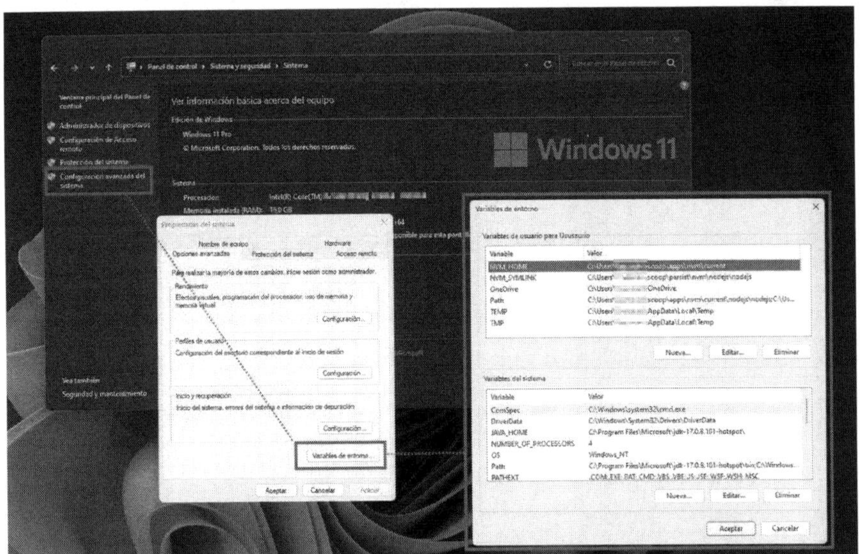

▶ En la ventana **Variables del sistema**, desplácese hacia abajo hasta la variable **Path** y haga doble clic en ella. Podrá agregar a todos los caminos ya presentes la ruta hacia su ejecutable de PHP.

Pero ¿dónde se encuentra el ejecutable de PHP?

Anteriormente, instalamos WAMP (o XAMPP o MAMP), que nos ofrece un servidor PHP. Es en las carpetas de WAMP donde se encuentra el ejecutable.

En la carpeta c:/wamp64/bin/php se encuentran las carpetas de cada versión disponible del servidor PHP.

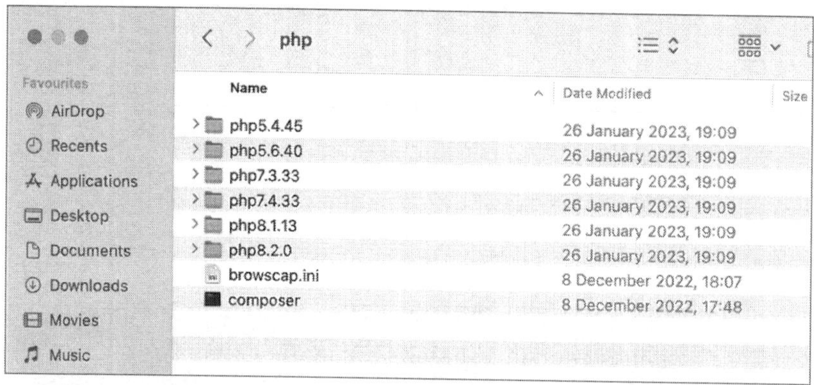

▶ Haga clic en la última versión disponible de PHP (en este caso, php 8.2).

▶ Seleccione la dirección en la barra de direcciones: C:\wamp64\bin\php\php8.2.0.

▶ Regrese al panel: modifique la variable de entorno y haga clic en **Nuevo** en la variable de entorno Path. Pegue la ruta que copió previamente desde la barra de direcciones (C:\wamp64\bin\php\php8.2.0).

▶ Haga clic en **OK** para cerrar los paneles.

Eso es todo. Su ejecutable estará disponible en todas sus carpetas.

¿Cómo comprobarlo?

- Abra un terminal de comandos ([Windows] **R**) y escriba la instrucción `cmd` en la ventana emergente.
- Luego, escriba el siguiente comando:

```
php --version
```

Obtendrá la versión de PHP utilizada en la línea de comandos.

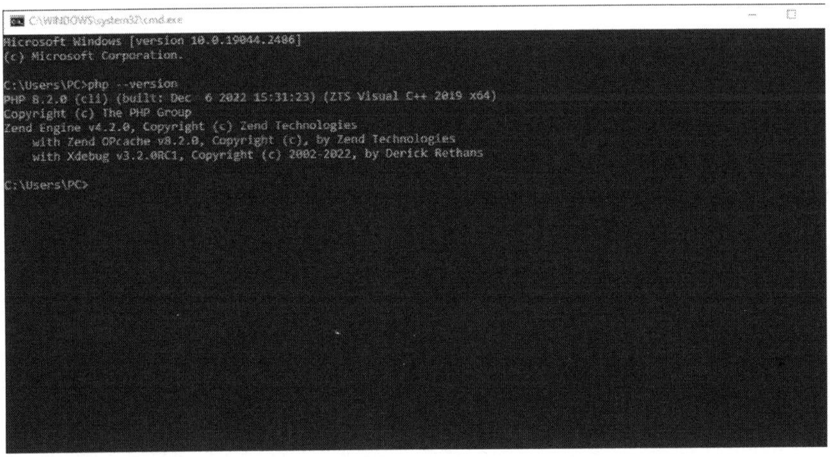

```
C:\WINDOWS\system32\cmd.exe
Microsoft Windows [version 10.0.19044.2486]
(c) Microsoft Corporation.

C:\Users\PC>php --version
PHP 8.2.0 (cli) (built: Dec  6 2022 15:31:23) (ZTS Visual C++ 2019 x64)
Copyright (c) The PHP Group
Zend Engine v4.2.0, Copyright (c) Zend Technologies
    with Zend OPcache v8.2.0, Copyright (c), by Zend Technologies
    with Xdebug v3.2.0RC1, Copyright (c) 2002-2022, by Derick Rethans

C:\Users\PC>
```

Observación

También puede ver la lista de variables de entorno escribiendo el comando `set`.

En el caso de los usuarios de Mac o Linux, para agregar la ruta al ejecutable de PHP, debe utilizar la línea de comandos (Terminal para macOS) y ejecutar el siguiente comando:

```
export PATH=$PATH:Applications/Mamp/bin/PhpVersion
```

4. Instalación de Composer

Ahora que PHP está disponible, podemos instalar Composer.

- Volvamos a la página de Composer: haga clic en el botón **Download**. Verá los comandos siguientes:

```
php -r "copy('https://getcomposer.org/installer',
'composer-setup.php');"

php -r "if (hash_file('sha384', 'composer-setup.php') ===
'e0012edf3e80b6978849f5eff0d4b4e4c79ff1609dd1e613307e16318854d24ae64f26d1
7af3ef0bf7cfb710ca74755a') { echo 'Installer verified'; } else
{ echo 'Installer corrupt'; unlink('composer-setup.php'); } echo PHP_EOL;"

php composer-setup.php

php -r "unlink('composer-setup.php');"
```

Solo nos servirán estas líneas:

```
php -r "copy('https://getcomposer.org/installer',
'composer-setup.php');"
php composer-setup.php
```

- Desde el terminal, seleccione una carpeta (de preferencia c:/wamp64/www para agruparlo todo) con el comando:

```
cd c:/wamp64/www
```

y a continuación ejecute:

```
php -r "copy('https://getcomposer.org/installer',
'composer-setup.php');"
php composer-setup.php
```

Windows podría darnos un error:

```
could not open composer-setup
```

- Esto es debido a que hay que ejecutar el comando como administrador. Si le ocurre esto, abra un **terminal** haciendo clic con el botón derecho y seleccionando la opción **Ejecutar como administrador**.

▶ Vuelva a ejecutar el comando. En esta ocasión debería funcionar; obtendrá un resultado como el que se ve en la imagen siguiente:

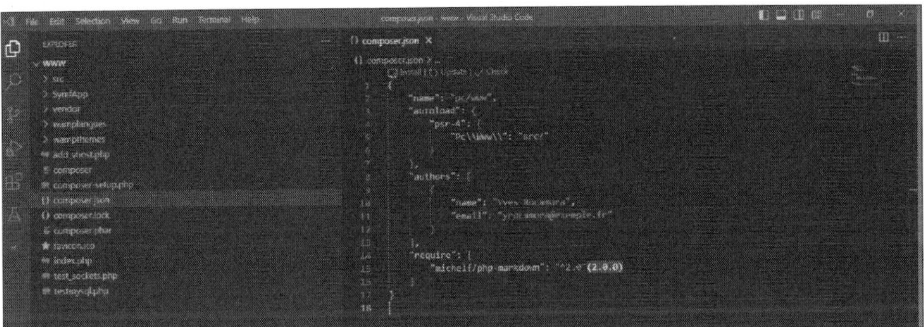

Ahora, en la raíz de la carpeta c:/wamp64/www, hay dos archivos: composer.phar.php y composer-setup.php.

Para probar la instalación de Composer, simplemente ejecute el siguiente comando:

```
php composer.phar -h
```

Se mostrará la lista de comandos disponibles en Composer.

Para evitar tener que escribir todo el comando `php composer.phar` cada vez, puede ejecutar el siguiente comando:

```
php composer-setup.php --filename=composer
```

Esta vez, solo necesitará usar el ejecutable Composer (a veces es necesario reiniciar el terminal para que los cambios surtan efecto).

A continuación, un ejemplo con la opción `-h`:

```
composer -h
```

5. Uso de Composer

En Symfony, utilizaremos Composer para cargar bibliotecas. En cualquier caso, haremos una breve introducción a Composer.

Composer funciona con un archivo llamado *composer.json*.

Este archivo está en formato JSON y contendrá la lista de todas las bibliotecas que ha cargado, con sus números de versión (lo que le permitirá realizar actualizaciones).

Puede crear un archivo *composer.json* desde cero con el siguiente comando (en la carpeta c:/wamp64/www):

```
composer init
```

Si solo ha instalado el ejecutable de composer y no el archivo PHP, deberá hacer:

```
php composer.phar init
```

Un sistema de preguntas/respuestas le permite completar el contenido del archivo composer.json.

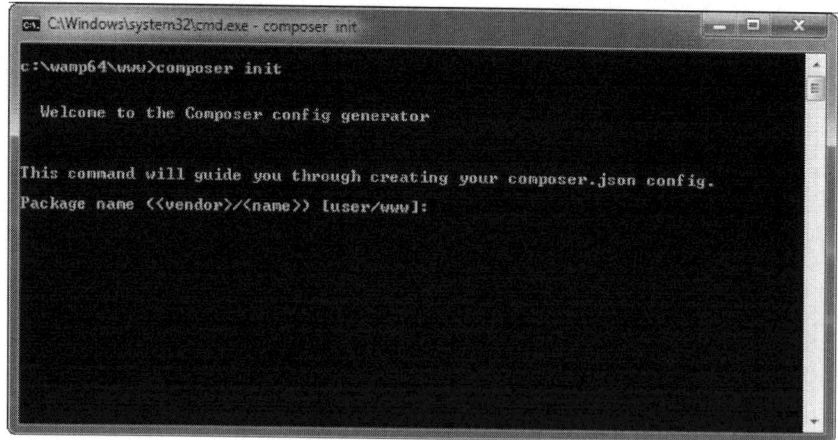

No es obligatorio responder a todas las preguntas (pulse [Intro] para aceptar).

Solo el nombre del autor es obligatorio:
Yves Rocamora <yrocamora@example.com>.

A las preguntas:

```
Would you like to define your dependencies (require) interactively [yes]?
no
Would you like to define your dev dependencies (require-dev)
interactively[yes]? no
```

Debemos responder no.

Una vez completado, encontrará un archivo composer.json en la carpeta c:/wamp64/www.

Puede abrirlo con VSCode (desde la carpeta wamp/www y no SymfApp: haga clic en **File - Open Folder**):

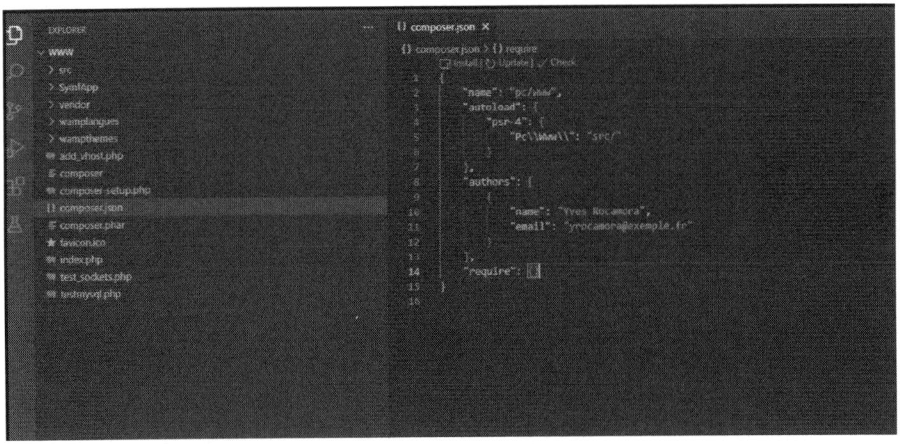

Las bibliotecas disponibles a través de Composer se pueden encontrar en el sitio de Composer, haciendo clic en la pestaña **Browse Package**.

Esto lo lleva a la página de *packagist.org*:

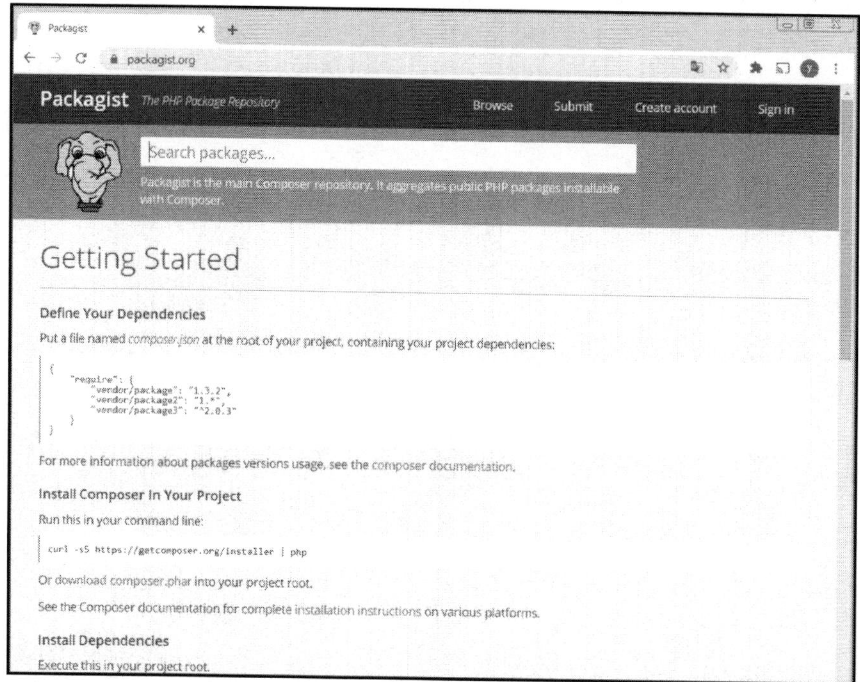

Tomemos un ejemplo: instalaremos una biblioteca llamada **markdown**.

Esta biblioteca permite generar Markdowns.

Markdown es un lenguaje de marcado HTML con una sintaxis fácil de leer.

Busque «markdown» en la barra de búsqueda del sitio packagist.org.

Haga clic en el paquete *michelf/php-markdown*.

```
composer require michelf/php-markdown
```

Ejecute esta línea (si es necesario, reemplace `composer` por `php composer.phar`) en la línea de comandos en su carpeta c:/wamp64/www (use cd c:/wamp64/www si no está allí) en el terminal de comandos o en el terminal de Visual Studio Code (opción **Terminal** en el menú superior).

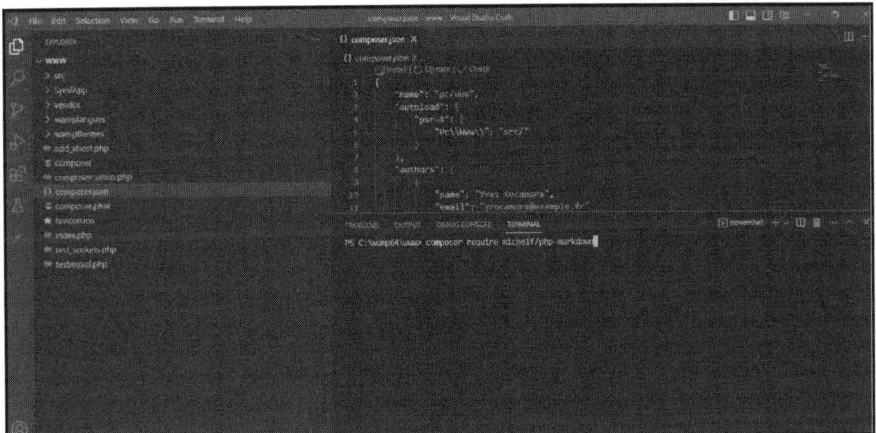

Una vez que se complete el proceso, regrese al archivo composer.json con VSCode:

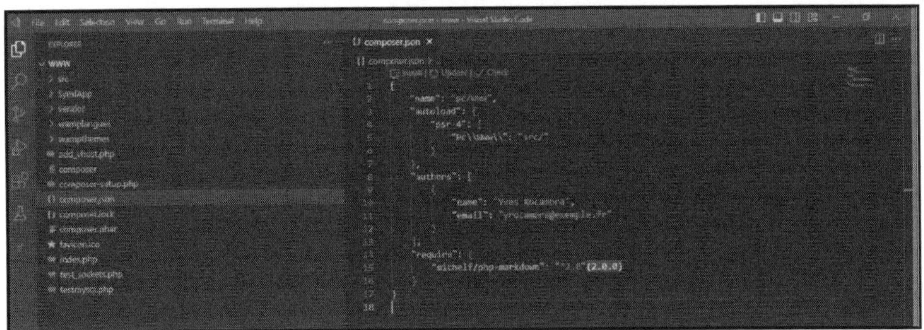

El nombre de la biblioteca se ha agregado bajo la etiqueta `require`. El número 2.0 es la versión instalada. Puede especificar esta versión en el comando `require`.

Composer también ha creado una subcarpeta **vendor** en la estructura de archivos bajo wamp64/www.

Es en esta subcarpeta donde ha instalado la biblioteca michelf\php-markdown.

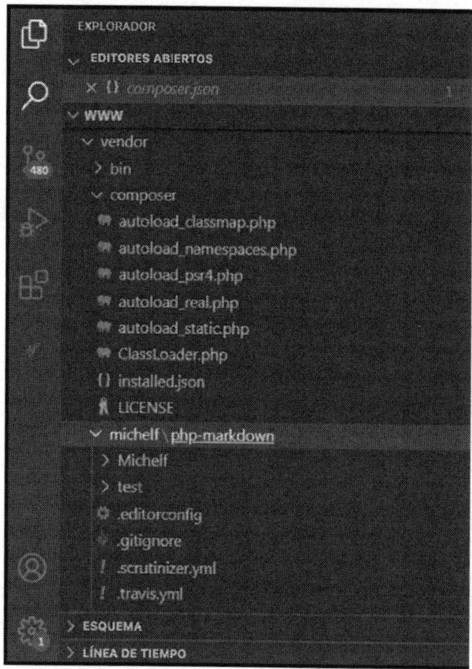

La biblioteca Markdown está instalada, con todas sus dependencias.

¿Cómo usar esta biblioteca?

Simplemente, cree un nuevo archivo index.php en la raíz de c:/wamp64/www (por encima de la carpeta vendor).

Luego, puede seguir la documentación de la biblioteca Markdown en el sitio: https://daringfireball.net/projects/markdown/basics

También puede seguir las reglas básicas en el sitio web de packagist cuando selecciona esta biblioteca.

Hagamos una prueba simple de uso de la biblioteca.

La primera línea de código en el archivo index.php consiste en buscar el espacio de nombres de la clase Markdown:

```
<?php
use Michelf\Markdown;
```

Asimismo, necesitará incluir la clase con la instrucción `spl_autoload_register()`, como lo hicimos en el capítulo El lenguaje orientado a objetos, pero Composer también incluye un archivo en el directorio vendor llamado autoload.php.

Solo tiene que incluir este archivo en su código:

```
<?php
include "vendor/autoload.php";
use Michelf\Markdown;
```

Esta vez, la clase Markdown es accesible y se puede usar de la siguiente manera:

```
$my_html = Markdown::defaultTransform($my_text);
```

Observación

Nótese que los : : quieren decir que el método defaultTransform es estático (ver el capítulo El lenguaje orientado a objetos - Las constantes y las variables «static»)

En la variable $my_text, basta incluir un texto con los markdowns y mostrar el resultado $my_html:

```
<?php
include "vendor/autoload.php";
use Michelf\Markdown;
$my_text="
Mi primer test
================
Mi subtítulo
--------------

### Header 3

mi parágrafo";
```

```
$my_html = Markdown::defaultTransform($my_text);
echo $my_html;
```

Lo que da como resultado en su navegador (introduzca localhost en la barra de direcciones del navegador, que apunta directamente a la carpeta www de Wamp):

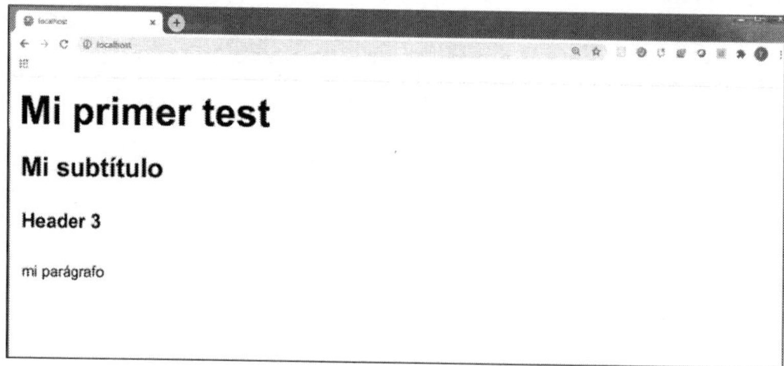

Si la biblioteca MarkDown cambia de versión (nueva actualización), deberá reinstalarla.

Puede actualizar su archivo composer.json para elevar la versión de la biblioteca (aquí está en 1.9).

Ejemplo

```
"require": {
        "michelf/php-markdown": "^2.0"
    }
```

Para volver a ejecutar las instalaciones definidas en composer.json, simplemente use el comando (en el terminal de comandos):

```
composer install
```

Sin embargo, se llevará una sorpresa con las bibliotecas ya instaladas: la actualización no se realiza.

Esto se debe a la presencia de otro archivo: **composer.lock**, que bloquea las versiones de las bibliotecas y prohíbe una actualización superior a las versiones contenidas en este archivo.

Este archivo se creó para evitar, si está trabajando con otros en el mismo proyecto, que las versiones entre desarrolladores no sean idénticas, lo que podría causar errores de compatibilidad.

Para forzar la actualización de las bibliotecas, debe eliminar el archivo **composer.lock** y ejecutar composer install (lo que reinstalará todo) o simplemente usar el comando:

```
composer update
```

Ahora sabe lo suficiente para usar Composer en la aplicación Symfony. Volveremos sobre esto más adelante en nuestra exploración de Symfony.

Si desea profundizar en su conocimiento de Composer, puede consultar la documentación detallada en el sitio de Composer:
https://getcomposer.org/doc

6. El administrador de dependencias Scoop

Es un administrador de paquetes bastante eficiente que acaba de aparecer. Advertencia: este administrador solo funciona en Windows.

Echemos un vistazo al sitio: https://scoop.sh

- Abra un terminal de comandos (como se mencionó anteriormente) o use el terminal de Visual Studio Code y ejecute sucesivamente los siguientes comandos:

```
Set-ExecutionPolicy RemoteSigned -Scope CurrentUser
```

```
irm get.scoop.sh | iex
```

Eso es todo. Puede instalar los paquetes que desee. Para buscar un paquete, puede usar el comando `Scoop search` seguido de una palabra clave. Por ejemplo, para instalar el paquete MarkDown mencionado anteriormente, puede escribir:

```
scoop search MarkDown
```

Scoop encuentra el paquete `markdown-monster`, pero le informa de que es un paquete extra. Para instalarlo, simplemente escriba:

```
scoop install markdown-monster
```

Pero, como es un paquete extra (externo), primero debe activarlo. Solo necesitará realizar esta operación una vez. El principio es el mismo para cada bucket.

Para activar la fuente «extras» que le permite instalar paquetes provenientes de Git, ejecute estos dos comandos:

```
scoop install git
```

```
scoop bucket add extras
```

Ahora, podemos instalar la biblioteca MarkDown:

```
scoop install markdown-monster
```

La aplicación Markdown Monster está instalada en su PC (no se trata de una aplicación PHP). Busque la aplicación en la barra de búsqueda de Windows; la encontrará instalada. Haga clic en ella y verá las diferentes marcas que puede usar:

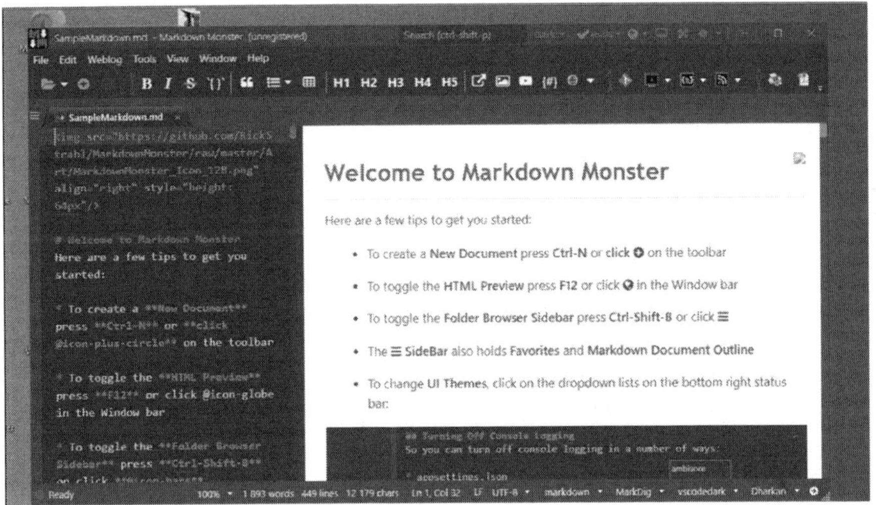

Para exportar su página de resultados en HTML, haga clic en el botón en la esquina superior derecha de la pantalla. Seleccione su ruta: c:/wamp64/www

Esta vez, encontrará en la carpeta un archivo SampleMarkdown.html que contiene todo el código HTML de su página. Luego, simplemente inserte este código en su programa PHP según desee, copiándolo y pegándolo.

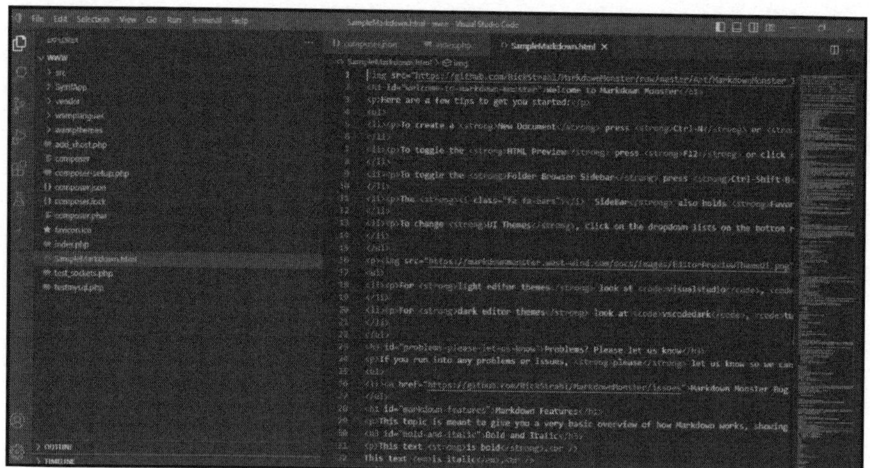

Capítulo 8
Instalación de Symfony

1. La configuración correcta

Si consulta la siguiente página: https://symfony.com/doc/current/setup.html#technical-requirements, encontrará estas recomendaciones:

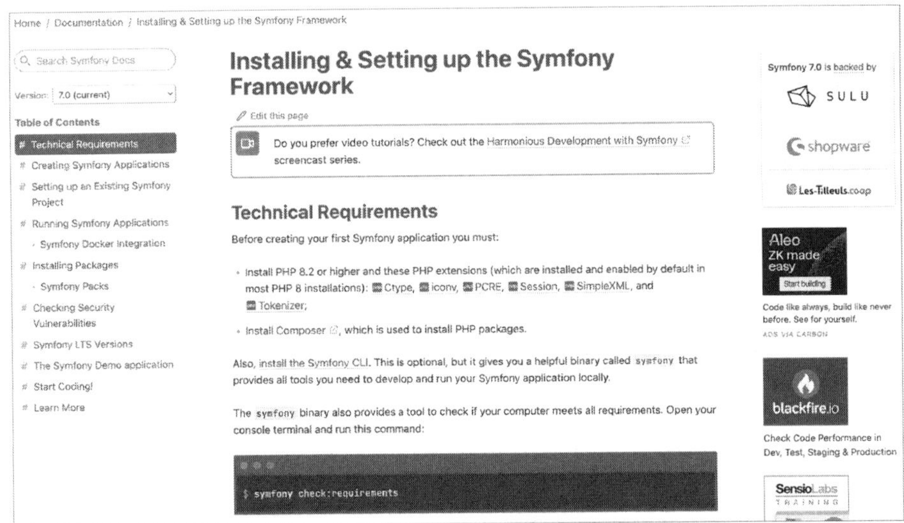

La versión mínima de PHP debe ser la 8.1 y debe tener instalados Composer y Symfony.

Las dos primeras condiciones se han cumplido. En los capítulos anteriores, hemos instalado PHP 8.1 y Composer. El último paso antes de usar Symfony es su instalación.

Tenga en cuenta que puede verificar si su PC tiene todo lo necesario para que Symfony funcione una vez que esté instalado; simplemente, ejecute en la línea de comandos:

```
Symfony check:requirements
...
```

2. ¡La instalación del instalador!

En la página **Download** de Symfony: https://symfony.com/download, se le propone instalar Symfony CLI para ejecutar y administrar sus proyectos. La instalación se propone para diferentes sistemas. En Windows, encontramos el administrador de paquetes que ya hemos instalado: Scoop.

Ahora, basta con que se sitúe en la carpeta c:/wamp64/www y escriba el siguiente comando (en el símbolo del sistema CMD o en el terminal de su editor favorito, Visual Studio Code):

```
clear
cd c:/wamp64/www
scoop install symfony-cli
```

Para instalar Symfony-cli en otros sistemas operativos, haga clic en la página **Download** en la pestaña correspondiente a su sistema. Por ejemplo, para una instalación en Linux, debe usar el siguiente comando:

```
wget https://get.symfony.com/cli/installer -O - | bash
```

o con la ayuda de curl:

```
curl -sS https://get.symfony.com/cli/installer | bash
```

3. La instalación del proyecto Symfony

Ubiquémonos en la carpeta c:/wamp64/www.

```
cd c:/wamp64/www
```

Para el resto del libro, vamos a usar una carpeta que llamaremos *miAppSymf*.

No es necesario crear esta carpeta; Symfony lo hará por nosotros.

▶ En el terminal de comandos (o en el terminal de Visual Studio Code), ejecute el siguiente comando:

```
symfony new --webapp miAppSymf
```

O en su defecto:

```
symfony new miAppSymf --webapp
```

Espere hasta que la instalación finalice. Debería obtener una pantalla que se parece a esto:

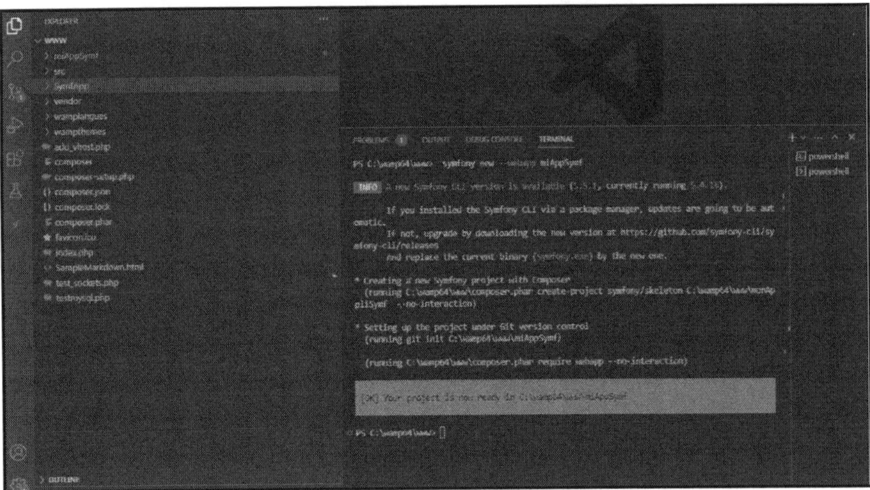

Observación

Advertencia: cuando ejecute el comando anterior, asegúrese de estar en la carpeta donde creó el archivo composer.phar; de lo contrario, obtendrá un error.

Al final del proceso, tendrá una carpeta *miAppSymf* en la raíz de su carpeta www. Si abre esta carpeta con VSCode, descubrirá la arquitectura de Symfony.

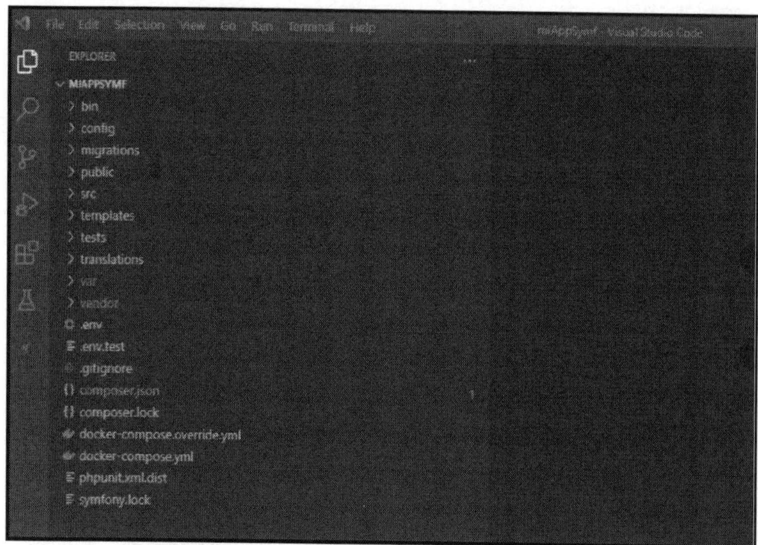

4. La instalación de Symfony con Composer

Si, por alguna razón, tiene dificultades para instalar Symfony con setup.exe, también puede instalarlo con Composer. Todas las instrucciones necesarias se encuentran en esta página: https://symfony.com/doc/current/setup.html

Symfony es una biblioteca como cualquier otra; para instalarla con Composer, ejecute los siguientes comandos:

```
composer create-project symfony/skeleton:"6.2.*" miAppSymf
cd miAppSymf
composer require webapp
```

5. La instalación de una aplicación Symfony ligera

Esta instalación se prefiere cuando no se desea tener todas las bibliotecas instaladas desde principio, sino disponer de la opción de instalarlas dinámicamente. Esto es especialmente útil si desea crear una *API REST*.

No detallaremos esto aquí, pero más adelante puede probar esta práctica.

La documentación indica el comando que se ha de ejecutar; por ejemplo, con Scoop:

```
symfony new nombre_del_proyecto
```

es decir, sin el `--webapp`.

6. El test de instalación

Su aplicación está instalada en la carpeta *miAppSymf*.

Para probarla con WAMP (w verde en la barra de tareas), simplemente escriba en un navegador (Firefox): localhost/miAppSymf/public. Podría ser necesario añadir el puerto: localhost:8888/miAppSymf/public.

Si todo ha salido bien, debería ver una pantalla como esta:

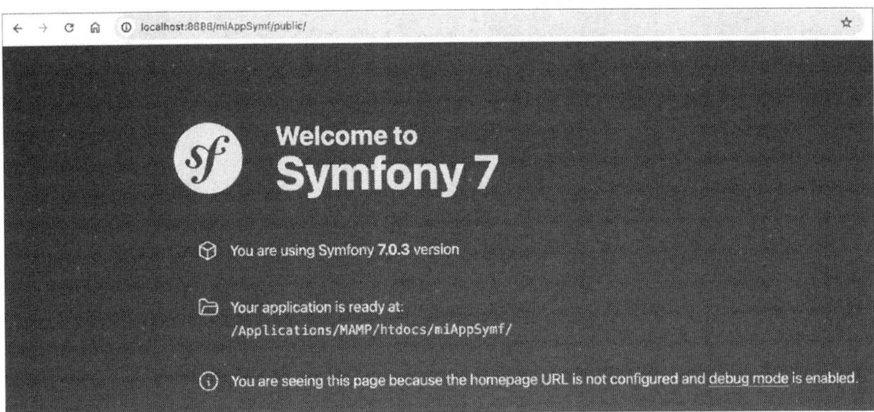

¿Por qué se ha especificado la carpeta *public* en la URL (/public)?

El punto de entrada de la aplicación Symfony no está en la raíz del proyecto, sino en la subcarpeta *public*. Si abre esta carpeta, encontrará un archivo index.php como el que ejecutamos durante nuestras pruebas con el lenguaje PHP. Este archivo es el que se ejecuta de forma predeterminada en un proyecto Symfony.

7. El servidor local de Symfony

Symfony pone a su disposición un servidor local que le permite iniciar su aplicación directamente sin usar WAMP.

En VSCode puede abrir una ventana de **terminal** equivalente al terminal de comandos de Windows. Es más cómodo tener el terminal dentro del IDE; esto evita que tenga que alternar entre ventanas.

En la ventana del **terminal**, escriba el siguiente comando:

```
symfony server:start
```

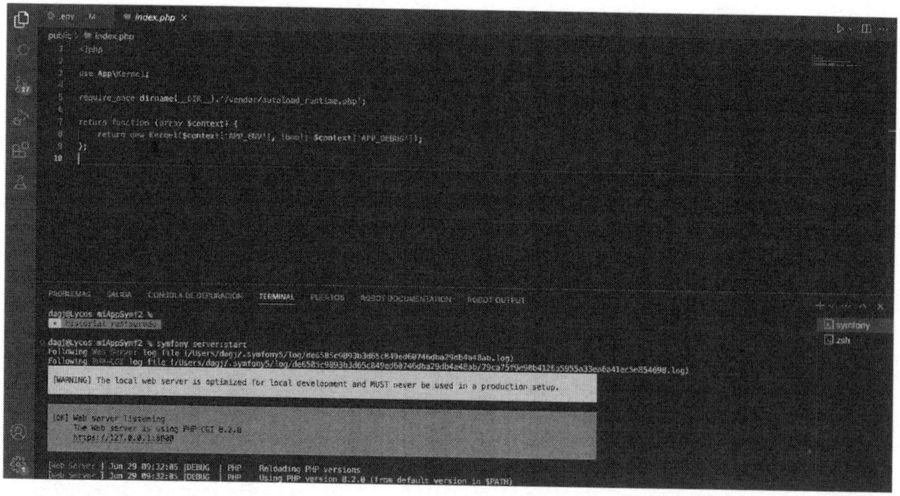

Como se indica en el terminal, puede iniciar su aplicación escribiendo en el navegador: **localhost:8000**.

Obtendrá la misma pantalla que antes (de un color diferente). Si su navegador le indica un problema de seguridad debido al certificado, haga clic en «**Acepto los riesgos**» para acceder a la página.

A lo largo del libro, usaremos este servidor por defecto, lo que nos evita tener que escribir URL demasiado largas.

Observación

Puede usar un puerto diferente al 8000 para su servidor. Solo tiene que especificarlo.
Intente ejecutar, por ejemplo: `symfony server:start --port=7777`.

No cierre la ventana del terminal donde se ejecuta el comando `symfony server:start`; de lo contrario, el servidor se detendrá.

Si desea seguir ejecutando comandos en el terminal, pulse el pequeño icono + en la esquina superior derecha de la ventana del terminal para agregar una nueva ventana de terminal.

Si desea detener el servidor, en la ventana donde se ejecuta el comando `symfony server:start`, utilice: [Ctrl] **C**.

Capítulo 9
Configurar una aplicación

1. El archivo .env

Antes de construir la aplicación, es necesario realizar algunas configuraciones. Si observa la estructura de la aplicación en VSCode, encontrará una carpeta llamada **config** en la raíz del proyecto *miAppSymf*.

En esta carpeta, hay varios archivos de configuración. En particular, al abrir la subcarpeta **packages**, encontrará diferentes archivos de configuración.

Descubrirá, en la base de la carpeta **packages**, un archivo llamado **framework.yaml**.

Observación

*YAML es un formato de datos muy simple basado en datos en formato **clave: valor**.*

Abra este archivo y descubrirá la configuración predeterminada del framework:

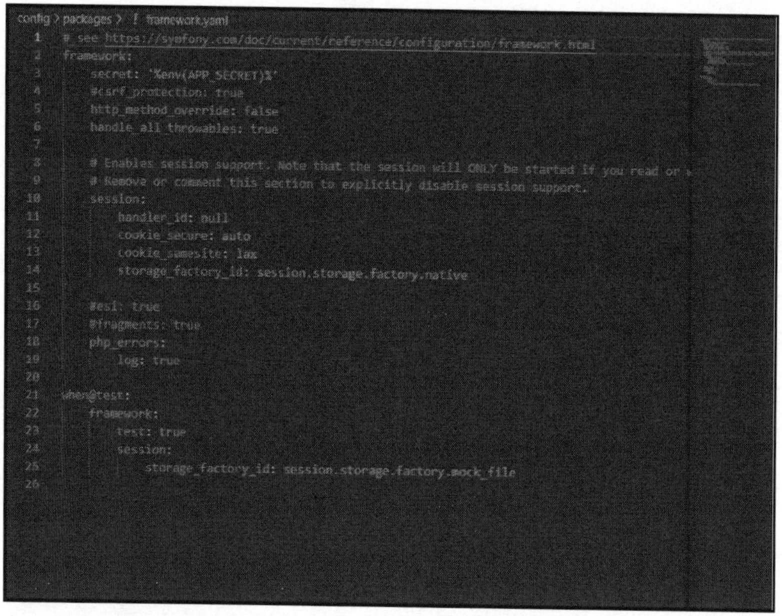

El valor de la clave secret es un poco particular:

```
%env(APP_SECRET)%
```

Este valor hace referencia a una **variable de entorno**; en este caso, se trata de variables de entorno de su aplicación Symfony. No las confunda con las variables de entorno del sistema Windows mencionadas en el capítulo La gestión de dependencias.

Todas las variables de entorno están definidas en un solo archivo: **.env**, que se encuentra en la raíz del proyecto *miAppSymf*.

Echemos un vistazo al archivo .env:

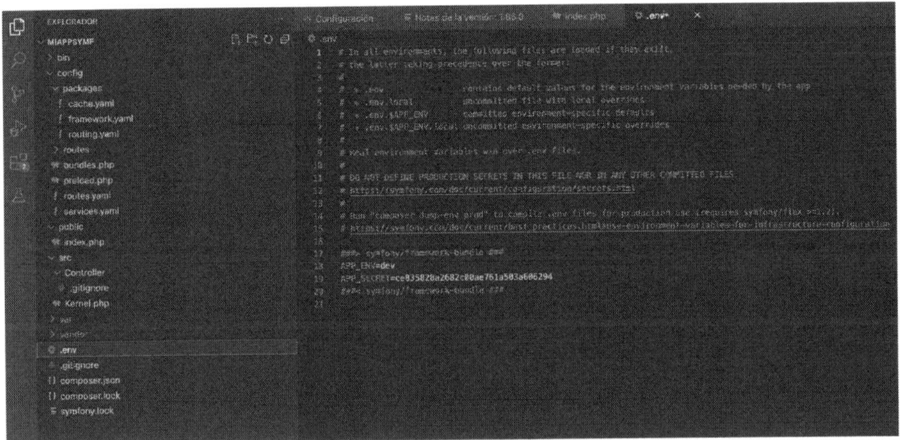

La ventaja de utilizar este archivo es que todas las variables de entorno están agrupadas aquí. No es necesario tener varios archivos de configuración.

Otra ventaja es que puede tener un archivo de configuración por entorno, como ***.env.prod*** y ***.env.test*** (que ya está creado por defecto), por ejemplo.

También puede versionar (crear una versión diferente con una herramienta como Git: consulte https://git-scm.com/) su archivo ***.env*** para compartir su configuración con otros desarrolladores.

Observará en este archivo una variable llamada **APP_ENV**, que por defecto está definida como *dev*. Esta variable se utiliza en la configuración para definir el modo de desarrollo utilizado (aquí estamos en modo dev por defecto).

Observación

Esta forma de definir la configuración no es exclusiva de Symfony. Puede encontrar en https://github.com/vlucas/phpdotenv una biblioteca para instalarla y utilizarla fuera de Symfony, en una aplicación PHP básica.

Las variables de entorno pueden utilizarse en toda la aplicación gracias al **helper env()** (consulte más adelante la sección El uso de variables de entorno, en el capítulo El motor de plantillas Twig).

Se llama **helper** a una función que se puede utilizar en cualquier lugar del código.

En el ejemplo del archivo framework.yaml anterior, la variable de entorno *APP_SECRET* se invoca mediante *env(APP_SECRET)*.

Observación

Los signos de porcentaje (%) indican que se está utilizando el valor de un parámetro en YAML. Volveremos a esto más adelante.

De esta manera, todas las variables de entorno presentes en el archivo .env son utilizables en todo el código.

A modo de ejemplo, agreguemos la variable APP_AUTHOR al archivo .env:

```
APP_ENV=dev
APP_SECRET=053d04c9f2c414f9a22d032025dd8a6b
APP_AUTHOR=yves
```

Veremos más adelante un ejemplo de cómo utilizar esta variable en un controlador.

1.1 Modificar las variables de entorno en local

Si necesita reemplazar una variable de entorno localmente en su máquina sin modificar el entorno global, puede hacerlo creando un archivo **.env.local**.

.env.local. reemplaza los valores predeterminados para todos los entornos, pero solo en la máquina que contiene el archivo.

1.2 Creación de una nueva configuración

Es posible crear nuevas configuraciones además de la existente (dev).

Simplemente, cree una nueva carpeta (por ejemplo, *miconfig*) dentro de la carpeta config/packages.

Dentro de ella, puede agregar todos los archivos *yaml* necesarios para su nueva configuración.

Por ejemplo, puede copiar y pegar el archivo twig.yaml que está en la raíz de la carpeta config/packages y modificarlo. Agregaremos una variable global a Twig que utilizará nuestra variable de entorno APP_AUTHOR:

```
twig:
    default_path: '%kernel.project_dir%/templates'
    globals:
        autor: '%env(APP_AUTHOR)%'
when@test
    twig
        strict_variables: true
```

Utilizaremos esta variable en el capítulo dedicado a Twig, más adelante.

Para poder utilizar nuestra nueva configuración, simplemente modifique la variable de entorno APP_ENV en nuestro archivo .env:

```
APP_ENV=miconfig
```

Ya podrá probar su nueva configuración; por ahora, volvamos a nuestra configuración en modo dev.

```
APP_ENV=dev
```

Use esta configuración en el resto del libro para evitar problemas.

No profundizaremos más en la configuración de Symfony. Si desea ampliar sus conocimientos, puede consultar la documentación:
https://symfony.com/doc/current/configuration.html#
importing-configuration-files

Capítulo 10
La primera aplicacion

1. La estructura de Symfony

Toda la aplicación se desarrollará en el directorio **src**. Aquí es donde escribiremos todo el código.

El framework Symfony utiliza una estructura bien conocida: la estructura **MVC**. **MVC** significa: **M**odelo, **V**ista, **C**ontrolador.

Detallemos un poco estos tres elementos de la estructura.

- **Los modelos** agrupan todos los datos que utiliza su aplicación. Estos pueden ser datos de bases de datos, pero no exclusivamente. Los datos pueden provenir de diferentes fuentes e incluso ser el resultado de cálculos matemáticos. A menudo se dice que el modelo es el núcleo del negocio. Es el material con el que trabaja. Veremos más adelante dónde instalar los modelos. También veremos cómo usar **Doctrine**, el gestor de bases de datos de Symfony.
- **Las vistas** agrupan todo lo que generan las páginas HTML finales visibles para el usuario. Estas vistas están todas reunidas en la carpeta **templates**, que se encuentra en la raíz de su aplicación. Las vistas no son archivos PHP, sino archivos Twig. Twig es un lenguaje de plantillas; volveremos a esto más adelante.

- **Los controladores** agrupan todos los programas PHP que coordinarán su aplicación. Son ellos quienes llamarán a los modelos necesarios y, al final, llamarán a las vistas que se devolverán. Comenzaremos explorando los controladores, ya que son el corazón de su aplicación.

2. Los controladores

Todos los controladores se crearán en la subcarpeta: **src/Controller**. Por ahora, esta carpeta está vacía.

- Los controladores son clases contenidas en un archivo con el mismo nombre.
- Todos los nombres de controladores terminan con **Controller** (por ejemplo, HomeController). Preste atención a las mayúsculas, ya que son importantes: cada palabra comienza con mayúscula y no hay separadores.
- Es posible crear un controlador manualmente, pero lo mejor es utilizar la consola de Symfony en línea de comandos.

Creemos, por ejemplo, un controlador **TestController** para probar nuestra aplicación. En la ventana del terminal, escriba el siguiente comando:

```
php bin/console make:controller TestController
```

Es posible que obtenga el siguiente error:

```
There are no commands defined in the "make" namespace.

You may be looking for a command provided by the "MakerBundle" which is currently not installed. Try running "composer require symfony/maker-bu
ndle --dev".
```

En este caso, su instalación no ha integrado una biblioteca llamada **Symfony MakerBundle**. Por supuesto, debe usar Composer para instalarla:

```
composer require symfony/maker-bundle --dev
```

Observación

La opción `--dev` *integrará esta biblioteca en la etiqueta require-dev del archivo composer.json. Podremos eliminar esta etiqueta en modo de producción.*

Asegúrese también de estar en modo *dev* en el archivo .env:

```
APP_ENV=dev
```

Vuelva a ejecutar el comando:

```
php bin/console make:controller TestController
```

Esta vez, debería salir bien.

El controlador **TestController** se crea en la carpeta src/Controller. Examinemos el código que contiene:

```
<?php
namespace App\Controller;

use Symfony\Bundle\FrameworkBundle\Controller\AbstractController;
use Symfony\Component\HttpFoundation\Response;
use Symfony\Component\Routing\Annotation\Route;

class TestController extends AbstractController
{
    #[Route('/test', name: 'app_test')]
    public function index(): Response
    {
        return $this->render('test/index.html.twig', [
            'controller_name' => 'TestController',
        ]);
    }
}
```

- La primera línea es el **namespace** de la clase (consulte el capítulo El lenguaje orientado a objetos, sección Los espacios de nombres).
- Las tres líneas siguientes indican las clases que vamos a usar en nuestro controlador.
- `AbstractController` es la clase de la que heredan todos los controladores de forma predeterminada. Permite utilizar un conjunto de métodos comunes a todos los controladores.

– `Response` es la clase que será el tipo de respuesta enviada por el controlador. Puede ver que la función `index` devuelve un tipo `Response`:

```
function index(): Response
```

Esta respuesta será convertida luego por el FrontController en un conjunto de archivos HTML y CSS.

– `Route` es la clase que gestiona las rutas del controlador. Una ruta es simplemente el vínculo entre una solicitud enviada por el usuario y el nombre del método que se va a ejecutar en un controlador (volveremos sobre esto). `Route` utiliza lo que llamamos **anotaciones**. Son esos elementos que parecen comentarios, pero no lo son. En el siguiente ejemplo, hay anotaciones que indican que la solicitud `/test` ejecutará automáticamente el método `index()`:

```
#[Route('/test', name: 'app_test')]
```

Cabe destacar que esta sintaxis es específica de PHP 8. Antes, las anotaciones se describían así:

```
/**
* @Route("/test", name="test")
*/
public function index()
```

– Las anotaciones siempre se escriben justo antes de la declaración de la función.

– El parámetro `name='test'` asigna un nombre a esta ruta. Veremos más adelante que podemos identificar una ruta por su nombre, especialmente en las vistas.

– El método `index()` ejecuta el método `render` (de AbstractController). Esto permite ejecutar una vista llamada index.html.twig en la carpeta templates/test (puede verificar en la estructura de carpetas que esta vista se ha creado). Transmite a la vista una variable `controller_name` que contiene el valor **TestController** (es el nombre del controlador ejecutado).

- Para ver el resultado de este método `index()`, simplemente ejecute la solicitud localhost:8000/test. Atención: esto funciona utilizando el servidor Symfony: escriba antes el siguiente comando en el terminal: `symfony server:start` (ver capítulo Instalación de Symfony). Si no está utilizando el servidor Symfony, deberá introducir la ruta completa:
  http://localhost/miAppSymf/public/index.php/test.
  Si no, debería bastar con:
  https://localhost:8000/test

Obtendrá esta página generada por la plantilla **twig index.html.twig**:

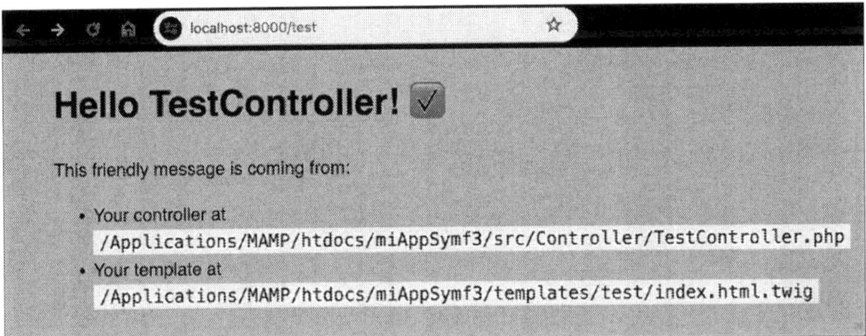

Podemos añadir tantas acciones como queramos en un controlador y designarles una ruta gracias a las anotaciones. Llamamos ACTIONS o acciones a los métodos de un controlador.

3. Las vistas

La vista es el archivo final que genera la página destinada a ser visualizada por el usuario.

Está compuesta de HTML, CSS, JavaScript y todos los elementos que serán interpretados por el navegador del cliente.

La vista también puede contener pequeñas instrucciones de un lenguaje de plantillas llamado **Twig**. Este lenguaje permite realizar operaciones en la vista tal y como lo haríamos en una página PHP. Por ejemplo, Twig permite definir variables, hacer bucles, colocar instrucciones condicionales, pero de una manera mucho más sencilla que con PHP. El objetivo es separar la parte de desarrollo en PHP de la parte front en HTML, CSS...

Así, alguien que domine Twig no necesita desarrollar en PHP para implementar el diseño del sitio.

Todas las vistas se almacenan en la carpeta *templates* de la aplicación. Actualmente, la carpeta **templates** contiene una subcarpeta llamada **test** que se ha generado al crear el controlador TestController.
Contiene la vista index.html.twig.

Observamos la presencia de otro archivo: **base.html.twig**, en la carpeta **templates**. Esto es lo que llamamos un *layout*. Es una vista que servirá de esqueleto a otras vistas (ver capítulo El motor de plantillas Twig).

Abramos el archivo *templates/test/index.html.twig* y examinemos el código:

```
{% extends 'base.html.twig' %}

{% block title %}Hello TestController!{% endblock %}

{% block body %}
<style>
    .example-wrapper { margin: 1em auto; max-width: 800px; width: 95%; font:
18px/1.5 sans-serif; }
    .example-wrapper code { background: #F5F5F5; padding: 2px 6px; }
</style>

<div class="example-wrapper">
    <h1>Hello {{ controller_name }}! ✅</h1>

    This friendly message is coming from:
    <ul>
        <li>Your controller at <code><a href="{{ 'C:/wamp64/www/symf2020/src/
Controller/TestController.php'|
file_link(0) }}">src/Controller/TestController.php</a></code></li>
        <li>Your template at <code><a
href="{{ 'C:/wamp64/www/symf2020/templates/test/index.html.twig'|
file_link(0) }}">templates/test/index.html.twig</a></code></li>
    </ul>
</div>
{% endblock %}
```

La primera línea indica que heredamos el código de un archivo de layout: *base.html.twig*.

```
{% extends 'base.html.twig' %}
```

A continuación, todo el código de *index.html.twig* se debe insertar en bloques del layout *base.html.twig* para conformar la vista index.html.twig.

En *base.html.twig*, encontraremos las instrucciones:

```
{% block nombre_del_bloque %} ... { %endblock }
```

Estos bloques se llenan, respectivamente, en la vista index.html.twig con:

```
{% block nombre_del_bloque %}...{ %endblock }
```

Es la misma sintaxis tanto para la definición del bloque en *base.html.twig* como para su llenado en la vista *index.html.twig*. Aquí, por ejemplo, en *index.html.twig*, tenemos dos bloques para rellenar:
{% block title %} y {% block body%}.

Observación

Atención: en una vista que hereda de un layout, no es posible colocar código fuera de los bloques definidos en el layout. Si lo hace, obtendrá un error del tipo «A template that extends another one cannot include outside Twig blocks».

En *index.html.twig*, borremos todo el código existente y reemplacémoslo con uno mucho más simple:

```
{% extends 'base.html.twig' %}

{% block title %}Bienvenido a Symfony{% endblock %}

{% block body %}
<h1>Bienvenido a Symfony</h1>
{% endblock %}
```

La ejecución de la solicitud localhost:8080/test dará como resultado lo siguiente:

Exploraremos más funciones de las vistas (ver capítulo El motor de plantillas Twig), pero, por ahora, contentémonos con explorar los demás elementos de la estructura de la aplicación.

4. El directorio public

Este es el único directorio accesible por la solicitud del cliente. Contiene todos los archivos que pueden cargarse en el navegador del usuario.

En caso necesario, es importante dar permiso de lectura a este directorio (con la nueva versión de Symfony, ya no hay problemas a este respecto).

Encontraremos el CSS para los estilos de la página, el JavaScript para las animaciones, las imágenes y, en general, todos los medios y archivos accesibles para el usuario. Sí, todos estos archivos se colocan aquí y no en el directorio **templates**.

Aquí también es donde se encuentra el punto de entrada de la aplicación, el famoso archivo **index.php**.

Todas las peticiones del usuario, por ejemplo, localhost:8000/test, solo acceden a este archivo. El controlador será el encargado de dirigir el flujo de la ejecución.

No modificaremos este archivo, salvo en contadas excepciones.

5. El directorio var

Este directorio contiene dos subdirectorios, **cache** y **logs**.

Symfony guarda varios archivos en caché con cada solicitud. El subdirectorio **cache** contiene todos los archivos en caché generados por la aplicación.

Será necesario vaciar regularmente la caché, sobre todo para tener en cuenta las actualizaciones del código. Se puede eliminar manualmente los subdirectorios del directorio **cache**, como, por ejemplo, el subdirectorio **dev**.

También hay un comando de consola para hacerlo:

```
php bin/console cache:clear
```

Observación

Si no ve el resultado al modificar el código, probablemente se deba a la caché. Recuerde vaciarla regularmente.

6. El directorio vendor

Este es el directorio que contiene todas las bibliotecas utilizadas por Symfony. Se genera con Composer durante la instalación. Como hemos visto, es Composer quien se encarga de instalar todas las bibliotecas necesarias. Composer crea un directorio **vendor** e instala las bibliotecas en su interior. También crea un archivo **autoload.php**, que permitirá hacer referencia a estas bibliotecas en el código mediante el espacio de nombres (namespace).

En ningún momento debe modificar manualmente el contenido del directorio **vendor**. Este debería contener la última versión de las bibliotecas instaladas. Si se instala una nueva biblioteca con Composer, se añadirá en este directorio. Cada actualización de Symfony sobrescribirá el contenido de este directorio.

7. Otros archivos de la aplicación

Volveremos más adelante sobre los otros directorios que componen la aplicación. No es difícil imaginar que el directorio **translations** contendrá los posibles archivos de traducción en caso de un sitio multilingüe, y que el directorio test permitirá definir pruebas para nuestra aplicación.

También encontrará el directorio **bin**, que contiene el archivo **console**, el cual permite ejecutar comandos en la línea de comandos. Este archivo está en PHP, lo que significa que también podríamos ejecutar la consola directamente en un navegador.

El directorio **bin** también contiene un archivo **phpunit** utilizado para realizar pruebas.

Finalmente, en la raíz de la aplicación, además de *.env* y *.env.test*, encontrará los archivos «composer.json» y «composer.lock», que bloquea las versiones de las bibliotecas instaladas. También encontrará algunos otros archivos (phpunit.xml.dist, symfony.lock...).

Y con esto ya hemos hecho una presentación general de la estructura de Symfony.

8. Los componentes de HttpFoundation

Todo acceso a una aplicación web se realiza mediante una solicitud HTTP. Sin entrar en detalles, una solicitud HTTP se compone de una cabecera, que contiene información (como, por ejemplo: el nombre de dominio del sitio, el tipo de contenido transmitido...), y de un cuerpo (body), en el que se envían los parámetros que hay que transmitir.

La respuesta del servidor después de ejecutar la solicitud tiene la misma sintaxis. También contiene una cabecera que especifica una serie de información y el código HTML de la respuesta que será interpretado por el navegador.

Estos dos elementos, con toda su información, se traducen en Symfony mediante componentes de la biblioteca **HttpFoundation**. Estos componentes son dos clases existentes: la clase `Request` y la clase `Response`. Consulte el capítulo Lenguaje orientado a objetos, sección Las clases, si ha olvidado la noción de clase.

El uso de estas dos clases `Request` y `Response` es muy práctico, ya que podemos encontrar fácilmente los parámetros de la solicitud transmitida o definir los parámetros de la respuesta transmitida.

Pero ¿cómo acceder a estas dos clases de Symfony?

Es posible acceder a ellas utilizando su espacio de nombres correspondiente:

```
<?php
use Symfony\Component\HttpFoundation\Request;
use Symfony\Component\HttpFoundation\Response;
```

Sin embargo, su uso en una acción es diferente.

9. El objeto Request

Hablaremos del objeto `Request`, aunque esto no sea del todo exacto. En realidad, se trata de un objeto instanciado a partir de la clase `Request`.

Para usar el objeto `Request` en una acción, es necesario transmitir este objeto en los parámetros de la acción.

Tomemos como ejemplo la acción `index()` del controlador TestController. Para usar el objeto `Request`, primero debemos declarar su espacio de nombres:

```
use Symfony\Component\HttpFoundation\Response;
```

luego, puede usar el objeto `$request` con la inyección de dependencias en el método `index`:

```
use Symfony\Component\HttpFoundation\Request;
class TestController extends AbstractController
{
        #[Route('/test', name: 'app_test')]
        public function index(Request $request)
        {... }
```

Este uso puede parecer extraño al principio.

¿Cómo se instancia el objeto `$request`?

El objeto `$request` se instancia automáticamente porque está precedido por el nombre de la clase `Request`. Symfony se encarga de todo.

Dentro de la acción, tiene toda la libertad para consultar este objeto `$request`. Por ejemplo, para obtener el nombre de la solicitud, puede usar el método `getPathInfo()`.

Puede probar este método incluyendo el siguiente código en su controlador TestController:

```
<?php

namespace App\Controller;

use
Symfony\Bundle\FrameworkBundle\Controller\AbstractController;
use Symfony\Component\HttpFoundation\Response;
use Symfony\Component\HttpFoundation\Request;
use Symfony\Component\Routing\Annotation\Route;

class TestController extends AbstractController
{
    #[Route('/test', name: 'app_test')]
    public function index(Request $request): Response
    {
        echo $request->getPathInfo();
        return $this->render('test/index.html.twig', [
            'controller_name' => 'TestController',
        ]);
    }
}
```

Al ejecutar la solicitud localhost:8000/test, obtendrá la siguiente visualización:

La visualización de `getPathInfo()` muestra la URL de la solicitud, es decir, `/test`.

Puede acceder a los diferentes parámetros transmitidos en una solicitud a través de las siguientes propiedades del objeto `$request`:

- `Request`, que es equivalente a `$_POST`. Aquí encontraremos los parámetros transmitidos por **POST** en PHP, como, por ejemplo, al enviar un formulario.
- `Query`, que es equivalente a `$_GET`. Aquí encontraremos los parámetros transmitidos por GET directamente en la dirección de la solicitud.
- `Cookies`, que es equivalente a `$_COOKIE`. Aquí encontraremos las cookies generadas.
- `Files`, que es equivalente a `$_FILES`. Aquí encontraremos información sobre un archivo enviado por el usuario en un formulario.
- `Server`, que es equivalente a `$_SERVER`. Aquí encontraremos información sobre el servidor.
- `Headers`, que devuelve datos del encabezado de la solicitud.

Todas estas propiedades que acabamos de enumerar devuelven un objeto de la clase `ParameterBag`.

Luego debe usar los métodos de esta clase para finalmente obtener la información.

He aquí los diferentes métodos disponibles para obtener estos datos.

- `all()` devuelve todas las variables solicitadas.
- `keys()` devuelve los nombres de las variables.
- `get('nombre_de_la_variable')` devuelve el valor de una sola variable cuyo nombre es *nombre_de_la_variable*.
- `has()` devuelve true (verdadero) si la variable existe y false (falso) en caso contrario.

Hay muchos otros métodos utilizables en **ParameterBag**. Para obtener la lista completa, consulte la siguiente página: https://symfony.com/doc/current/components/http_foundation.html#accessing-request-data

Veamos un ejemplo de uso del objeto `$request`.

Queremos transmitir a la solicitud un parámetro `info` que contiene el siguiente valor: 'mi primera solicitud'.

Decidimos transmitir este parámetro en modo `GET` (llamamos a esto el verbo **GET**).

En el modo `GET`, el parámetro se transmite directamente en la dirección de la solicitud.

Esto es lo que se ve (ejecute la solicitud en un navegador):

```
localhost:8000/test?info=primera solitud
```

Es el **?** lo que indica que estamos transmitiendo un parámetro. Si deseamos transmitir dos parámetros, por ejemplo, info y estado, los separamos con un **&**.

Ejemplo

```
localhost:8000/test?info=primera solitud&statut=message
```

En el controlador TestController, podemos recuperar el parámetro `info` a través del objeto `$request` de la siguiente manera:

```
<?php

namespace App\Controller;

use
Symfony\Bundle\FrameworkBundle\Controller\AbstractController;
use Symfony\Component\HttpFoundation\Response;
use Symfony\Component\HttpFoundation\Request;
use Symfony\Component\Routing\Annotation\Route;

class TestController extends AbstractController
{
    #[Route('/test', name: 'app_test')]
    public function index(Request $request): Response
    {
        echo $request->query->get('info');
        return $this->render('test/index.html.twig', [
            'controller_name' => 'TestController',
        ]);
    }
}
```

Como se esperaba, debe invocar el objeto `$request` y luego el método `query`, que devuelve un objeto de la clase `ParameterBag`; luego invocar el método `get('info')` y hacer un echo para mostrar el valor del parámetro.

```
        echo $request->query->get('info');
```

El resultado que se muestra es el siguiente:

Si deseamos recuperar todos los parámetros transmitidos en la dirección de la solicitud, debemos usar el método `all()`, que devuelve un array.

Para mostrar un array en PHP, no podemos usar echo, pero sí `print_r()`:

```
print_r($request->query->all());
```

Esto proporciona el resultado siguiente:

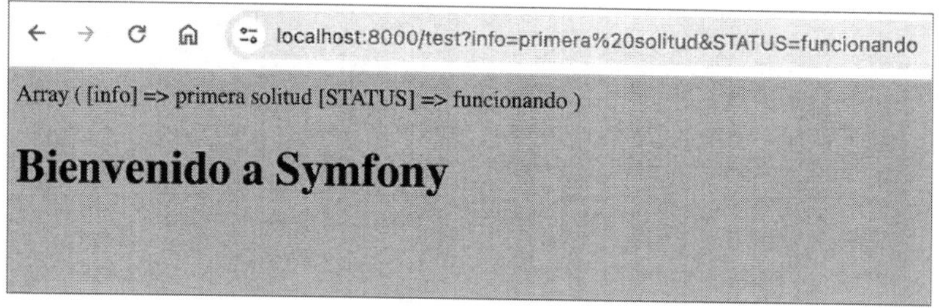

El principio es el mismo para todos los métodos de la clase `ParameterBag`.

10. El objeto Response

Ahora es el turno de los objetos instanciados a partir de la clase `Response`.

El objeto `Response` define la respuesta que se enviará al navegador del cliente.

A diferencia del objeto `Request`, debe instanciarse dentro de la acción del controlador. He aquí un ejemplo de uso del objeto Response:

```
<?php

namespace App\Controller;
use Symfony\Component\HttpFoundation\Request;
use Symfony\Component\HttpFoundation\Response;

use
Symfony\Bundle\FrameworkBundle\Controller\AbstractController;
use Symfony\Component\Routing\Annotation\Route;

class TestController extends AbstractController
{
    /**
     * @Route("/test", name="test")
     */
    public function index(Request $request)
    {

        $reponse=new Response('Bienvenido a Symfony');
        return $reponse;
    }
}
```

La acción `index()` devuelve la respuesta, que seguirá su curso para ser transformada en una respuesta HTTP. Esta vez, no necesitamos el método `render()`, que hace referencia a una página Twig.

Observación

Una función de tipo acción debe devolver obligatoriamente un objeto de la clase Response.

Al ejecutar la solicitud localhost:8000/test, obtendrá la siguiente visualización:

¿Qué ocurre cuando la acción llama a una vista Twig?

Es el método `$this->render(...)` el que genera el objeto `Response` enviado.

Por lo tanto, una acción siempre devuelve un objeto `Response`. Atención: si omite devolver este objeto `Response`, obtendrá un error de Symfony. El tipado impone que todas las acciones del controlador devuelvan un objeto de tipo Response.

El método `$this->render` se encuentra en la clase `AbstractController`. Al consultar el contenido de esta clase en la carpeta: vendor/symfony/framework-bundle/controller, encontramos el método render, que devuelve un objeto `Response`:

```
protected function render(string $view, array $parameters = [],
Response $response = null): Response
    {
        $content = $this->renderView($view, $parameters);
        $response ??= new Response();

        if (200 === $response->getStatusCode()) {
            foreach ($parameters as $v) {
```

```
            if ($v instanceof FormInterface && $v->isSubmitted()

&& !$v->isValid()) {
                    $response->setStatusCode(422);
                    break;
                }
            }
        }

        $response->setContent($content);

        return $response;
    }
```

Al navegar por esta clase, también encontrará otros métodos interesantes, como:

- `json()` para devolver una respuesta en formato JSON (un formato muy utilizado al realizar llamadas a API).
- `redirect()` para redirigir a otra URL.
- `generateUrl()` para definir una URL.

A parte del cuerpo de la respuesta, el constructor del objeto `Response` toma dos argumentos más:

```
$response = new Response('Cuerpo de la respuesta',Response::HTTP_OK,
['content-type' => 'text/html']);
```

El parámetro `Response::HTTP_OK` es el código HTTP de la respuesta que indica si el resultado de una solicitud fue exitoso o si hubo un error.

Puede encontrar la lista de códigos HTTP utilizados en Internet en el sitio de Wikipedia:
https://es.wikipedia.org/wiki/Anexo:C%C3%B3digos_de_estado_HTTP

La clase `Response` en sí misma proporciona varias constantes predefinidas. Por ejemplo, `Response::HTTP_OK` indica un código de retorno 200, éxito de la solicitud.

Si consulta la clase Response, encontrará la lista de estas constantes. Puede consultar el archivo: vendor/symfony/http-foundation/response.php

En la parte superior del archivo, tiene la lista de las constantes HTTP:

```
class Response
{
    public const HTTP_CONTINUE = 100;
    public const HTTP_SWITCHING_PROTOCOLS = 101;
    public const HTTP_PROCESSING = 102;            // RFC2518
    public const HTTP_EARLY_HINTS = 103;           // RFC8297
    public const HTTP_OK = 200;
    public const HTTP_CREATED = 201;
    public const HTTP_ACCEPTED = 202;
    public const HTTP_NON_AUTHORITATIVE_INFORMATION = 203;
    public const HTTP_NO_CONTENT = 204;
    public const HTTP_RESET_CONTENT = 205;
    public const HTTP_PARTIAL_CONTENT = 206;
    public const HTTP_MULTI_STATUS = 207;          // RFC4918
    public const HTTP_ALREADY_REPORTED = 208;      // RFC5842
    public const HTTP_IM_USED = 226;               // RFC3229
    public const HTTP_MULTIPLE_CHOICES = 300;
    public const HTTP_MOVED_PERMANENTLY = 301;
    ...
```

Estas opciones también se pueden usar después de la creación del objeto Response, mediante métodos de la clase `Response`.

Por ejemplo, en el método `index()` de TestController, podemos usar los siguientes métodos:

```
$response=new Response();

$response->setContent('Hello World');

$response->headers->set('Content-Type', 'text/plain');

$response->setStatusCode(Response::HTTP_NOT_FOUND);

$response->setCharset('ISO-8859-1');

return $response;
```

Esto da como resultado la siguiente visualización:

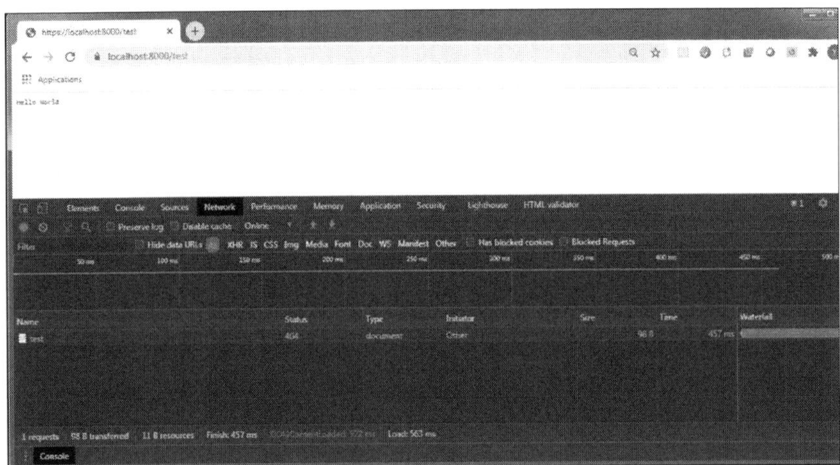

Observación

*Si hace un clic derecho en la página del navegador Firefox, luego selecciona **Inspect**, y, finalmente, la pestaña **Network**, puede ver que el código de respuesta de la página es 404 (Estado 404), el código de error asociado al mensaje: Página no encontrada.*

También es posible declarar cookies con el objeto `Response`.

Las cookies son pequeñas variables que se pueden almacenar directamente en el navegador de sus usuarios (no lo haga sin solicitar una autorización explícita a sus usuarios).

Las cookies guardan datos del cliente, como fechas de cumpleaños, resumen de sus pedidos, etc.

En Symfony, las cookies se pueden manejar a través de la propiedad `headers`. Antes del controlador, hay que declarar la clase `Cookie` para que sea visible en este namespace:

```
use Symfony\Component\HttpFoundation\Cookie;
```

a continuación, dentro de index():

```
$response->headers->setCookie(Cookie::create('nombre', 'Yves'));
```

Puede encontrar sus cookies en el navegador haciendo un clic derecho, luego seleccionando **Inspect** y yendo a la pestaña **Storage** (en Firefox) o **Application** (en Chrome):

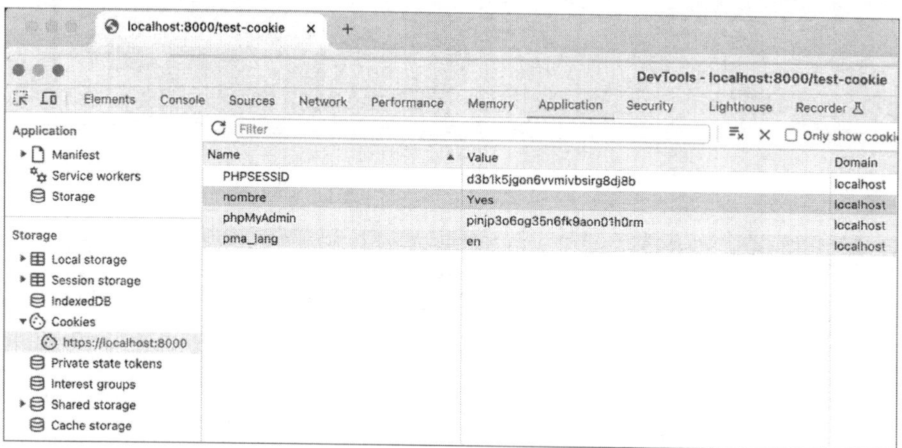

También se pueden utilizar otras clases derivadas de la clase `Response`.

La clase `JsonResponse`, por ejemplo, devuelve una respuesta en formato JSON.

Debe usar el espacio de nombres de la clase:

```
use Symfony\Component\HttpFoundation\JsonResponse;
```

Luego, en la acción `index()`, instancie el objeto JsonResponse (con un Hashmap o array asociativo):

```
$response = new JsonResponse(['data' => 123]);
```

Otro ejemplo de una clase derivada es la clase `RedirectResponse`, que permite redirigir al cliente a otra URL.

Debe declarar el espacio de nombres de la clase:

```
use Symfony\Component\HttpFoundation\RedirectResponse;
```

también, en la action `index()`, instanciar el objeto `RedirectResponse` :

```
$response = new RedirectResponse('http://example.com/');
```

Otro ejemplo de una clase derivada es la clase `StreamedResponse`, que permite devolver un código PHP ejecutable. Debe obtener el espacio de nombres de la clase:

```
use Symfony\Component\HttpFoundation\StreamedResponse;
```

Finalmente, en la acción `index()`, instancie el objeto `StreamedResponse`:

```
$response = new StreamedResponse();
$response->setCallback(function () {
    var_dump('Hello World');
    flush();
    sleep(2);
    var_dump('Hello World');
    flush();
});
$response->send();

Return $response ;
```

Para obtener más información sobre las posibilidades de la clase `Response`, puede consultar la documentación de Symfony: https://symfony.com/doc/current/components/http_foundation.html#response

11. Las variables de sesión

11.1 La utilidad de las variables de sesión

Cuando un cliente realiza una solicitud HTTP, esta es recibida por el servidor, que la procesa y envía una respuesta al navegador del cliente.

Cada solicitud es independiente de las demás.

No hay información que persista de una solicitud a otra. Los parámetros y todo lo que envíe al servidor solo pueden utilizarse en la solicitud que los contiene.

A veces es necesario conservar información específica del cliente que está conectado. Por ejemplo, si su cliente realiza un pedido de productos, sería útil conservar el estado de su carrito de compras de una solicitud a otra.

Este estado es específico para cada cliente. Incluso si la información se guarda en el servidor (por ejemplo, en una base de datos), es necesario identificar la que corresponde al cliente conectado.

Para ello, el servidor envía un **identificador de sesión**, que se almacena en el navegador de cada cliente (es una cookie). Con este identificador, puede identificar al cliente cada vez que se conecta y mostrarle su carrito de compras.

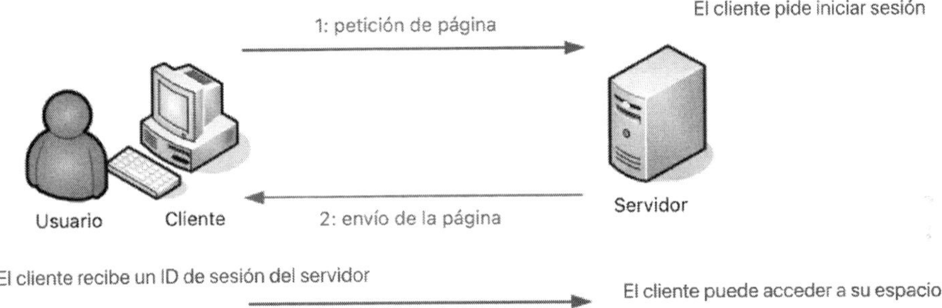

El almacenamiento de este identificador de sesión dura mientras el navegador está abierto y desaparece al cerrar el navegador. Si el cliente se vuelve a conectar, deberá solicitar un nuevo identificador. Esta volatilidad del identificador de sesión evita posibles vulnerabilidades de seguridad, como el robo del identificador de sesión.

11.2 El uso de variables de sesión en Symfony

Las variables de sesión se gestionan a partir del objeto `$request`. Es necesario solicitar la apertura de una sesión con la instrucción:

```
$sesion = $request->getSession();
```

Es posible crear una o varias variables de sesión. Estas variables se identificarán como propias del cliente gracias al identificador de sesión generado:

```
$miVariable = $sesion->set('nombre_de_mi_variable', 'valor');
```

Es posible recuperar el valor de las variables de sesión en toda la aplicación:

```
$miVariable = $sesion->get('nombre_de_mi_variable');
```

Veamos un ejemplo.

Crearemos una variable de sesión en la acción `index()` del controlador `TestController`. Esta variable contendrá el nombre del usuario.

Luego redirigiremos la solicitud del usuario a una nueva acción que llamaremos **redireccion()**.

Para redirigir una solicitud, utilizaremos el método `redirect()` del objeto `AbstractController` (con `$this`, ver capítulo Lenguaje orientado a objetos, sección Las clases) pasándole la URL de la ruta.

Sintaxis:

```
$url = $this->generateUrl('nombre_de_la_ruta',
                          array('parametro' => valor,...), true);

return $this->redirect($url);
```

Concretamente, en nuestro ejemplo, esto se escribe así:

```
$url = $this->generateUrl('redirection');

return $this->redirect($url);
```

Crearemos esta acción `redirection()` en el controlador que mostrará nuestra variable de sesión.

El código completo es el siguiente:

```
<?php
namespace App\Controller;

use Symfony\Bundle\FrameworkBundle\Controller\AbstractController;
use Symfony\Component\HttpFoundation\Response;
use Symfony\Component\HttpFoundation\Request;
use Symfony\Component\Routing\Annotation\Route;

class TestController extends AbstractController
{
    #[Route('/test', name: 'app_test',methods: ['GET', 'HEAD'] )]
    public function index(Request $request): Response
    {

        $sesion = $request->getSession(); // session_start
        $sesion->set('apellido_user', 'Gil');
```

```
        $url = $this->generateUrl('redirection');
        return $this->redirect($url);
    }

    #[Route('/redirection', name: 'redirection')]
    public function redirection(Request $request)
    {
        // recuperación de la sesión
        $sesion = $request->getSession(); // session_start
        $apellidoUser  = $sesion->get('apellido_user');

        return new Response("redirección: variable apellido de
                la sesión: $apellidoUser");
    }

}
```

Cuando usted lanza la solicitud localhost:8000/test en el navegador, dirige la solicitud hacia localhost:8000/redirection (ver en la barra de direcciones) y se muestra el mensaje «redirección: variable apellido de la sesión: Gil».

Si abre el inspector y hace clic en la pestaña **Storage**, encontrará el identificador de sesión que se ha almacenado. Es la cookie PHPSESSID. Puede ver que su duración es el tiempo que lleva la sesión abierta.

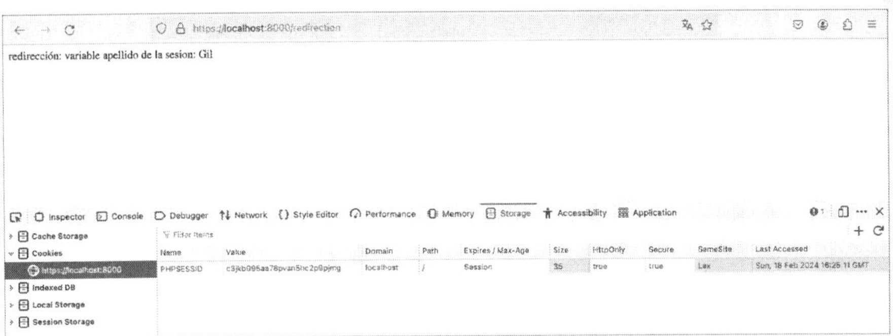

Puede encontrar más información sobre el funcionamiento de las sesiones en esta página:
https://symfony.com/doc/current/session.html#more-about-sessions

11.3 Las Flash Bags

Las **Flash Bags** son variables de sesión muy útiles, ya que se eliminan automáticamente una vez que se han mostrado.

¿Para qué sirven?

Le brindan la posibilidad de tener variables de sesión que muestran mensajes informativos temporales.

Las utilizará con frecuencia en los formularios.

Cuando usted completa un formulario y lo envía, puede aparecer un pequeño mensaje para informarle de que su solicitud se ha registrado correctamente.

No tiene sentido que este mensaje se muestre cada vez que usted recargue la página. Gracias a las variables `Flash Bags`, desaparecerá después de su primera aparición.

Sintaxis:

```
$sesion->getFlashBag()->add('mi_variable', 'mi_mensaje');
```

Cada Flash Bag es un array. Esto significa que usted puede acumular varios mensajes en la misma variable `Flash Bags`.

Veamos un ejemplo.

En la acción `index()`, creemos la variable `info`, que contiene dos mensajes:

```
$sesion = $request->getSession();
$sesion->getFlashBag()->add('info', 'mensaje informativo');
$sesion->getFlashBag()->add('info', 'mensaje complementario');

$url = $this->generateUrl('redirection');
        return $this->redirect($url);
```

Recuperamos la variable en la acción **redirection()**.

Sintaxis:

```
$miVariable=$sesion->getFlashBag()->get('mi_variable');
```

Dado que la variable es un array, para mostrar los mensajes, será necesario recorrerla con un bucle `foreach`.

El código completo de la acción **redirection()** es el siguiente:

```
$sesion = $request->getSession();
$info=$sesion->getFlashBag()->get('info');
$toPrint='';

foreach($info as $message){
    $toPrint.=$message.'<br>';
}

return new Response("mensaje: $toPrint");
```

Cuando usted lanza la solicitud localhost:8000/test en el navegador, se le redirige a la dirección localhost:8000/redireccion y se muestran los siguientes mensajes:

```
mensaje: mensaje informativo
mensaje complementario
```

Si vuelve a cargar la página localhost:8000/redireccion, la variable `info` habrá desaparecido. Ya no verá que aparezcan los mensajes.

Las variables Flash Bags son muy útiles, especialmente para mostrar mensajes en los formularios o para mostrar mensajes de error.

Las vistas pueden mostrarle las variables de sesión y las Flash Bags, lo que añade aún más fluidez a sus mensajes.

Más adelante, cuando abordemos el uso de formularios en Symfony, veremos una aplicación más detallada de estas variables Flash Bags.

Capítulo 11
El enrutado

1. Organización de la aplicación

En nuestra aplicación, por ahora, solo tenemos un controlador, **TestController**, y dentro de él, dos acciones: **index()** y **redirection()**. Es fácil imaginar que, en la práctica, tendrá varios controladores y acciones disponibles. Cada acción corresponderá a una solicitud del usuario.

Es importante plantearse la pregunta sobre cómo organizar la aplicación.

¿Cuántos controladores voy a tener?

¿Cuántas acciones tendré para cada controlador?

No hay reglas estrictas, pero no pierda de vista que, cuanto más «dividida» esté su aplicación, tanto mejor.

Para ayudarlo en su organización, recuerde que una acción permite mostrar una vista. En otras palabras, una acción puede definirse para la visualización de cada una de sus páginas.

Un controlador agrupará varias acciones. Se puede definir un controlador para cada tipo de página, por ejemplo. Una práctica común (aunque no la única) es tener un controlador para la parte del Front y un controlador que gestiona el Back, es decir, la administración de su sitio. Otro criterio para su organización es que sus acciones no deben ser demasiado extensas (un máximo de unas veinte o treinta líneas). Será más fácil probar y depurar (test & debug) una acción si no es demasiado extensa. Una acción debe corresponder a una funcionalidad única. Si su acción tiene varios procesos diferentes (como obtener datos, enviar un correo electrónico, mostrar datos en el registro, mostrar una vista, etc.), es mejor dividirla en varias subacciones. Si su controlador contiene demasiadas acciones, es mejor dividirlo en varios controladores para encontrarlo todo más fácilmente.

2. La importancia de las rutas

Las rutas permiten, según una solicitud del usuario (una URL), encontrar el controlador y la acción que se ha de ejecutar.

Las rutas que permitirán ejecutar las acciones están definidas por defecto gracias a las **anotaciones**.

Retomemos nuestro TestController:

```
class TestController extends AbstractController
{

#[Route('/test', name: 'app_test',methods: ['GET', 'HEAD'] )]
    public function index(Request $request): Response
    {

        $response=new Response();

        $response->setContent('Hello World');
        $response->headers->setCookie(Cookie::create('nombre', 'Yves'));
        return $response;
    }
}
```

La anotación **#Route** indica que la solicitud /test (localhost:8000/test en el navegador) ejecutará la acción que sigue, es decir, `index(Request $request)`.

Pero ¿cómo sabe Symfony dónde está el controlador que se debe instanciar?

Todo esto está definido en el archivo de configuración.

En el archivo *config/routes.yaml* encontrará esta notación:

```
controllers:
    resource:
        path: ../src/Controller/
        namespace: App\Controller
    type: attribute
```

Aquí se especifica la ruta hacia la carpeta **src/Controller** y el tipo de ruta utilizado, es decir, *attribute* (de hecho, existen otras formas de definir las rutas; las veremos en la siguiente sección).

3. Rutas sin anotaciones

Es posible no usar los *attributes* para las rutas. Podemos definir las rutas en un archivo YAML externo a la raíz de **/config**.

Este archivo ya está creado para este propósito: *config/routes.yaml*.

Vamos a indicar, por ejemplo, una nueva ruta (la llamaremos /testroute) para la acción `index()` del controlador TestController.

Añada al final del archivo **config/routes.yaml**, a la misma altura que *controllers*, las siguientes instrucciones (sin borrar las líneas ya contenidas en este archivo):

```
index:
   path: /testroute
   controller: App\Controller\TestController::index
```

Pruebe esta nueva ruta con la URL: https://localhost:8000/testroute

Debería ver la página de prueba (con Hello World) o, en su defecto, la última redirección.

Por lo tanto, podemos definir una serie de rutas independientes en el archivo **config/routes.yaml**.

Sin embargo, los *attributes* son más prácticos, ya que se encuentran antes de cada acción y son más fáciles de manipular. En el resto de este libro, continuaremos utilizando las anotaciones para las rutas.

4. Los verbos de las rutas

Como sabe, una solicitud HTTP tiene un método de transmisión de parámetros llamado **verbo**.

Por ejemplo, una solicitud ejecutada directamente en un navegador tiene el verbo **GET**.

Una solicitud llamada mediante el envío de un formulario generalmente tiene el verbo **POST**.

Es posible especificar este método en la anotación de la ruta (por defecto, se elige el método `GET`):

```
#[Route('/test', name: 'app_test',methods: ['GET', 'POST'] )]
```

Aquí, por ejemplo, autorizamos que la ruta **/test** se ejecute, ya sea con el método GET o con el método `POST`.

Especificar el verbo de la ruta permite un mejor control de la solicitud utilizada y puede evitar algunas vulnerabilidades de seguridad.

Por ejemplo, una acción que recupera datos a través del objeto `$request` con el método `query` (ejemplo: `$request->query->get('info')`) debe tener una ruta definida con el método `GET` obligatoriamente.

5. Los parámetros de las rutas

Es posible definir parámetros en una ruta (como en una función PHP). Estos parámetros se transmitirán automáticamente a la acción en el orden en que se indiquen.

Tomemos un ejemplo.

Creemos una tercera acción en TestController.

Llamémosla **hello()**.

Apliquemos una ruta que se llamará **/hello**:

```
#[Route('/hello', name: 'hello')]
public function hello()
{
    $response=new Response("Hello!");
}
```

Si deseamos transmitir el nombre y el apellido como parámetros de la ruta, debemos indicarlos entre { }, como se muestra a continuación:

```
#[Route('/hello/{nombre}/{apellido}', name: 'hello')]
public function hello(Request $request,$nombre,$apellido)
{
    return new Response("Hello $nombre $apellido!");

}
```

Los parámetros se transmiten en el orden dado en la ruta y se recuperan en el método `hello ($nombre y $apellido)`, prescindiendo también del objeto `Request` transmitido como parámetro (podríamos quitarlo, ya que no lo estamos utilizando en la acción).

Podemos mostrar estos parámetros en la respuesta:

```
return new Response("Hello $nombre $apellido!");
```

Si ejecuta la solicitud https://localhost:8000/hello/David/Guillen, podrá ver: Hello David Guillen!

6. Parámetros condicionales

Es posible definir valores predeterminados para los parámetros de la acción.

Ejemplo

```
#[Route('/hello/{nombre}/{apellido}', name: 'hello')]
public function hello(Request $request, $nombre,$apellido='')
{

    return new Response("Hello $nombre $apellido!");
}
```

Aquí, `$apellido=''` significa que, si no especificamos el valor de este parámetro en la ruta, estará vacío por defecto.

Así, ya no es obligatorio especificar el parámetro del apellido en la solicitud (Guillen se omite): https://localhost:8000/hello/David

7. Validación de parámetros

Siempre es prudente verificar los valores transmitidos por el cliente en la solicitud. De hecho, el cliente puede intentar enviar código en los parámetros (generalmente, en JavaScript) para ejecutar un proceso que pirateará sus datos. Este es el principio de una vulnerabilidad de seguridad llamada Cross-Site Scripting.

Para evitarlo, puede probar el tipo de los parámetros transmitidos (como en cualquier función PHP).

Tomemos un ejemplo.

Añadamos el parámetro edad en la ruta, pero especificando el tipo del parámetro en la acción hello():

```
#[Route('/hello/{edad}/{nombre}/{apellido}', name: 'hello')]
public function hello(Request $request, int $adad, $nombre, $apellido='')
{

    return new Response("Hello $nombre $apellido tiene $edad años!");
}
```

`int $edad` precisa que el parámetro `$edad` debe ser un entero.

Es posible profundizar más en las pruebas de los valores de los parámetros utilizando la opción **requirements**.

Esta opción permite definir para cada parámetro una **expresión regular**.

Una expresión regular es un patrón de datos al que debe ajustarse el valor del parámetro.

Tomemos un ejemplo.

Queremos que el parámetro nombre contenga solo letras de la «a» a la «z» en minúsculas.

La expresión regular se define así:

```
[a-z]+
```

El + significa que el valor del parámetro debe contener uno o varios caracteres en la elección anterior (letras de la «a» a la «z» en minúsculas).

Si deseamos especificar el número de caracteres (por ejemplo, mínimo 2 y máximo 50), debemos hacerlo así:

```
[a-z]{2,50}
```

Encontrará toda la sintaxis de las expresiones regulares en esta página web: https://developer.mozilla.org/es/docs/Web/JavaScript/Guide/Regular_expressions

Las expresiones regulares utilizadas en JavaScript son las mismas que las que usamos aquí.

Desplácese hacia abajo hasta **Caracteres especiales**.

Retomemos nuestro ejemplo con el nombre que cumple con la expresión [a-z]{2,50}. Vamos a escribir esta condición directamente en la anotación con la opción **requirements**:

```
#[Route('/hello/{edad}/{nombre}/{apellido}', name: 'hello', requirements:
["nombre"=>"[a-z]{2,50}"])]
public function hello(Request $request, int $edad, $nombre, $apellido='')
{
    ...
}
```

La solicitud https://localhost:8000/hello/10/D/Guillen dará un error: *No route found*

En efecto, la mayúscula D no está permitida en el parámetro nombre.

Al igual que esta: https://localhost:8000/hello/10/David/Guillen.

Sin embargo, esta es correcta: https://localhost:8000/hello/10/david/Guillen.

8. La lista de rutas

Es posible obtener la lista de las rutas presentes en toda la aplicación ejecutando en el terminal: php bin/console debug:router

Capítulo 12
El motor de plantillas Twig

1. La sintaxis

Todas las vistas de nuestra aplicación utilizarán el motor de plantillas **Twig**.

Twig es un lenguaje que se agrega al código HTML en las vistas (como se hacía con PHP).

Es posible instalar Twig en un proyecto PHP sin tener que instalar Symfony.

La documentación completa de Twig se encuentra en:
https://twig.symfony.com/doc/3.x/

Consulte la documentación de **Twig for template designers** para obtener la sintaxis del lenguaje.

Examinemos la sintaxis de las instrucciones Twig. La sintaxis se divide en tres partes:

- `{{ ... }}`: se utiliza para mostrar el contenido de una variable o el resultado de la evaluación de una expresión.
- `{% ... %}`: se utiliza para ejecutar una estructura de control (if, foreach...).
- `{# ... #}`: se utiliza para agregar comentarios (estos comentarios no serán visibles en la página HTML generada).

Tomemos un ejemplo. Vamos a crear la vista hello.html.twig en la carpeta **templates/test**.

Añadamos esta instrucción:

```
<h2>Bienvenido o bienvenida {{ nombre }} {{ apellido }}</h2>
```

Los `{{  }}` interpretarán la expresión. Aquí, mostraremos el valor de los parámetros nombre y apellido. Estos parámetros se transmitirán a la vista en la acción `hello()` de TestController en el momento de la llamada:

```
#[Route('/hello/{edad}/{nombre}/{apellido}', name: 'hello', requirements:
["nombre"=>"[a-z]{2,50}"])]
    public function hello(Request $request, int $edad, $nombre, $apellido='')
    {

        return $this->render('test/hello.html.twig', [
            'nombre' => $nombre,
            'apellido' => $apellido
        ]);
    }
```

Los parámetros se transmiten utilizando una matriz o mapa, tal y como indica este fragmento de código:

```
return $this->render('test/hello.html.twig', [
                'nombre' => $nombre,
                'apellido' => $apellido
          ]);
```

La clave de este mapa representa el parámetro que se ha de mostrar en la vista: http://localhost:8000/hello/10/amable/persona

El resultado será el siguiente:

localhost:8000/hello/10/amable/persona

Bienvenido o bienvenida amable persona

Si deseamos mostrar la vista con una condición, como por ejemplo mostrar «Mayor de 60» si la edad es mayor de 60 y «Se le ve joven» en caso contrario, agregamos en la vista test/hello.html.twig una instrucción de control:

```
<h2>Bienvenido o bienvenida {{ nombre }} {{ apellido }}</h2>

{% if edad > 60 %}
<h3>Mayor de 60</h3>
{% else %}
<h3>Se le ve joven</h3>
{% endif %}
```

Por supuesto, para que funcione, debemos transmitir el parámetro `edad` a la vista:

```
#[Route('/hello/{edad}/{nombre}/{apellido}', name: 'hello', requirements:
["nombre"=>"[a-z]{2,50}"])]
    public function hello(Request $request, int $edad, $nombre, $apellido='')
    {

        return $this->render('test/hello.html.twig', [
            'nombre' => $nombre,
            'apellido' => $apellido,
            'edad' => $edad
        ]);
    }
```

Todas las instrucciones de control que teníamos en PHP se pueden trasladar al lenguaje Twig. No las detallaremos aquí. Si desea obtener más información, consulte la documentación:
https://twig.symfony.com/doc/3.x/templates.html

Añadiremos comentarios a la vista. ([Ctrl] / todavía funciona aquí):

```
<h2>Bienvenido o bienvenida {{ nombre }} {{ apellido }}</h2>

{# comprobación de la edad #}
{% if edad > 60 %}
<h3>Mayor de 60</h3>
{% else %}
<h3>Se le ve joven</h3>
{% endif %}
```

2. La herencia

A menudo, las páginas de un sitio o aplicación agrupan partes comunes.

Por ejemplo, el encabezado del sitio, la barra de navegación, el pie de página, los menús son comunes a todas las páginas. En lugar de copiar y pegar estos elementos, es más inteligente definir una vista esquema de la cual heredarán todas las demás vistas.

A menudo, esta vista se llama **layout** (diseño).

Anteriormente ya vimos un layout que existe por defecto en la raíz de la carpeta templates: *templates/base.html.twig*:

```
<!DOCTYPE html>
<html>
    <head>
        <meta charset="UTF-8">
        <title>{% block title %}Welcome!{% endblock %}</title>
        <link rel="icon" href="data:image/svg+xml,<svg xmlns=
%22http://www.w3.org/2000/svg%22 viewBox=%220 0 128 128%22>
<text y=%221.2em%22 font-size=%2296%22>●</text></svg>">
        {# Run `composer require symfony/webpack-encore-bundle`
to start using Symfony UX #}
        {% block stylesheets %}
            {{ encore_entry_link_tags('app') }}
        {% endblock %}
```

```
        {% block javascripts %}
            {{ encore_entry_script_tags('app') }}
        {% endblock %}
    </head>
    <body>
        {% block body %}{% endblock %}
    </body>
</html>
```

Este layout, como su nombre indica, puede servir de base para todas las vistas de la aplicación.

Si examinamos su código, vemos que es una página HTML estándar con instrucciones Twig particulares:

```
{% block nombreBloque %}

...


{% endblock %}
```

Estos bloques pueden ser redefinidos en las vistas que heredan del layout. Son un poco como «agujeros» que se pueden completar con el contenido de la vista.

Para que una vista herede de un layout, debe especificarlo en la primera línea con la instrucción:

```
{% extends 'pathToLayout %}
```

Luego, la vista puede redefinir los bloques del layout utilizando el mismo nombre de bloque:

```
{% block nombreBloque %}

...


{% endblock %}
```

Observación

Atención: una vista que hereda de otra vista no puede tener código fuera de los bloques.

Veamos un ejemplo.

Volvamos a la vista hello.html.twig y hagamos que herede de base.html.twig al completar los bloques. He aquí lo que contendrá la vista hello.html.twig:

```
{% extends 'base.html.twig' %}

{% block title %}Página de bienvenida{% endblock %}

{% block body %}
    <h2>Bienvenido o bienvenida {{ nombre }} {{ apellido }}</h2>

    {# comprobación de la edad  #}
    {% if edad > 60 %}
        <h3>Mayor de 60</h3>
    {% else %}
        <h3>Se le ve joven</h3>
    {% endif %}
{% endblock %}
```

Esta vez, nuestra vista hello es una página de bienvenida «estándar». Hereda la estructura básica del layout base.html.twig llenando los bloques con su propio contenido.

En la vida real, las vistas pueden anidarse unas dentro de otras, como muñecas rusas.

Es posible tener, por ejemplo, un layout global: base.html.twig; luego, un layout para la parte Front que hereda del layout global: front.html.twig; luego, un layout para la parte Back que hereda del layout global: back.html.twig.

Podemos tener un layout para menús horizontales: menusH.html.twig, que hereda de front.html.twig o back.html.twig.

También podemos tener un layout para menús verticales: menusV.html.twig.

La estructura de las vistas y la herencia puede ser tan compleja como la que se encuentra para las clases PHP.

Por defecto, los elementos contenidos en el layout principal son reemplazados por el contenido de las vistas que heredan de él. Pero podemos decidir conservar el contenido de la vista madre con la instrucción:

```
{% block head %}

   {{ parent() }}
   nuestra plantilla...
{% endblock %}
```

Por ejemplo, en la vista hello.html.twig, si queremos conservar el título predeterminado de la página base y completarlo, debemos escribir:

```
{% extends 'base.html.twig' %}

{% block title %}{{ parent() }} Página de bienvenida{% endblock %}

{% block body %}
    <h2>Bienvenido o bienvenida {{ nombre }} {{ apellido }}</h2>
    {# comprobación de la edad  #}
    {% if edad > 60 %}
        <h3>Mayor de 60</h3>
    {% else %}
        <h3>Se le ve joven</h3>
    {% endif %}
{% endblock %}
```

El título en la pestaña de la página mostrará: Welcome! Página de bienvenida

3. La inclusión de la vista

Hemos visto cómo una vista puede heredar de otra vista. La inclusión de vista es lo contrario. Es posible incluir una vista dentro de otra (como un include en PHP).

Sintaxis:

```
{% include 'nombreDeLaVista' %}
```

Creamos, por ejemplo, dos vistas: una para el encabezado (header) y otra para el pie de página (footer).

Creamos header.html.twig en la raíz de la carpeta *templates*. Dentro escribimos:

```
<h1>{{ 'El mágico mundo de la informática moderna' }}</h1>
```

Creamos footer.html.twig en la raíz de la carpeta templates. Dentro escribimos:

```
 <p>Revolución informática del
      <time datetime="2023-04-02">2 Abril 2033</time>
</p>
```

Estas vistas las incluimos en la vista principal base.html.twig para que se muestren en todas las páginas:

```
<!DOCTYPE html>
<html>
    <head>
        <meta charset="UTF-8">
        <title>{% block title %}Welcome!{% endblock %}</title>
        <link rel="icon" href="data:image/svg+xml,<svg xmlns=
%22http://www.w3.org/2000/svg%22 viewBox=%220 0 128 128%22>
<text y=%221.2em%22 font-size=%2296%22>●</text></svg>">
        {# Run `composer require symfony/webpack-encore-bundle`
to start using Symfony UX #}
        {% block stylesheets %}
            {{ encore_entry_link_tags('app') }}
        {% endblock %}

        {% block javascripts %}
            {{ encore_entry_script_tags('app') }}
        {% endblock %}
    </head>
    <body>
        {% include 'header.html.twig' %}
        {% block body %}
        {% endblock %}
        {% include 'footer.html.twig' %}
    </body>
</html>
```

Observe que nos hemos asegurado de colocar las instrucciones `{% include ... %}` fuera del bloque `{% block body %} {% endblock%}` para que no se sobrescriban en cada herencia y llenado del bloque (de lo contrario, se necesitaría agregar sistemáticamente la función `parent()` en cada vista que hereda).

Si ejecuta la solicitud http://localhost:8000/hello/1000/majestuosa/Secuoya, debería ver el encabezado y el pie de página.

4. El uso de variables de entorno

En el capítulo anterior, creamos una variable de entorno:

```
APP_AUTHOR=MiNombre
```

en el archivo **.env**.

Podemos mostrar esta variable en el controlador mediante una variable `$_ENV`. Veamos cómo hacerlo.

En la acción `hello()` del controlador TestController, pruebe este código:

```
public function hello(Request $request, int $edad, $nombre, $apellido='')
    {
        echo $_ENV['APP_AUTHOR'];
        return $this->render('test/hello.html.twig', [
            'nombre' => $nombre,
            'apellido' => $apellido,
            'edad' => $edad
        ]);
}
```

Sería más interesante usar nuestra variable de entorno en la vista.

Es posible si la declaramos como una variable global para Twig.

Para definir variables globales de Twig, vaya al archivo config/packages/twig.yaml y defina la variable autor de la siguiente manera:

```
twig:
    default_path: '%kernel.project_dir%/templates'
    globals:
        autor: '%env(APP_AUTHOR)%'
when@test:
    twig:
        strict_variables: true
```

Observamos el uso del `helper env()` para mostrar la variable de entorno.

Luego, se puede usar la variable autor en la vista base.html.twig como una variable estándar:

```
<!DOCTYPE html>
<html>
    <head>
        <meta charset="UTF-8">
        <title>{% block title %}Welcome!{% endblock %}</title>
        <link rel="icon" href="data:image/svg+xml,<svg xmlns=
%22http://www.w3.org/2000/svg%22 viewBox=%220 0 128 128%22>
<text y=%221.2em%22 font-size=%2296%22>●</text></svg>">
        {# Run `composer require symfony/webpack-encore-bundle`
to start using Symfony UX #}
        {% block stylesheets %}
            {{ encore_entry_link_tags('app') }}
        {% endblock %}

        {% block javascripts %}
            {{ encore_entry_script_tags('app') }}
        {% endblock %}
    </head>
    <body>
        {% include 'header.html.twig' %}
        <h3>Autor: {{ autor }}</h3>
        {% block body %}

        {% endblock %}
        {% include 'footer.html.twig' %}
    </body>
</html>
```

5. Las sesiones y las Flash Bags en Twig

Hemos visto en el capítulo La primera aplicación, sección Las variables de sesión, cómo crear y recuperar variables de sesión y Flash Bags.

Twig permite recuperar directamente estas variables y mostrarlas en la vista.

5.1 Las variables de sesión

Las variables de sesión se pueden llamar a través del servicio **app** (regresaremos a este servicio más adelante).

Sintaxis:

```
{{ app.session.get('nombre_de_la_variable_de_sesion') }}
```

Si la variable no existe, la vista no mostrará nada, pero tampoco habrá un mensaje de error.

5.2 Las Flash Bags

Las Flash Bags son arrays y, para mostrarlas, se necesita iterar con un bucle `for`:

```
{% for message in app.session.flashbag.get('mi_variable_flashbag') %}

{{ message  }}

{% endfor %}
```

Tomemos un ejemplo.

Como dijimos, usaremos Flash Bags para los mensajes provenientes de los formularios (ver capítulo Los formularios).

Utilizaremos dos variables Flash Bags para la visualización de los mensajes:

- - *message*: contiene el texto del mensaje.
- *statut*: contiene el estado del mensaje. De hecho, crearemos un componente **Bootstrap** de tipo «**alert**».

  Bootstrap es un marco de trabajo CSS y JavaScript que proporciona varios elementos utilizables en una página HTML. Ver el sitio de Bootstrap: https://getbootstrap.com/

  Las alertas de Bootstrap son pequeños mensajes que se muestran con un cierto color de fondo. Retomaremos los diferentes estados de una alerta en Bootstrap (primario, éxito, error, advertencia, etc.). Ver la página de alertas: https://getbootstrap.com/docs/4.0/components/alerts

Creemos un espacio para estos mensajes, para todas las vistas.

Para hacerlo, creemos la vista alert.html.twig en la raíz de la carpeta de plantillas.

Luego, creemos nuestro espacio de errores en esta vista:

```
<div class="d-flex flex-row justify-content-center m-5">
    {% for message in app.session.flashbag.get('message') %}

            <span class="alert alert-{{ app.session.get('statut') }}">
                {{ message }}
            </span>
    {% endfor %}
</div>
```

Los atributos en la etiqueta `div class= ''...''` serán útiles cuando incorporemos el marco Bootstrap (ver la siguiente sección).

Este código creará una etiqueta `span` con las clases `alert` y `alert-valor` de la variable `statut`. Mostrará una «alerta de Bootstrap».

Solo queda incluir esta vista dentro de la vista header.html.twig visible en todas las vistas, ya que está incluida en el diseño base.html.twig:

```
<h1>{{ 'El mágico mundo de la informática moderna' }}</h1>
{% include 'alert.html.twig' %}
```

Vamos a probar el mensaje generando voluntariamente un Flash Bag en la acción `index()` de `TestController`:

```
#[Route('/test', name: 'app_test',methods: ['GET', 'HEAD'] )]
public function index(Request $request)
{
    $session = $request->getSession();
    $session->getFlashBag()->add('message', 'mensaje informativo');
    $session->getFlashBag()->add('message', 'mensaje navideño');
    $session->set('statut', 'primary');

    return $this->render('test/index.html.twig');
}
```

Hay que hacer que la vista test/index.html.twig herede de base.html.twig :

```
{% extends 'base.html.twig' %}

{% block title %}
    {{ parent() }}
    Página de bienvenida
{% endblock %}

{% block body %}
    <h2>Página de Test</h2>
    Fecha: {{"now" | date('d-m-Y H:i:s')}} <br>
    Variable de sesion AUTOR: {{ app.session.get('autor') }}


{% endblock %}
```

Cuando lancemos la solicitud localhost:8000/test, veremos lo siguiente:

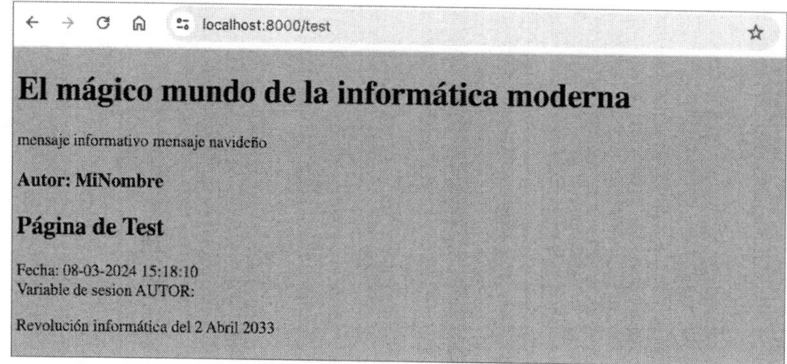

Pero el mensaje no aparecerá si lanzamos otra solicitud.

Si prueba a visitar http://localhost:8000/hello/1000/majestuosa/Secuoya, la plantilla alert.html.twig está incluida, pero el mensaje informativo ya no aparece: las variables Flash Bags se han eliminado automáticamente.

6. Cómo incluir CSS y JavaScript en una vista

Como mencionamos anteriormente, los archivos CSS y JavaScript, así como las imágenes y los vídeos, deben ubicarse obligatoriamente en la carpeta **public**.

Creemos una subcarpeta **public/css** y una subcarpeta **public/js**. Dentro de ellas, creemos los archivos **app.css** y **app.js**, respectivamente.

Podemos agregar los estilos en **app.css**:

```
h1 {
    color:blue;
}
h2 {
    color:purple;
}
```

Por supuesto, se debe tener una etiqueta `<link>` en la vista que utilice este estilo. Pero ¿cómo se accede desde la vista a un elemento de la carpeta public?

Para acceder a un elemento de la carpeta public, existe en Twig un ayudante: `asset()`.

Sintaxis:

```
{{ asset('subCarpeta/miArchivo') }}
```

Observación

En realidad, `asset()` es una función que genera la URL base. Permite tener aplicaciones portátiles de una URL a otra.

Enlacemos nuestro CSS y JavaScript en el diseño (layout) *base.html.twig*.

Usaremos los bloques `stylesheets` y `javascripts` respectivamente, previstos para este propósito:

```
<!DOCTYPE html>
<html>
    <head>
        <meta charset="UTF-8">
        <title>{% block title %}Welcome!{% endblock %}</title>
        <link rel="icon" href="data:image/svg+xml,<svg xmlns=
%22http://www.w3.org/2000/svg%22 viewBox=%220 0 128 128%22>
<text y=%221.2em%22 font-size=%2296%22>●</text></svg>">
        {# Run `composer require symfony/webpack-encore-bundle`
to start using Symfony UX #}
        {% block stylesheets %}
            {{ encore_entry_link_tags('app') }}

            <link rel="stylesheet" href="{{ asset('css/app.css')
}}">

        {% endblock %}

        {% block javascripts %}
            {{ encore_entry_script_tags('app') }}

        <script src="{{ asset('js/app.js') }}"></script>

        {% endblock %}
    </head>
    <body>
```

```
    {% include 'header.html.twig' %}
        <h3>Autor: {{ autor }}</h3>
        {% block body %}
        {% endblock %}
    {% include 'footer.html.twig' %}

    </body>
</html>
```

Si refresca la solicitud localhost:8000/test, verá el primer título en azul y Página de Test en morado.

También podemos utilizar el CSS del framework Bootstrap. Bastará con añadir el enlance cdn (https://www.bootstrapcdn.com) dentro del bloque stylesheets de base.html.twig :

```
{% block stylesheets %}
            {{ encore_entry_link_tags('app') }}
            <link rel="stylesheet" href="{{ asset('css/app.css') }}">

            <link rel="stylesheet"
href="https://cdn.jsdelivr.net/npm/bootstrap@5.2.3/dist/css/
bootstrap.min.css" >
{% endblock %}
```

Actualice la página http://localhost:8000/test. Esta vez, los mensajes de las Flash Bags destacan al haberse transformado en dos botones, gracias al efecto de la etiqueta <div class="d-flex flex-row justify-content-center m-5"> que encontramos en alert.html.twig.

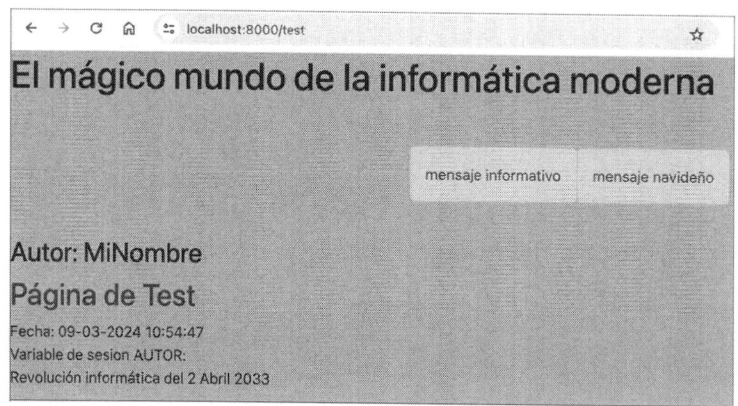

Veremos otra manera de usar un CSS externo en el capítulo Webpack Encore.

7. Uso de rutas en las vistas

Las rutas pueden utilizarse en las vistas especialmente para los enlaces de botones hacia otras páginas. Se puede usar la URL de la ruta, pero también su nombre.

Recuerde que, en el atributo de la acción, se le dio un nombre a la ruta con la opción name.

Por ejemplo, en el atributo de la acción hello en TestController:

```
#[Route('/hello/{edad}/{nombre}/{apellido}', name: 'hello',
requirements: ["nombre"=>"[a-z]{2,50}"])]
public function hello(Request $request, int $edad, $nombre, $apellido='')
{
 ...
}
```

`name="hello" indica que el nombre de la ruta es «hello».`

Se puede usar este nombre para crear un enlace a esta ruta.

Sintaxis:

Veamos un ejemplo. Creemos un botón «link Test» en la ruta hello que lo lleve a la ruta test y viceversa.

Simplifiquemos nuestro TestController de la siguiente manera:

```
class TestController extends AbstractController
{
    #[Route('/test', name: 'app_test',methods: ['GET', 'HEAD'] )]
    public function index(Request $request): Response
    {
        return $this->render('test/index.html.twig');
    }

    #[Route('/hello/{edad}/{nombre}/{apellido}', name: 'hello',
requirements: ["nombre"=>"[a-z]{2,50}"])]
    public function hello(Request $request, int $edad, $nombre, $apellido='')
    {
        return $this->render('test/hello.html.twig', [
            'nombre' => $nombre,
            'apellido' => $apellido,
            'edad' => $edad,
        ]);
    }
}
```

A continuación modificamos la vista hello.html.twig :

```
{% extends 'base.html.twig' %}

{% block title %}{{ parent() }} Página de bienvenida{% endblock %}

{% block body %}
<h2>Bienvenido o bienvenida {{ nombre }} {{ apellido }}</h2>

{# comprobación de la edad  #}
{% if edad > 60 %}
<h3>Mayor de 60</h3>
{% else %}
<h3>Se le ve joven</h3>
{% endif %}

<button>
    <a href="{{ path('app_test') }}" title="link Test">link Test</a>
</button>
{% endblock %}
```

En la vista index.html.twig, el enlace debe apuntar de manera recíproca a la acción `hello()`, pero también debe enviar los valores de los parámetros `$edad`, `$nombre` y `$apellido`.

Los parámetros pueden ser enviados en formato JSON al componer el destino con `path()`. Para obtener más información sobre el formato JSON, consulte la página https://www.json.org/json-es.html

Sintaxis:

```
{{ path('nombreDeLaRuta', { 'nombreParametro': valor,...  } ) }}
```

Veamos un ejemplo. Vamos a modificar la vista index.html.twig:

```
{% extends 'base.html.twig' %}
{% block title %}
    {{ parent() }}
    Página de bienvenida
{% endblock %}
{% block body %}
    <h2>Página de Test</h2>
<button>
    <a href="{{ path('hello',
{'nombre':'majestuosa','apellido':'Secuoya', 'edad':'1000'}) }}"
        title="link Hello">Link Hello</a>
</button>
{% endblock %}
```

Volvemos a cargar la página http://localhost:8000/test y probamos los botones que nos permiten navegar de una página a otra.

He aquí una imagen de la vista:

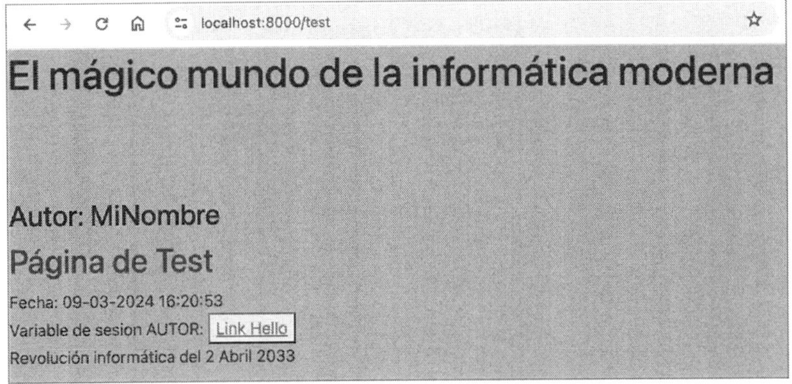

Haga clic en el botón **Link Hello** y será dirigido a la vista hello.html.twig. Haga clic de nuevo en el botón **Link Test** que aparece y volverá a la vista index.html.twig.

8. Los filtros y las funciones

Los filtros y las funciones permiten transformar directamente el resultado de una expresión Twig.

8.1 Los filtros

Sintaxis:

```
{{ expression | filtro }}
```

La barra vertical (|) o *pipe* ya la hemos utilizado anteriormente para mostrar la fecha actual con un formato estándar:

```
{{"now" | date('d-m-Y H:i:s')}}
```

Se pueden asociar varios filtros a una misma expresión.

```
{{ expression | filtro | filtro ... }}
```

Aquí se puede encontrar la lista de filtros disponibles:
https://twig.symfony.com/doc/3.x/filters/index.html

Tomemos un ejemplo.

En la vista hello.html.twig, queremos poner el nombre en mayúscula. Para ello usamos el filtro **upper**:

```
<h2>Bienvenido o bienvenida {{ nombre | upper }} {{ apellido }}</h2>
```

No vamos a detallar todos los filtros. Solo veremos dos filtros importantes. El primero se aplica a las fechas.

No hemos hablado sobre las fechas en PHP.

Solo hay que tener en cuenta que una fecha en PHP es un entero que contiene la cantidad de segundos desde el 1 de enero de 1970, a la medianoche.

Llamamos a este valor el **timestamp** UNIX porque es la cantidad de segundos transcurridos desde el inicio del sistema Unix.

Este **timestamp** puede generarse mediante varias funciones en PHP, como `time()`, que devuelve el timestamp del momento actual.

También existe `mktime()`, que devuelve, para una fecha dada, el timestamp correspondiente.

La sintaxis es:

```
mktime ( int hora, int minuto, int segundo, int mes, int dia, int año )
```

Ejemplo:

```
echo mktime(11, 30, 0, 4, 2, 2023);
```

mostrará: 1680435000

Cuando este timestamp se envía a una vista, queremos recuperar la fecha inicial con un formato específico.

Aquí es donde interviene el filtro **date**.

Reutilizando el timestamp anterior, podemos mostrar en la vista el formato *dia-mes-añohora:minuto:segundo*, por ejemplo.

Usaremos el formato:

```
d-m-Y H:i:s
```

Probemos el filtro en la vista hello.html.twig :

```
{% extends 'base.html.twig' %}

{% block title %}{{ parent() }} Página de bienvenida{% endblock %}

{% block body %}
<h2>Bienvenido o bienvenida {{ nombre | upper }} {{ apellido }}</h2>
test date: {{ 1680435000 | date('d-m-Y H:i:s')}}

  {# comprobación de la edad #}
{% if edad > 60 %}
```

```
<h3>Mayor de 60</h3>
{% else %}
<h3>Se le ve joven</h3>
{% endif %}

<button>
    <a href="{{ path('app_test') }}" title="link Test">link Test</a>
</button>
{% endblock %}
```

Podemos observar que el filtro ha mostrado: «test date: 02-04-2023 11:30:00» debajo del mensaje de bienvenida.

Encontrará la sintaxis de los diferentes tipos de formato de fecha en detalle en la página de php.net: https://www.php.net/manual/es/function.date.php

Otro filtro interesante es el filtro **raw**.

Añadamos un parámetro adicional en la llamada a la vista hello.html.twig.

Este parámetro, que llamaremos *mensajeHtml*, contendrá un mensaje con etiquetas HTML.

Veamos el ejemplo en la función `hello()` de TestController:

```
public function hello(Request $request, int $edad, $nombre, $apellido='')
   {

       return $this->render('test/hello.html.twig', [
           'nombre' => $nombre,
           'apellido' => $apellido,
           'edad' => $edad,
           'mensajeHtml'=>'<h3>estoy probando raw</h3>'
       ]);
   }
```

Mostremos este parámetro en la vista hello.html.twig :

```
{% extends 'base.html.twig' %}

{% block title %}
    {{ parent() }}
    Página de bienvenida
{% endblock %}

{% block body %}
    <h2>Bienvenido o bienvenida
           {{ nombre | upper }}
           {{ apellido }}</h2>

    {# comprobación de la edad  #}
    {% if edad > 60 %}
        <h3>Mayor de 60</h3>
    {% else %}
        <h3>Se le ve joven</h3>
    {% endif %}

    {{ mensajeHtml }}

    <button>
          <a href="{{ path('test') }}" title="link Test">link Test</a>
    </button>
{% endblock %}
```

Esta etiqueta es la que será remplazada por el mensaje:

```
    {{ mensajeHtml }}
```

En el navegador obtendremos el siguiente resultado:

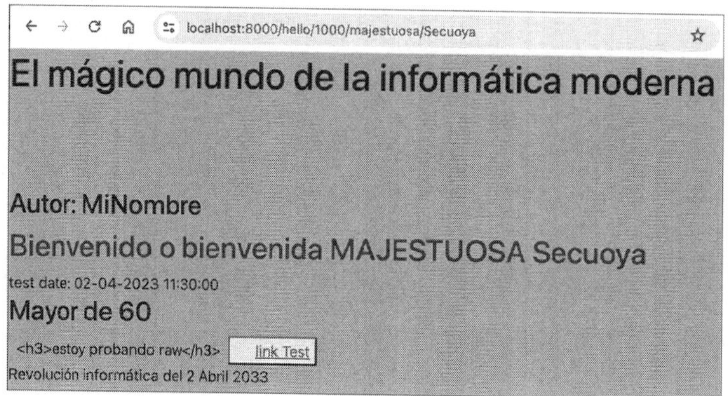

Las etiquetas HTML `<h3>` no se interpretan, sino que se muestran tal y como las hemos escrito.

En efecto, las etiquetas o código que viene de un parámetro, por defecto, nunca será interpretado. La razón es evitar las vulnerabilidades asociadas al XSS.

Si desea que las etiquetas HTML de una variable en Twig sean interpretadas, utilice el filtro **raw**. En este caso merece la pena asegurarse de que ninguna combinación pueda poner en jaque la seguridad del sistema.

Modifiquemos la vista hello.html.twig:

```
{{ mensajeHtml | raw }}
```

Esta vez, las etiquetas sí se interpretan; el texto se mostrará en negrita:

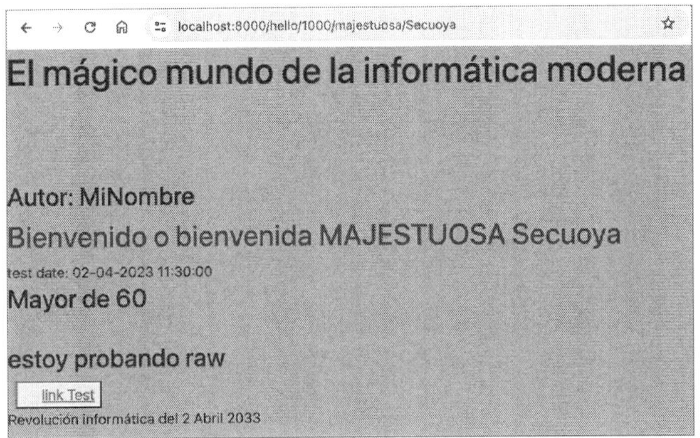

8.2 Las funciones

Las funciones tienen el mismo funcionamiento que los filtros, pero la sintaxis es diferente:

```
{{ function(expression) }}
```

Puede encontrar la lista de funciones existentes en la página:
https://twig.symfony.com/doc/2.x/functions/index.html

Una función interesante es la función `dump()`, que permite mostrar el contenido de un parámetro sin importar el tipo del parámetro.

De hecho, las expresiones `{{ ... }}` solo muestran el contenido de los parámetros escalares (cadenas de texto o números).

Imaginemos que está transmitiendo un array como parámetro; puede mostrarlo con la función `dump()`.

Ejemplo: añadamos un array como parámetro en la acción `hello()` de TestController.

```
public function hello(Request $request, int $edad, $nombre, $apellido='')
    {

        return $this->render('test/hello.html.twig', [
            'nombre' => $nombre,
            'apellido' => $apellido,
            'edad' => $edad,
            'mensajeHtml'=>'<h3>estoy probando raw</h3>',
            'miArray'=> ['profesion'=>'profe',
                        'sexo'=>'M',
                        'especialidad'=>'Symfony']
        ]);
    }
```

Podemos mostrar el valor del array en la vista hello.html.twig:

```
{{ dump(miArray) }}
```

También podemos, por supuesto, mostrar los valores del array en la página, haciendo un bucle con la instrucción `for`:

```
{% for key, element in miArray %}
{{key }} : {{ element }}<br>
{% endfor %}
```

El resulta

do es el siguiente:

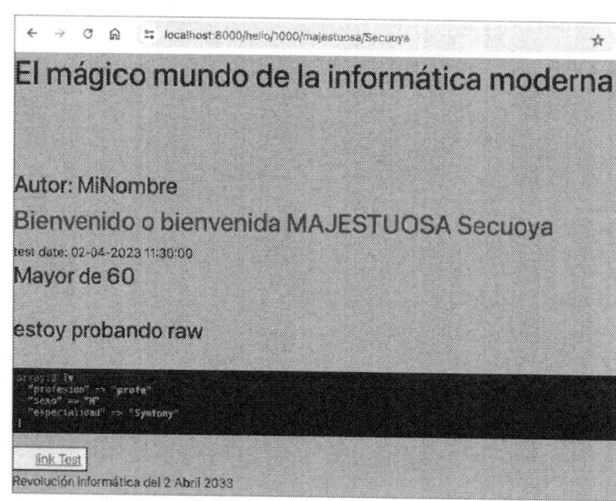

Capítulo 13
Webpack Encore

1. Introducción

Es habitual utilizar el lenguaje CSS para definir el estilo de una página HTML, y el lenguaje JavaScript, para la programación de eventos. La programación de eventos permite ejecutar funciones cuando ocurre un evento provocado por el usuario (por ejemplo, al hacer clic en un botón, se abre una ventana emergente).

Ambos lenguajes tienen un inconveniente importante para los desarrolladores: no tienen las mismas herramientas ni lógica que un lenguaje de programación «estándar» como PHP, lo que a veces dificulta su uso para desarrolladores de PHP.

Por ejemplo, la noción de variable, función u objeto no existe en CSS.

En JavaScript, la noción de clase de objeto se implementa solo a partir de la norma ECMAScript 6, que no es compatible con los navegadores antiguos.

Esto puede parecer un detalle, pero es una verdadera limitación para desarrollar aplicaciones grandes.

Es por eso por lo que han surgido nuevos lenguajes que tienen la estructura y las herramientas de un lenguaje de programación y que, al ser transpilados, pueden generar CSS y JavaScript respectivamente. A estos lenguajes a veces se les llama **preprocesadores**.

Los lenguajes más utilizados son:

- Sass: preprocesador para generar CSS (también existe Less, pero se utiliza cada vez menos).
- VueJS, ReactJS o Angular (frameworks) para generar JavaScript.

Estos lenguajes no son utilizables directamente en el navegador (al menos en lo que respecta a los navegadores de generaciones anteriores). Por lo tanto, es necesario pasar por una etapa de transformación (llamada **transpilación**) para que generen CSS y JavaScript estándar, interpretables por los navegadores.

Esta etapa de transpilación es posible en Symfony gracias a **WebPack Encore**. Lo primero que tiene que hacer es instalar Webpack Encore.

En el terminal de VSCode:

```
php composer require symfony/webpack-encore-bundle
```

Si obtiene un error que indica que el comando composer no existe, tiene que salir del directorio miAppSymf y dirigirse al directorio c:/wamp64/www. Luego, copie el archivo composer.phar y péguelo en el directorio c:/wamp64/www/miAppSymf.

Ahora ya puede usar el comando php composer.phar en lugar de composer:

```
php composer.phar require symfony/webpack-encore-bundle
```

Una vez que la instalación esté completa, aparecerá un archivo **package.json** en la raíz del proyecto:

```
{
    "devDependencies": {
        "@babel/core": "^7.17.0",
        "@babel/preset-env": "^7.16.0",
        "@hotwired/stimulus": "^3.0.0",
        "@symfony/stimulus-bridge": "^3.2.0",
        "@symfony/webpack-encore": "^4.0.0",
        "core-js": "^3.23.0",
        "regenerator-runtime": "^0.13.9",
        "webpack": "^5.74.0",
        "webpack-cli": "^4.10.0",
        "webpack-notifier": "^1.15.0"
    },
```

```
    "license": "UNLICENSED",
    "private": true,
    "scripts": {
        "dev-server": "encore dev-server",
        "dev": "encore dev",
        "watch": "encore dev --watch",
        "build": "encore production --progress"
    }
}
```

Este archivo es equivalente al archivo **composer.json** para la instalación de paquetes PHP, pero, en este caso, se trata de paquetes del lado de JavaScript.

Para hacer funcionar WebPack Encore, vamos a utilizar un servidor JavaScript llamado Node.js. No es difícil de instalar. Solo vaya a la página https://nodejs.org, descargue la versión recomendada LTS y siga el proceso de instalación por defecto.

Una vez que Node.js esté instalado, vuelva al terminal de VSCode. Debería disponer del comando `npm`, que es el administrador de paquetes de Node.js (equivalente a Composer para PHP). Debe cerrar y volver a abrir VSCode para que el terminal reconozca el comando.Node.js

Puede verificar la versión instalada con el comando:

```
npm -v
```

Observación

Si el terminal no reconoce este comando, cierre y vuelva a abrir la sesión.

Gracias a npm, vamos a poder instalar todos los paquetes presentes en el archivo package.json. Pero necesitamos agregar los paquetes de los lenguajes Sass y Vue.js que queremos usar.

2. Uso de Sass

Para utilizar Sass, instalemos los paquetes necesarios:

```
npm install sass-loader node-sass --dev
```

Verá que Sass ahora está presente en el archivo packages.json.

La configuración de la transpilación a través de WebPack Encore se encuentra en el archivo webpack.config.js (ubicado en la raíz de la aplicación).

Para integrar Sass en Symfony, abra este archivo y descomente la línea (elimine las // delante de ella):

```
 .enableSassLoader()
```

Descomente también la línea para usar el preprocesador Sass:

```
  .addEntry('app', './assets/js/app.js')
```

Esta línea indica el punto de entrada de la transpilación.

También encontrará un archivo por defecto **assets/app.js** en la estructura de su aplicación.

Contiene este código:

```
/*
 * Welcome to your app's main JavaScript file!
 *
 * We recommend including the built version of this JavaScript file
 * (and its CSS file) in your base layout (base.html.twig).
 */
```

```
// any CSS you import will output into a single css file (app.css
in this case)
import './styles/app.css';

// start the Stimulus application
import './bootstrap';
```

La línea:

```
import '../styles/app.css';
```

indica que este archivo app.js importará el CSS desde el archivo app.css que se encuentra en el directorio **styles**. Lo que nos interesa es importar un archivo Sass, y no un archivo CSS, ya que queremos usar el lenguaje Sass. Los archivos Sass tienen todos la extensión **.scss**.

Por lo tanto, debemos modificar esta línea para importar un archivo app.scss":

```
import '../styles/app.scss';
```

Por supuesto, debe crear el archivo **app.scss** en el directorio **assets/styles**. Y dentro de él, solo queda poner el código que desee usando el lenguaje Sass.

Para obtener más información sobre el lenguaje Sass, puede consultar la página: https://sass-lang.com/documentation

Verá que este archivo contiene elementos de un lenguaje de programación estándar que es más fácil de desarrollar que el CSS.

No dude en consultar la documentación, que está muy bien.

Vamos a elaborar un ejemplo simple para mostrarle el uso de Sass.

Primero, importemos los archivos Sass de Bootstrap (recuerde, Bootstrap es un framework CSS que proporciona muchos elementos formateados).

Instalemos el paquete Bootstrap desde el terminal:

```
npm install bootstrap
```

Esto instalará Bootstrap en su aplicación. Lo encontrará en el directorio **node_modules**, en la raíz de la aplicación. Bootstrap puede configurarse y personalizarse por completo gracias a sus archivos Sass.

Usando Sass, podemos realizar las siguientes operaciones:

- Cambiar el color de fondo de nuestras páginas (background-color).
- Instalar los archivos CSS de Bootstrap.
- Modificar el color predeterminado de los encabezados (h1, h2...) definido en Bootstrap.

Crearemos en el archivo **assets/styles/app.scss** una variable Sass `$primary-color` para definir el color de fondo de la página y una variable `$headings-color` para definir el color predeterminado de los encabezados en Bootstrap.

Debe tener cuidado con algo importante:

Las definiciones Sass en Bootstrap pueden sobrescribir nuestras propias variables y definiciones si las colocamos primero. Por lo tanto, debemos comenzar importando los archivos Sass de Bootstrap y luego agregar nuestras propias variables y definiciones.

Por otro lado, la variable `$headings-color` se supone que modifica el valor predeterminado en Bootstrap. Debe saber que las definiciones de variables en Bootstrap solo se aplican si las variables no se han definido anteriormente (esto lo permite la instrucción `!default` de CSS). Puede ver la lista de todas las variables de Bootstrap en el archivo **node_modules/bootstrap/scss/_variables.scss**.

Además, debe colocar la declaración de la variable `$headings-color` antes de la instrucción de importación de Bootstrap.

Todos los archivos de configuración de Bootstrap están en **node_modules/bootstrap/scss**. Puede observar que hay un archivo por elemento de Bootstrap (por ejemplo, **buttons.scss** para los botones). El archivo base que importa todos los elementos es **bootstrap.scss**. Importaremos este archivo **bootstrap.scss** y este importará todos los elementos de Bootstrap.

Esto es lo que se verá en nuestro archivo **app.scss**:

```
$headings-color: rgb(7, 22, 73);
@import "~bootstrap/scss/bootstrap";
$primary-color:rgb(245, 198, 245);
body {
```

```
    background-color: $primary-color;
    border: 1px solid $primary-color;
}
```

La instrucción `@import` importa el archivo **bootstrap.scss** que se encuentra en el directorio node_modules (definido por el ~), luego en el directorio bootstrap y luego scss. La extensión .scss se agrega automáticamente.

Los títulos serán modificados por la variable `$headings-color`, que sobrescribe la variable definida en Bootstrap. Hemos elegido un color azul (rgb(7, 22, 73)).

Finalmente, escribimos la propiedad para el fondo de la página con el elemento body usando nuestra variable `$primary-color` (esto es solo un ejemplo; podríamos haber usado también la propiedad body que está presente en Bootstrap). También agregamos el mismo color para los bordes (propiedad `border`).

La versión 7 de Symfony necesita unos pasos adicionales para evitar un conflicto entre dos dependencias: AssetMapper y WebpackEncoreBundle. La documentación de Symfony al respecto es la siguiente: https://symfony.com/bundles/StimulusBundle/current/index.html#with-webpackencorebundle

Modificamos el archivo **webpack.config.js** y añadimos la línea siguiente:

```
.enableStimulusBridge('./assets/controllers.json')
```

En el archivo **assets/bootstrap.js** cambiamos el contenido por

```
// assets/bootstrap.js
import { startStimulusApp } from '@symfony/stimulus-bridge';

// Registers Stimulus controllers from controllers.json and
in the controllers/ directory
export const app = startStimulusApp(require.context(
    '@symfony/stimulus-bridge/lazy-controller-loader!./
controllers',
    true,
    /\.[jt]sx?$/
));
```

Y, finalmente, eliminamos el AsserMapper y volvemos a instalar Webpack Encore.

```
composer remove symfony/asset-mapper
composer require symfony/webpack-encore-bundle
composer require symfony/stimulus-bundle
rm -rf node_modules
npm i -f
npm run build
```

Para iniciar la transpilación, solo necesita ejecutar el siguiente comando en el terminal de VSCode (abra una nueva ventana de terminal si su terminal ya está ocupado por el servidor Symfony):

```
npm run watch
```

Debería ver un mensaje que indique: `BUILD SUCCESSFUL`.

Observación

*Tenga en cuenta que la instrucción `watch` está siempre activa hasta que la detenga (con [Ctrl] C). Así que cada vez que modifique el archivo **app.scss**, la transpilación se realizará automáticamente.*

Una vez que la transpilación esté completa, debería encontrar, en la carpeta **public** de la raíz de su aplicación, una subcarpeta llamada **build** con un archivo app.css, un archivo app.js y otros archivos de configuración.

Si abre el archivo app.css, encontrará el contenido completo de CSS de Bootstrap que se importó y, por supuesto, la etiqueta `body` con un `background-color` y un `border` que contiene el valor de `$primary-color` que hemos definido. Para encontrar esta etiqueta, haga una búsqueda ([Ctrl] F) de **#f5c6f5** (este es el código hexadecimal del color elegido):

```
body {
  background-color: #f5c6f5;
  border: 1px solid #f5c6f5;
}
```

Observación

El código #f5c6f5 es el código hexadecimal equivalente al color rgb(245,198,245), un color rosa pálido.

Veremos más adelante cómo usar este archivo app.css en nuestras vistas, pero ahora nos centraremos en la transpilación de JavaScript.

3. Cómo usar Vue.js

Para utilizar el framework Vue.js, primero debe instalar sus paquetes:

```
npm install vue-loader vue vue-template-compiler --dev
```

Debe activar Vue.js en el archivo webpack.config.js (raíz del proyecto).

Agregue la línea `.enableVueLoader()` al final, justo antes de la instrucción `enableSassLoader()`.

El resultado es el siguiente:

```
.enableVueLoader()
    // enables Sass/SCSS support
.enableSassLoader();
module.exports = Encore.getWebpackConfig();
```

El objetivo no es aprender cómo funciona el framework Vue.js. Para obtener más información al respecto, le sugerimos que consulte https://vuejs.org

Solo realizaremos un pequeño ejemplo para mostrar cómo funciona Vue.js: un programita que muestra un contador.

Modifique el archivo **assets/app.js**:

```
import './styles/app.scss';
import './bootstrap';
import { createApp } from 'vue'

createApp({
  data() {
    return {
      contador: 0
    }
  }
}).mount('#app')
```

El componente Vue estará asociado a un <div id="app"> en el código HTML. Aquí es donde importamos el archivo app.scss; el archivo app.js es cargado por el WebPack.

También importamos el archivo bootstrap:

```
import './bootstrap.js';
```

Ya lo hemos importado en el archivo app.css. ¿Por qué importarlo nuevamente? Porque Bootstrap no solo contiene elementos SCSS para generar CSS, sino también archivos JavaScript para crear animaciones e interacciones con el usuario. Son estos archivos JavaScript de Bootstrap los que importamos aquí.

Si ha detenido su comando run `watch`, vuelva a iniciarlo:

```
npm run watch
```

De lo contrario, la transpilación se realiza automáticamente.

Ahora podemos usar este componente en nuestras vistas. Puede echar un vistazo al archivo **public/build/app.js** para ver el código generado por Vue.js (¡imposible de descifrar!). Si realiza una búsqueda de la palabra contador, encontrará nuestra variable contador.

4. Uso de app.css y app.js en las vistas

Ahora que todo está transpilado, podemos usar nuestro CSS y JavaScript en nuestras páginas. Solo necesitamos vincular los archivos **public/build/app.css** y **public/build/app.js** en nuestra plantilla base: base.html.twig.

En realidad, no hay nada más que hacer. Estos archivos se agregan automáticamente gracias a las instrucciones:

```
{{ encore_entry_link_tags('app') }}  // app.css
{{ encore_entry_script_tags('app') }} // app.js
```

que están presentes de forma predeterminada en el archivo base.html.twig.

Para probar el código de Vue.js del contador, agregaremos el siguiente código en la página hello.html.twig:

```
{% verbatim %}
    <div id="app">
  <button @click="contador++">
    El contador va por {{ contador }}
  </button>
  {% endverbatim %}
```

Observará las instrucciones: `{% verbatim %}{% endverbatim %}`. De hecho, Vue.js utiliza las mismas dobles llaves (`{{ contador }}`) para definir sus variables que Twig. Para evitar que Twig busque una variable contador que no le pertenece, encapsulamos la instrucción en el bloque `{% verbatim %}{% endverbatim %}`, lo que significa: no interprete las instrucciones incluidas en el bloque como instrucciones Twig.

También podrá observar los efectos de nuestras variables SCSS. El fondo de la página debe ser rosa, y los títulos y subtítulos, azules.

Recargue la página en el navegador:
http://localhost:8000/hello/1000/majestuosa/Secuoya

Al hacer clic en el botón «El contador va por... », el contador se incrementará.

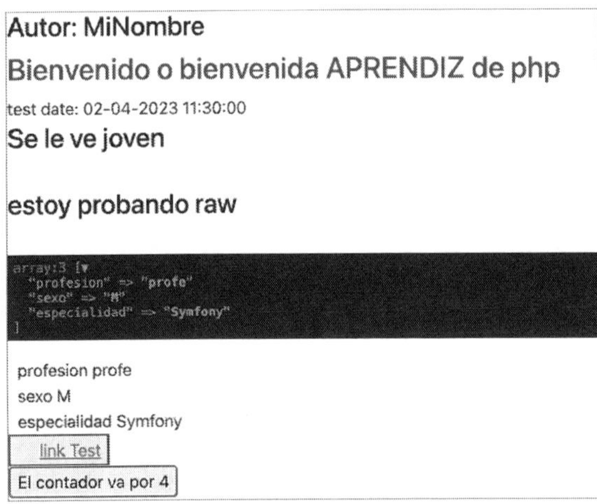

Puede usar todos los componentes de Bootstrap, Sass y crear sus propios componentes Vue.js (lo cual es muy potente). Solo tiene que modificar los archivos **assets/style/app.scss** y **assets/app.js** a su gusto, utilizando respectivamente el lenguaje Sass y el lenguaje Vue.js.

El comando `npm run watch` en el terminal transpila automáticamente el CSS y el JavaScript sin que tenga que hacer nada (para salir del modo de observación, pulse [Ctrl] **C**).

También podemos adaptar Webpack Encore para trabajar con React, otro framework JavaScript (desarrollado por Facebook).

Solo necesita instalar las bibliotecas correspondientes:

```
npm install react react-dom prop-types
```

y actualizar el archivo webpack.config.js:

```
.enableReactPreset()
```

A continuación, puede crear un componente React en el archivo **assets/js/app.js**.

Después, el comando `npm run watch` realizará la transpilación automáticamente.

Para obtener más información sobre el funcionamiento del framework React, visite https://es.react.dev/blog/2023/03/16/introducing-react-dev

Webpack Encore se utiliza para muchas otras cosas, como copiar archivos, versionado, etc.

Puede encontrar toda la información sobre Webpack Encore en la documentación de Symfony:
https://symfony.com/doc/current/frontend.html#adding-more-features

Capítulo 14
Symfony UX Stimulus

1. Introducción

Hemos visto con el uso de Webpack Encore que, para agregar interactividad y animaciones a sus páginas web, es necesario utilizar frameworks de JavaScript, como Vue.js, React o Angular (los más conocidos). Estas son las herramientas (frameworks) que manejan todos los eventos en la parte del Front End.

Si usted es un desarrollador de Back End (probablemente un desarrollador de PHP), es posible que no tenga ganas de invertir tiempo en el desarrollo y aprendizaje de estos frameworks, especialmente si va a usarlos muy poco. Además, la carga de estos frameworks resulta bastante pesada cuando, al final, solo se utiliza una décima parte de sus funcionalidades.

Aquí es donde el ecosistema Symfony UX puede resultar útil.

Oirá hablar de diferentes términos, como Symfony UX, HotWire, Turbo, Stimulus, Strada...

Vamos a aclarar las opciones explicando estos conceptos uno por uno.

2. Symfony UX

2.1 Principio de Symfony UX

El principio es el siguiente: ¿cómo integrar elementos de JavaScript sin tener que codificar en JavaScript?

Es posible gracias a Symfony UX.

Symfony UX es una biblioteca de componentes JavaScript y un framework destinado a Symfony. El framework le permite importar en Symfony el componente que desee.

No es necesario escribir una sola línea en JavaScript para utilizarlos. Todo el código se gestionará en PHP.

Un pequeño inconveniente, sin embargo: si desea personalizar un componente, deberá escribir JavaScript, pero esto no es en absoluto obligatorio.

Symfony UX es un poco el equivalente de Symfony Flex para los paquetes de PHP.

Para obtener una lista de los componentes disponibles en Symfony UX, consulte la página de Symfony:
https://symfony.com/doc/current/frontend/ux.html#ux-packages-list

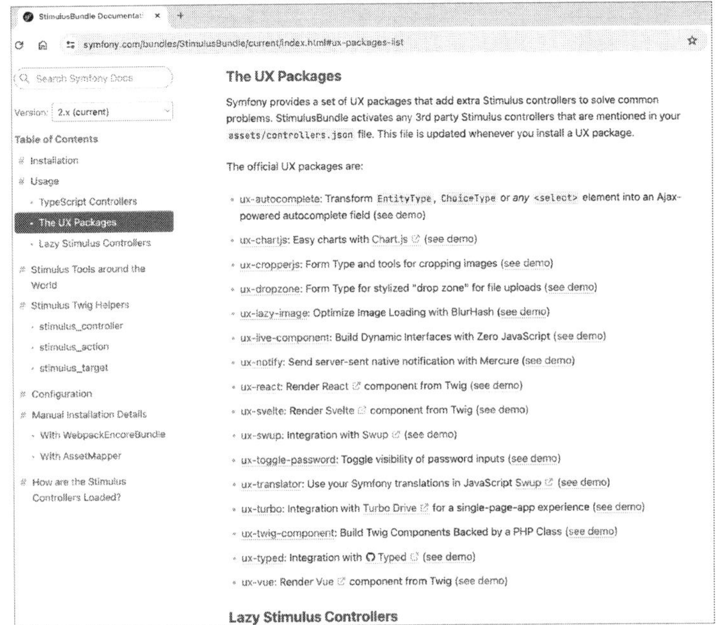

Observará al final de la página que también se pueden utilizar componentes externos a Symfony en los siguientes enlaces:

https://stimulus-use.github.io/stimulus-use/#/

https://www.stimulus-components.com/

2.2 ¿Cómo funciona Symfony UX para instalar los paquetes?

Cuando instale un nuevo componente de Symfony UX, es Symfony Flex (una herramienta para instalar paquetes que llamamos dependencias) quien actualizará el archivo packages.json.

Este archivo contiene las declaraciones de todos los paquetes JavaScript de su aplicación.

Luego usará `npm install` para que el componente se cargue en la carpeta **node_modules** de su aplicación.

También se actualizará el archivo **assets/controllers.json** para agregar un nuevo controlador a la aplicación.

Para usar el componente en una de sus páginas, deberá pasar por un controlador Stimulus. Este ya se crea automáticamente en el archivo bootstrap.js. Carga automáticamente todos los controladores JavaScript presentes en **assets/controllers** y aquellos descritos en el archivo controllers.json.

2.3 ¿Cómo instalar Symfony UX?

Si ha instalado WebPack Encore como se describe anteriormente, Symfony UX y todos sus elementos ya están instalados.

¡No tiene que hacer nada!

2.4 ¿Cómo instalar un componente Symfony UX?

Veamos un ejemplo. Vamos a instalar el componente Chart.js que se encuentra en la lista de componentes de Symfony UX (ver página https://symfony.com/doc/current/frontend/ux.html#ux-packages-list). Este componente permite crear gráficos animados.

Puede consultar la página https://www.chartjs.org/docs/latest/samples/information.html para encontrar ejemplos de gráficos. Para cada ejemplo, hay descripciones de la configuración y acciones disponibles.

Para instalar Chart.js, puede consultar la página:
https://symfony.com/bundles/ux-chartjs/current/index.html

Así es como puede instalar el componente:

```
composer require symfony/ux-chartjs
```

o, si ni dispone del comando `composer`:

```
php composer.phar require symfony/ux-chartjs
```

Luego, actualice las dependencias de JavaScript (del archivo packages.json):

```
npm install --force
```

Finalmente, inicie la transpilación:

```
npm run watch
```

Su componente Chart.js ha sido instalado y está listo para usarse.

Puede comprobarlo:

- En la carpeta **node_modules**, encontrará su componente chart.js.
- En el archivo **packages.json**, encontrará el componente y su versión (`"chart.js": "^3.4.1"`).
- En el archivo **assets/controllers.json**, encontrará la descripción de un nuevo controlador UX:

```
{
    "controllers": {
        "@symfony/ux-chartjs": {
            "chart": {
                "enabled": true,
                "fetch": "eager"
            }
        }
    },
    "entrypoints": []
}
```

Para poder usar Chart.js en una de nuestras páginas, como ya habrá entendido, tendrá que pasar por Stimulus.

3. Symfony Stimulus

3.1 ¿Cómo usar Stimulus para utilizar un componente?

Para utilizar Stimulus y aplicar un componente, primero es importante comprender que Stimulus es un framework de JavaScript ligero (30 KB) y eficiente. Simplemente, conecta objetos JavaScript (controladores) a diferentes elementos en una página HTML utilizando atributos de datos (`data-attributs`) en las etiquetas HTML.

Cuando Stimulus detecta un atributo de este tipo en un elemento HTML, establece una conexión con la clase correspondiente en JavaScript, crea una nueva instancia de esta clase y la conecta al elemento concerniente.

Por lo tanto, Stimulus es ideal cuando necesita agregar puntualmente algunos elementos JavaScript a su página HTML.

3.2 ¿Cómo utilizar Stimulus para aplicar un componente?

Vaya a la página del componente Chart.js:
https://symfony.com/bundles/ux-chartjs/current/index.html

Encontrará al final de la página un ejemplo de utilización.

Observe como el controlador `ChartBuilderInterface $chartBuilder` se inyecta en la acción del controlador de la página.

Vamos a hacer lo mismo en la acción hello() de nuestro controlador `TestController`. Observaremos también que es necesario hacer un use en los espacios de nombres: `ChartbuilderInterface` y `Chart`.

He aquí el contenido de nuestro controlador `testController`:

```
<?php
namespace App\Controller;

use
Symfony\Bundle\FrameworkBundle\Controller\AbstractController;
use Symfony\Component\HttpFoundation\Response;
```

```
use Symfony\Component\HttpFoundation\Request;
use Symfony\Component\HttpFoundation\Cookie;
use Symfony\Component\Routing\Annotation\Route;
use Symfony\UX\Chartjs\Builder\ChartBuilderInterface;
use Symfony\UX\Chartjs\Model\Chart;
class TestController extends AbstractController
{
    #[Route('/test', name: 'app_test',methods: ['GET', 'HEAD'] )]
    public function index(Request $request): Response
    {
        return $this->render('test/index.html.twig');
    }

    #[Route('/hello/{edad}/{nombre}/{apellido}', name: 'hello',
requirements:
["nombre"=>"[a-z]{2,50}"])]
    public function hello(ChartBuilderInterface $chartBuilder,
Request
request, int $edad, $nombre, $apellido='')
    {

        return $this->render('test/hello.html.twig', [
          'nombre' => $nombre,
          'apellido' => $apellido,
          'edad' => $edad,
          'messageHtml'=>'<h3>estoy probando raw</h3>',
          'miArray'=> [ 'profesion'=>'profe',
                        'sexo'=>'M',
                        'especialidad'=>'Symfony']
         ]);
    }
}
```

Para usar Chart.js, vamos a utilizar los métodos de `$chartBuilder`.

He aquí los métodos principales:

- `createChart` para elegir el tipo de gráfico que queremos.
- `setData` para transmitir los datos del gráfico.
- `setOptions` para añadir opciones.

Hay que consultar la documentación de Chart.js para obtener los detalles de estos métodos: https://www.chartjs.org/

Por ejemplo, vamos a copiar el código descrito en el ejemplo de la página https://symfony.com/bundles/ux-chartjs/current/index.html y pegarlo en nuestra acción hello() (no olvide añadir nuestra variable `$chart` a nuestro método `$this->render`):

```
public function hello(ChartBuilderInterface $chartBuilder,
Request $request, int $edad, $nombre, $apellido='')
    {
        $chart = $chartBuilder->createChart(Chart::TYPE_LINE);
        $chart->setData([
            'labels' => ['January', 'February', 'March', 'April',
'May', 'June', 'July'],
            'datasets' => [
              [
                  'label' => 'My First dataset',
                  'backgroundColor' => 'rgb(255, 99, 132)',
                  'borderColor' => 'rgb(255, 99, 132)',
                  'data' => [0, 10, 5, 2, 20, 30, 45],
              ],
            ],
         ]);

         $chart->setOptions([
             'scales' => [
                 'y' => [
                     'suggestedMin' => 0,
                     'suggestedMax' => 100,
                 ],
            ],
        ]);

        return $this->render('test/hello.html.twig', [
          'chart' => $chart,
          'nombre' => $nombre,
          'apellido' => $apellido,
          'edad' => $edad,
          'messageHtml'=>'<h3>estoy probando raw</h3>',
          'miArray'=> [ 'profesion'=>'profe',
                        'sexo'=>'M',
                        'especialidad'=>'Symfony']
        ]);
    }
```

Después de haber configurado el gráfico, ahora necesitamos colocarlo en nuestra plantilla hello.html.twig utilizando la función `{{render_chart(chart)}}`.

Asegúrese de colocarlo dentro de un div con anchos y alturas razonables para que el gráfico no ocupe toda la pantalla. Utilizaremos las clases de Bootstrap w-25 y h-25, que definen un tamaño del 25 % en ancho y altura.

He aquí el contenido de nuestra plantilla:

```
{% extends 'base.html.twig' %}
{% block title %}
   {{ parent() }}
   Página de bienvenida
{% endblock %}
{% block body %}
   <h2>Bienvenido o bienvenida {{ nombre | upper}} {{ apellido }}</h2>

   {% if edad > 60 %}
   <h3>Mayor de 60</h3>
   {% else %}
   <h3>Se le ve joven</h3>
   {% endif %}
   {{ messageHtml | raw }}

   {{ dump( miArray) }}

   {% for key, element in miArray %}
      {{key }}

      {{ element }}<br>
   {% endfor %}

   {# nuestro gráfico Chart.js #}
  <div class="w-25 h-25" >
         {{render_chart(chart)}}
   </div>


   {% verbatim %}
      <div id="app">
         <button @click="contador++">
            El contador va por {{ contador }}
          </button>
      {% endverbatim %}
   </div>
```

```
    <div>
        <button>Clic aquí</button>
    </div>
    <button>
        <a href="{{ path('app_test') }}" title="link Test">link Test</a>
    </button>
{% endblock %}
```

Si recargamos la página localhost:8000/hello/1000/majestuosa/Secuoya el gráfico aparecerá:

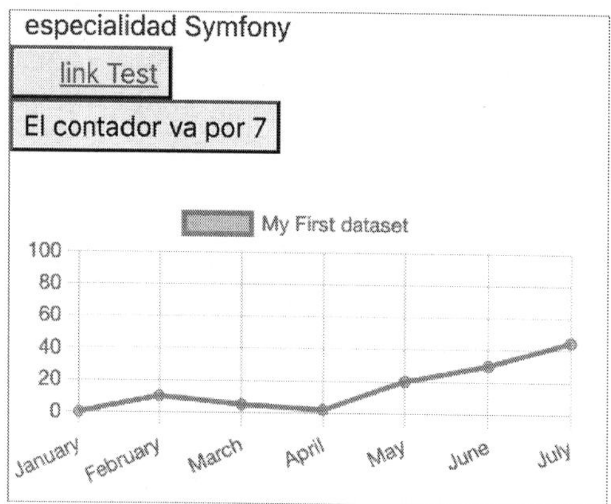

La ventaja de Stimulus, como hemos mencionado, es que puede controlar su gráfico JavaScript desde PHP. Por ejemplo, si desea cambiar la etiqueta de su gráfico, puede reemplazar la línea:

```
'label' => 'My First dataset',
```

Por:

```
'label' => Mi gráfico',
```

Puede agregar tantos gráficos como desee. Solo necesita consultar la página https://www.chartjs.org

Esta página le permite ver la lista de los `TYPE_` de gráficos permitidos en el archivo: Vendor/symfony/ux-chartjs/src/model/Chart.php

Si desea obtener histogramas, simplemente cree un nuevo gráfico en la acción hello() con el `TYPE_BAR`:

```
$histo = $chartBuilder->createChart(Chart::TYPE_BAR);
```

Para el método setData, puede visualizar los parámetros en el ejemplo proporcionado en Chart.js:
https://www.chartjs.org/docs/latest/samples/bar/vertical.html

En la pestaña **Setup**, se muestra un ejemplo de datasets. Vamos a tomar el siguiente código para nuestro ejemplo:

```
$histo->setData([
            'labels' => ['Rojo', 'Verde', 'Azul', 'Amarillo'],
            'datasets'=> [
            [
              'label'=> 'Mi histograma',
              'data'=> [10 ,20 , 50 , 30],
              'backgroundColor'=>['#FF0000', '#00FF00',
'#0000FF', '#FFFF00']
            ],
            ],
        ]) ;
```

Los códigos #FF... son códigos hexadecimales en CSS para los colores rojo, verde, azul y amarillo, respectivamente. En lo que respecta a las opciones, mantendremos las mismas que para TYPE_LINE, es decir, el valor mínimo y el valor máximo en el eje Y:

```
$histo->setOptions([
            'scales' => [
               'y' => [
                   'suggestedMin' => 0,
                   'suggestedMax' => 100,
              ],
            ],
        ]);
```

No olvide transmitir este nuevo gráfico a nuestra plantilla hello.html.twig:

```
return $this->render('test/hello.html.twig', [
           'histo' => $histo,
           'chart' => $chart,
           'nombre' => $nombre,
           'apellido' => $apellido,
           'edad' => $edad,
           'messageHtml'=>'<h3>estoy probando raw</h3>',
           'miArray'=> [ 'profesion'=>'profe',
                           'sexo'=>'M',
                           'especialidad'=>'Symfony']
        ]);
```

Tampoco debemos olvidar añadir el histograma en la plantilla hello.html.twig :

```
{# aquí va nuestro gráfico Chart.js #}
   <div class="w-25 h-25" >
    {{render_chart(chart) }}
   </div>

{# aquí va nuestro histograma #}
   <div class="w-25 h-25" >
    {{render_chart(histo)}}
   </div>
```

Si actualizamos la página, veremos lo siguiente:

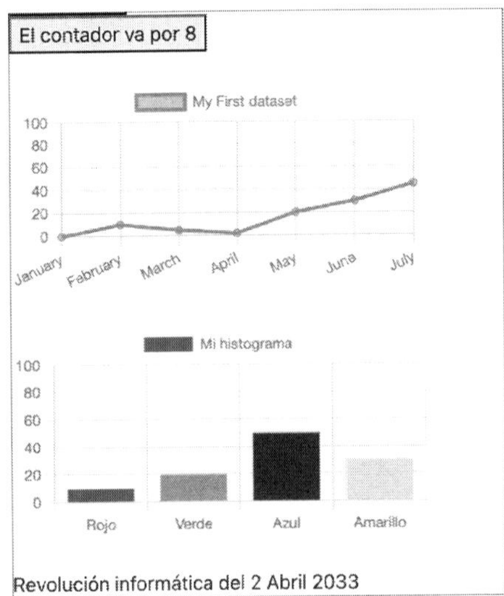

3.3 Symfony UX Stimulus con React

Si vuelve a la página The Symfony UX Initiative & Packages (Symfony Docs), encontrará entre los paquetes propuestos un paquete llamado **ux-react** (también encontrará ux-vue para Vue.js).

Este componente le permitirá integrar su propio componente React en una de sus páginas.

Los pasos que hay que seguir están muy bien indicados en la siguiente página: https://symfony.com/bundles/ux-react/current/index.html

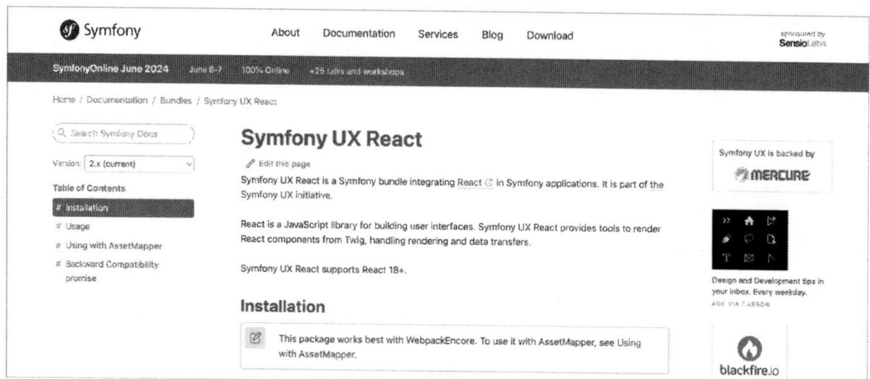

En primer lugar, debe recuperar el paquete de React. Si no dispone del comando Composer, ejecute el siguiente comando:

```
php composer.phar require symfony/ux-react
```

Asegúrese de tener el paquete de React (en una carpeta **ux-react**), en la carpeta: vendor/symfony. Si tiene dudas, puede volver a ejecutar el comando **install**:

```
php composer.phar install
```

Luego, debe agregar React al archivo **webpack.config.js** (asegúrese de quitar los // de los comentarios):

```
// uncomment if you use React
    .enableReactPreset();
```

Después, debe instalar el paquete JavaScript de React:

```
npm install -D @babel/preset-react --force
```

Si su **run watch** sigue activo, debería actualizarse automáticamente; de lo contrario, vuelva a ejecutar el siguiente comando:

```
npm run watch
```

Finalmente, debe agregar dos líneas al archivo **assets/app.js** para tener en cuenta todos los controladores React que se crearán en la carpeta **assets/react/controllers**.

Estas dos líneas son:

```
import { registerReactControllerComponents } from '@symfony/ux-react';
```

y:

```
registerReactControllerComponents(require.context('./react/controllers',
true, /\.(j|t)sx?$/));
```

He aquí nuestro archivo assets/app.js:

```
import './styles/app.scss';

import { registerReactControllerComponents } from '@symfony/ux-react';

// start the Stimulus application
import './bootstrap';
import { createApp } from 'vue'
createApp({
   data() {
    return {
      contador: 0
    }
  }
}).mount('#app')
registerReactControllerComponents(require.context('./react/controllers',
true, /\.(j|t)sx?$/));
```

Ahora, creemos un ejemplo de componente React.

Cree la carpeta: **assets/react/controllers** y, dentro, el archivo **MiComponente.jsx**, que contiene el siguiente código:

```
import React from 'react';

export default function (props) {
    return <div>Hello {props.fullName} </div>;
}
```

Sin conocer React, el código es bastante fácil de entender. Exportamos una función que contiene un parámetro `props`. Esta función devuelve una etiqueta `<div>` que muestra el saludo: Hello seguido de la propiedad `fullName` del parámetro props.

¿Cómo integrar este componente en nuestra página hello.html.twig?

Es muy sencillo. En la plantilla hello.html.twig, simplemente añada este código donde debe aparecer el componente:

```
<div {{ react_component('MiComponente', { 'fullName':
'Yves' }) }}></div>
```

MiComponente se refiere a nuestro archivo `MiComponente.jsx`; `fullName` es el valor de la propiedad `props` que mostraremos.

Esto da como resultado:

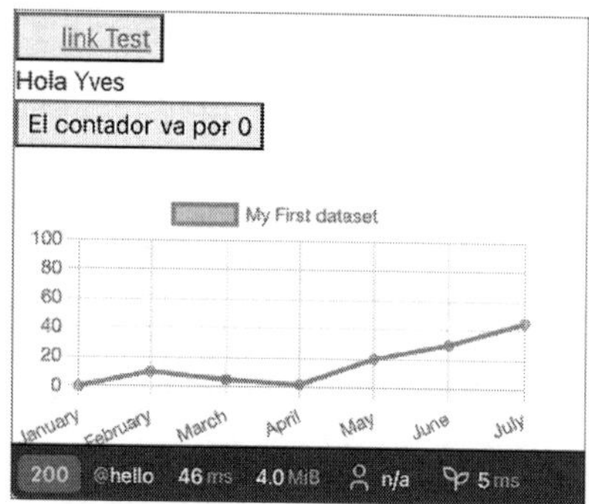

Nuestro `Hello props.fullName` se muestra correctamente.

Como puede apreciar, es fácil incluir componentes desarrollados en JavaScript con Symfony UX y Stimulus.

4. HotWire y Turbo

4.1 Introducción

El principio es reducir el número de cargas de una página para optimizar al máximo el tiempo de visualización.

Volvamos al esquema de la sección La relación cliente-servidor del capítulo Las herramientas.

Cuando usted hace clic en un enlace, se envía una solicitud al servidor, el cual la procesa y devuelve una página HTML + CSS correspondiente a la solicitud.

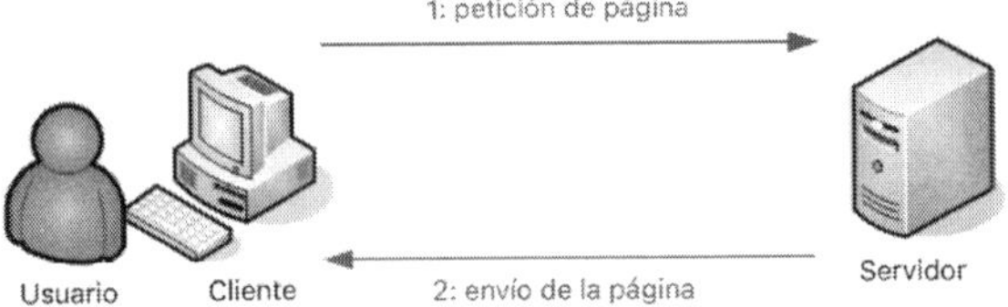

Este sistema tiene como inconveniente que cada respuesta a la solicitud debe cargarse completamente. Sin embargo, puede suceder que esta respuesta solo incluya una pequeña parte de la página.

Por ejemplo, si un botón en una página solicita simplemente mostrar el nombre del usuario, el enlace enviará una solicitud que devolverá toda la página inicial, pero con el nombre del usuario añadido.

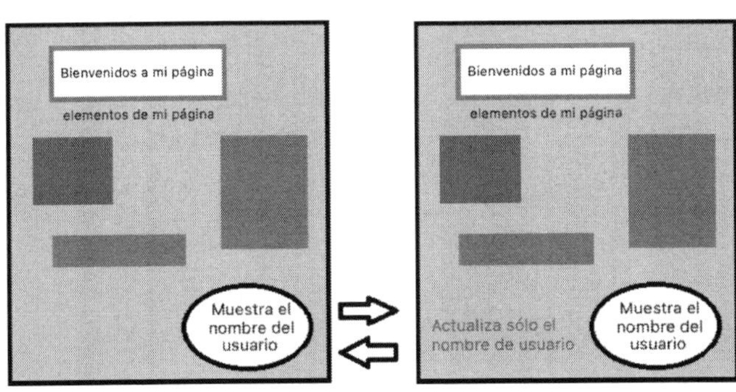

Esta página es prácticamente idéntica a la página inicial; la única diferencia es el texto que muestra el nombre del usuario. Como resultado, se recarga toda la página, aunque la información solicitada sea muy breve. Esto es contraproducente.

Para evitarlo, se ha buscado una solución para enviar por la red solo la información necesaria, que luego puede ser procesada e insertada en cualquier lugar de una página sin necesidad de recargarla por completo.

Una de las soluciones consiste en utilizar lo que se llama una API (*Application Programming Interface*). Una API es una solución que permite a las aplicaciones en diferentes servidores comunicarse entre sí e intercambiar datos.

Estos datos suelen presentarse en un formato particular llamado JSON (*JavaScript Object Notation*). Como ya habrá deducido, estos datos luego serán procesados por la página que realizó la solicitud mediante un programa JavaScript, que los insertará donde el desarrollador lo desee.

He aquí un ejemplo de archivo JSON:

```
[
   {
    "name": "Madam Uppercut",
    "edad": 39,
    "secretIdentity": "Jane Wilson",
    "powers": [
      "Million tonne punch",
      "Damage resistance",
      "Superhuman reflexes"
    ]
  }
]
```

Este formato es bastante fácil de entender. Aquí, devolvemos un array (representado por los corchetes), que contiene un objeto JavaScript (representado por las llaves { }), que a su vez contiene las propiedades de una persona: su nombre, su edad, su identidad secreta y sus poderes...

Este formato nos es familiar. Anteriormente, vimos ejemplos de archivos JSON, incluyendo en nuestra aplicación el archivo packages.json, que describe todos los paquetes JavaScript instalados (también el composer.json, que contiene los paquetes PHP).

Esta solución es la que queremos usar. Es entonces cuando entra en juego HotWire, que significa literalmente HTML `to Wire` (HTML a través de la red).

4.2 El principio de HotWire

Como su nombre indica, HotWire es una alternativa para crear intercambios de datos a través de HTML, en lugar de JSON, en la red.

En vez de recuperar toda la página HTML de la red, solo recuperaremos el código HTML correspondiente a la solicitud (que ya estará formateado), que luego podremos insertar donde queramos en nuestra página. La ventaja de HotWire es que estos intercambios pueden hacerse en cualquier lenguaje de programación: Django, Laravel, Symfony...

¿Cómo funciona?

HotWire recorrerá toda la página y localizará los enlaces `<a href= "..."`).

Bloqueará el comportamiento normal de estos enlaces para gestionar él mismo los accesos y recuperará el código HTML, que luego integrará en una parte de la página que se habrá definido previamente mediante lo que se llaman **frames**.

¿Y si aún deseamos una carga total de la página?

Es cierto que, si usted tiene un enlace en su página a la página de Google, por ejemplo, o a cualquier otra página de otro sitio, querrá recargar completamente la página solicitada.

En esos casos, puede indicar en su enlace que no desea que HotWire se ocupe de ello. Deberá agregar entonces el atributo `data-turbo="false"` de la siguiente manera:

```
<a href= https://www.google.com data-turbo="false">Enlace
hacia Google</a>
```

4.3 Symfony UX Turbo

La implementación de HotWire en Symfony se realizará mediante Symfony UX Turbo. Es el framework Turbo el que realizará las funcionalidades de HotWire en la aplicación Symfony.

Lo primero que debe hacer es instalar Turbo en su aplicación. Una página de Symfony le explica claramente la instalación y el uso de Turbo:
https://symfony.com/bundles/ux-turbo/current/index.html

Aquí tiene una captura de pantalla de esa página:

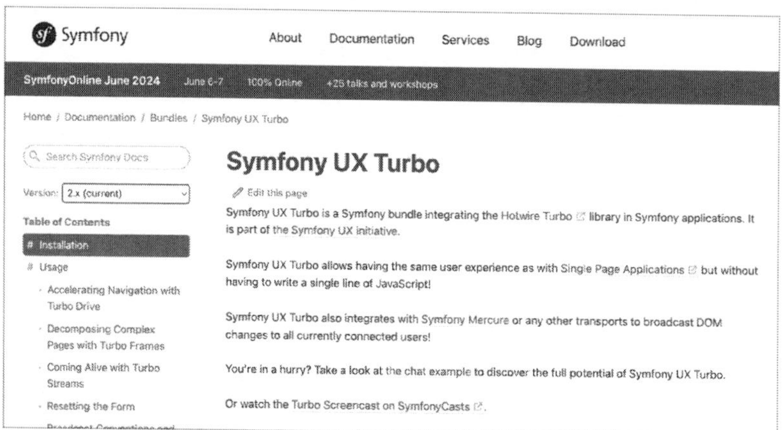

Comencemos con la instalación a través de Composer:

```
composer require symfony/ux-turbo
```

o en su defecto:

```
php composer.phar require symfony/ux-turbo
```

El directorio **ux-turbo** ahora debería estar presente en su aplicación: **vendor/symfony**.

Instalamos el paquete `JSON`:

```
npm install --force
```

Finalmente, si no está activo el run `watch`, actívelo:

```
npm run watch
```

Pasemos al uso de Symfony UX Turbo.

En la página de Symfony, se explican algunos buenos usos de Turbo, incluido el refresco automático de CSS y JavaScript de la página, los envíos de formularios, etc.

Puede explorar estos elementos por sí mismo. Nosotros solo elaboraremos un ejemplo relacionado con la carga de una parte de la página utilizando frames.

Diríjase al final de la página, a la sección Decomposing Complex Pages with Turbo Frames.

Experimentaremos con nuestro template `hello.html.twig`. Colocaremos el turbo-frame en el botón del enlace a la página de prueba:

```
<turbo-frame id="the_frame_id">
    <button>
    <a href="{{ path('app_test') }}" title="link Test">link Test</a>
    </button>
</turbo-frame>
```

En la plantilla (`templates/test`) `index.html.twig` (utilizado por nuestro controlador test), colocaremos el turbo-frame en el fragmento de código que deseamos devolver (para no devolver toda la página con los encabezados y pies de página...):

```
<turbo-frame id="the_frame_id">
     <h2>Página de Test</h2>
    <button>
    <a href="{{ path('hello', {'nombre':'majestuosa','apellido':'Yves',
'edad':1000}) }}" title="Link Hello">Link Hello</a>
</button>
</turbo-frame>
```

Aquí, devolvemos solo el título: «Página de Test», y el botón que redirige a la página Hello.

Abra a la página: http://localhost:8000/hello/1000/gigante/Secuoya

Cuando haga clic en el botón **link Test**, verá que la parte de la página donde se encuentra el botón se reemplaza por el fragmento de código procedente de la página Test.

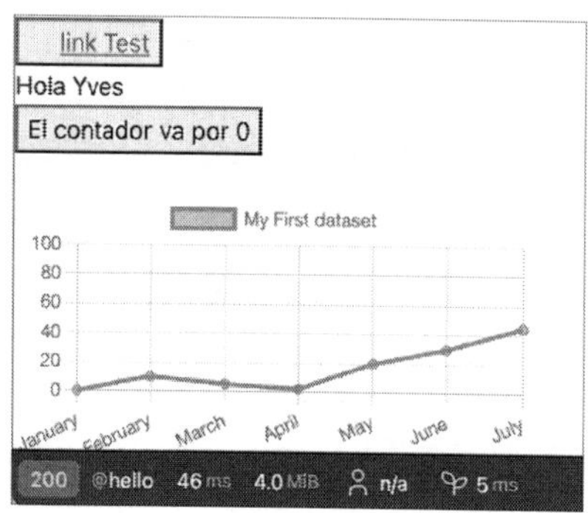

Si observamos lo que ha sucedido en las comunicaciones, en la pestaña red (haciendo clic derecho en el navegador y luego en **Inspeccionar**), nos damos cuenta de que se ha enviado una solicitud a la página de prueba cuando hemos hecho clic en el botón:

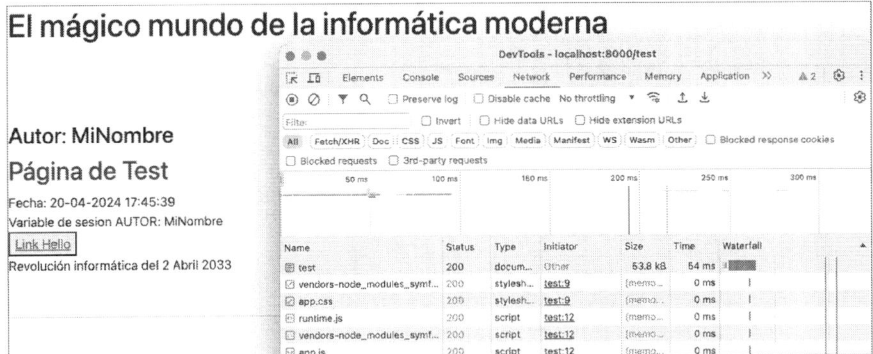

Se muestra la página completa, pero luego solo se reenvía el frame definido. La página inicial no se recarga por completo.

Puede que esto le parezca insignificante, pero este principio puede optimizar enormemente el rendimiento de su sitio.

Además, permite crear lo que se llaman SPA (*Single Page Applications*). Este término significa que todo su sitio puede estar definido en una sola página HTML y la navegación se realiza a través de accesos Turbo para modificar las partes de la página que se deben cambiar. Esto resulta en una simplificación del código y un mejor rendimiento, especialmente si tiene elementos como vídeos muy pesados de cargar.

Para obtener más información sobre las ventajas de las SPA, le recomiendo que consulte esta página: https://geekflare.com/single-page-applications/

Queda un último término por explicar: Strada. Strada es el equivalente de Turbo, pero para crear aplicaciones móviles. En el momento de escribir este libro, Strada está a punto de ser operativo, pero aún no hay una versión oficial.

Capítulo 15
Modelización de datos con Doctrine

1. Introducción

Después de haber explorado los controladores y las vistas, ahora nos centraremos en una parte muy importante de nuestra aplicación: el modelo de datos.

La mayoría de las veces (aunque no es obligatorio), los datos se almacenan en bases de datos. Veamos cómo trabaja Symfony con una base de datos.

2. Las bases de datos

¿Qué es una base de datos?

Básicamente, son archivos en los cuales los datos están estructurados de manera que se puedan extraer rápidamente y de manera segura.

Los datos están organizados como un **conjunto de tablas**. Estas tablas se asemejan a hojas de cálculo de Excel. Tienen un conjunto de columnas (llamadas campos) y un conjunto de filas (llamadas registros).

He aquí un ejemplo de tabla de datos:

id_coche	marca	modelo	color
1	Ferrari	F50	rojo
4	Ferrari	F50	rojo
6	LO'GAN	Logan	gris
8	Ferrari	F50	rojo
10	LO'GAN	Logan	gris

Observación

Las tablas de datos suelen tener un índice (en este caso, es id_coche) que mejora el rendimiento de la búsqueda en la tabla.

Existen diferentes tipos de bases de datos:

- MySQL (o su equivalente hoy en día, Maria DB)
- Oracle (la estructura más completa, pero de pago)
- PostgreSQL (utiliza tipos de datos modernos)
- SQL Server (la base de datos de Microsoft, de pago)

3. El lenguaje SQL

Todas las acciones en una base de datos se realizan con el lenguaje SQL.

Existen variantes de este lenguaje según el sistema de base de datos: MySQL, SQL Oracle, SQL Server... pero las instrucciones son muy similares.

Vamos a utilizar el servidor de base de datos proporcionado por WAMP (o equivalente: XAMPP en Linux y MAMP en macOS). El lenguaje utilizado para estos servidores es MySQL. Probablemente oirá decir que MariaDB es el equivalente de MySQL.

No vamos a enseñar este lenguaje aquí, ya que no es el objetivo del libro. Si desea obtener más información, puedes visitar el sitio de MySQL:

```
https://dev.mysql.com/doc/refman/8.0/en
```

Solo necesita saber que el lenguaje MySQL funciona con consultas de datos.

Una consulta es una instrucción que utiliza el lenguaje MySQL.

Veamos un ejemplo.

Para recuperar los datos de la tabla Coche que mostramos antes, debemos ejecutar la consulta:

```
SELECT marca,modelo,color FROM coche;
```

También podemos insertar un nuevo registro en la tabla:

```
INSERT INTO coche (marca, modelo, color) VALUES ('Porsche',
'Carrera', 'negro');
```

o modificar un registro:

```
UPDATE coche SET color='azul' WHERE marca='Porsche';
```

Y, finalmente, podemos eliminar un registro:

```
DELETE FROM coche WHERE marque='Porsche';
```

El lenguaje SQL puede ejecutarse a través del lenguaje PHP. Sin embargo, en Symfony, en la mayoría de los casos, no será necesario escribir consultas SQL.

Symfony cuenta con un **ORM** (***O**bject **R**elationnal **M**apping*) que generará las consultas por nosotros.

Simplemente, tendremos que usar clases y objetos PHP, tal y como ya lo estamos haciendo.

4. El ORM de Symfony: Doctrine

Doctrine es el intermediario entre su aplicación y las bases de datos. Es compatible con todos los lenguajes: MySQL, PostgreSQL, etc. Se trata de una capa intermedia que le permite evitar el uso directo de los lenguajes de gestión de bases de datos. Doctrine también proporciona seguridad contra las vulnerabilidades que suelen afectar principalmente al acceso a las bases de datos. Por lo tanto, se recomienda su uso.

Doctrine es una herramienta independiente de Symfony. Usted puede instalar Doctrine directamente utilizando un script PHP estándar.

La documentación oficial de Doctrine se encuentra en:
https://www.doctrine-project.org/projects/doctrine-orm/en/current/tutorials/getting-started.html

En Symfony, Doctrine viene instalado por defecto. No es necesario cargar paquetes adicionales.

La configuración de Doctrine se realiza a través de la variable de entorno DATABASE_URL, en el archivo **.env**:

```
DATABASE_URL=mysql://db_user:db_password@127.0.0.1:3306/
db_name?serverVersion=5.7
```

Usted puede configurar **.env** para acceder a otras bases de datos, como MariaDB, SQLite, PostgreSQL u Oracle, según sus necesidades. Consulte la página: https://symfony.com/doc/current/doctrine.html

Vamos a configurar Doctrine para usar el servidor de bases de datos de WAMP. Es un servidor MySQL. La dirección del servidor es: 127.0.0.1:3306. Para verificarlo, haga clic en el botón verde de WAMP (una vez que haya iniciado Wampserver64), coloque el ratón sobre la opción MySQL y haga clic en la opción: **consola MySQL**.

Esta consola le permite ejecutar consultas MySQL directamente desde la línea de comandos. El nombre de usuario solicitado es **root** y la contraseña está vacía, así que haga clic directamente. Una vez que la consola esté abierta, escriba el siguiente comando:

```
SHOW VARIABLES WHERE Variable_name = 'port';
```

Se le muestra el nombre de la variable: port, y su valor: 3306.

Observación

Para los usuarios de MAMP, la dirección del servidor es 127.0.0.1:8888 y la contraseña es root. Para los usuarios de XAMPP, la dirección es 127.0.0.1 y la contraseña está vacía.

Vamos a crear una base de datos que llamaremos igual que el proyecto: *miappsymf*.

Los nombres de las bases de datos suelen estar en minúsculas (sin caracteres acentuados, espacios ni caracteres especiales).

En el archivo *.env*, modifique la línea como se muestra a continuación:

```
DATABASE_URL=mysql://root@127.0.0.1:3306/miappsymf
```

Si está utilizando MAMP, en vez de eso, pruebe con:

```
DATABASE_URL=mysql://root:root@localhost:5432/miappsymf
```

Para crear la base de datos, sírvase del siguiente comando:

```
php bin/console doctrine:database:create
```

5. Las entidades

Como mencionamos, vamos a utilizar clases PHP para crear las tablas en la base de datos. No será necesario escribir consultas MySQL, ya que Symfony generará automáticamente estas consultas.

Estas clases un tanto especiales se llaman **entidades**.

Usted puede crear las entidades manualmente, pero lo mejor es utilizar un comando en la línea de comandos del terminal:

```
php bin/console make:entity
```

Un sistema de preguntas y respuestas le permitirá construir su entidad.

Vamos a crear, por ejemplo, una entidad Producto que contendrá un nombre, una cantidad, un precio y una variable booleana agotado (que indicará si el producto está agotado o no).

Estas son las respuestas que hay que proporcionar a las preguntas en el terminal:

```
php bin/console make:entity
Class name of the entity to create or update (e.g. BravePuppy):
> Producto
Add the ability to broadcast entity updates using Symfony UX
Turbo? (yes/no) [no]:no
New property name (press <return> to stop adding fields):
> nombre
Field type (enter ? to see all types) [string]:
> string
Field length [255]:
> 200
Can this field be null in the database (nullable) (yes/no) [no]:
```

```
> no
Add another property? Enter the property name (or press <return>
to stop adding fields):
> precio
Field type (enter ? to see all types) [string]:
> float
Can this field be null in the database (nullable) (yes/no) [no]:
> no
Add another property? Enter the property name (or press <return>
to stop adding fields):
> cantidad
Field type (enter ? to see all types) [string]:
> integer
Can this field be null in the database (nullable) (yes/no) [no]:
> no
updated: src/Entity/Producto.php
Add another property? Enter the property name (or press <return>
to stop adding fields):
> agotado
Field type (enter ? to see all types) [string]:
> boolean
Can this field be null in the database (nullable) (yes/no) [no]:
> no
Add another property? Enter the property name (or press <return>
to stop adding fields):
>
Success!
```

Para salir del bucle de preguntas, pulse la tecla [Enter] sin proporcionar una respuesta.

La cuestón *¿Puede este campo ser nulo en la base de datos (nullable)?* le pregunta si la propiedad puede no tener ningún valor para algunos registros. Aquí, en nuestro ejemplo, todos los productos tienen un nombre, un precio, una cantidad y una propiedad agotado. Por eso que respondimos no sistemáticamente.

La entidad Producto se ha creado en la carpeta **src/Entity**. Si abrimos el archivo *Producto.php*, encontraremos lo siguiente:

```
<?php
namespace App\Entity;

use App\Repository\ProductoRepository;
use Doctrine\ORM\Mapping as ORM;

#[ORM\Entity(repositoryClass: ProductoRepository::class)]
```

```
class Producto
{
    #[ORM\Id]
    #[ORM\GeneratedValue]
    #[ORM\Column]
    private ?int $id = null;

    #[ORM\Column(length: 200)]
    private ?string $nombre = null;

    #[ORM\Column]
    private ?float $precio = null;

    #[ORM\Column]
    private ?int $cantidad = null;

    #[ORM\Column]
    private ?bool $agotado = null;

    public function getId(): ?int
    {
        return $this->id;
    }

    public function getNombre(): ?string
    {

        return $this->nombre;
    }

    public function setNombre(string $nombre): self
    {
        $this->nombre = $nombre;

        return $this;
    }

    public function getPrecio(): ?float
    {
        return $this->precio;
    }

    public function setPrecio(float $precio): self
    {
        $this->precio = $precio;
```

```
        return $this;
    }

    public function getCantidad(): ?int
    {
        return $this->cantidad;
    }

    public function setCantidad(int $cantidad): self
    {
        $this->cantidad = $cantidad;

        return $this;
    }

    public function isAgotado(): ?bool
    {
        return $this->agotado;
    }

    public function setAgotado(bool $agotado): self
    {
        $this->agotado = $agotado;

        return $this;
    }
}
```

Examinemos algunas instrucciones extrañas que parecen comentarios con #.

Por ejemplo:

```
    #[ORM\Id]
    #[ORM\GeneratedValue]
    #[ORM\Column]
```

Son **anotaciones** y, a diferencia de los comentarios, son interpretadas por Symfony (ya las vimos al definir las rutas de los controladores en el capítulo El enrutado).

Las anotaciones permiten especificar información útil para crear la tabla producto en la base de datos.

La primera anotación:

```
#[ORM\Entity(repositoryClass: ProductoRepository::class)]
class Producto
{...}
```

describe la ruta hacia una clase `ProductoRepository`. De hecho, puede verificar la existencia de esta clase en la carpeta **src/Repository**. Volveremos más adelante a hablar de su utilidad.

La anotación:

```
    #[ORM\Id]
    #[ORM\GeneratedValue]
    #[ORM\Column]
    private ?int $id = null;
```

describe la creación del índice en la tabla Producto.

@ORM\GeneratedValue() significa que este índice se generará automáticamente. No necesitaremos especificar el valor de esta propiedad.

private ?int describe el tipo de este índice: tipo entero. El «?» significa que el valor de esta propiedad puede ser **null**.

La anotación:

```
#[ORM\Column(length: 200)]
private ?string $nombre = null;
```

describe el tipo del campo nombre (string) y su longitud (200).

Las otras anotaciones son del mismo tipo, puede entenderlas fácilmente.

También puede observar que cada propiedad tiene métodos de acceso para utilizarlas (consulte el capítulo Lenguaje orientado a objetos, sección Los métodos mágicos - Los métodos __get() y __set(): visibilidad de los elementos). Por ejemplo, la propiedad $nombre dispone de los *accesors* `getNombre()` y `setNombre()`.

6. Las migraciones

Para crear la tabla en la base de datos, necesitamos pasar por una **migración**. Una migración es una clase que describe cómo realizar la operación.

Crear las migraciones de todas las entidades creadas resulta muy fácil. Simplemente, ejecute en el terminal el comando:

```
php bin/console make:migration
```

Todas las entidades creadas se examinan para generar las migraciones correspondientes.

Si abre la carpeta **migrations**, encontrará un archivo cuyo nombre se parece a: Version*numerodeversion.php*, donde *numerodeversion* es un número entero único generado a partir de la fecha, la hora, los minutos y los segundos del momento presente.

Este archivo es único para cada entidad.

Contiene una clase que tiene dos métodos: `up()` y `down()`. El método `up()` contiene la consulta SQL que generará o modificará la tabla correspondiente a la entidad.

En este caso, se trata de crear la tabla producto. Encontramos en este método la consulta SQL que permite crear la tabla:

```
    public function up(Schema $schema): void
    {
        $this->addSql('CREATE TABLE producto (id INT AUTO_INCREMENT
NOT NULL, nom VARCHAR(200) NOT NULL, precio DOUBLE PRECISION NOT
NULL, cantidad INT NOT NULL, agotado TINYINT(1) NOT NULL,
PRIMARY KEY(id)) DEFAULT CHARACTER SET utf8mb4 COLLATE
`utf8mb4_unicode_ci` ENGINE = InnoDB');
        $this->addSql('CREATE TABLE messenger_messages (id BIGINT
AUTO_INCREMENT NOT NULL, body LONGTEXT NOT NULL, headers LONGTEXT
NOT NULL, queue_name VARCHAR(190) NOT NULL, created_at DATETIME NOT
NULL, available_at DATETIME NOT NULL, delivered_at DATETIME
DEFAULT NULL, INDEX IDX_75EA56E0FB7336F0 (queue_name), INDEX
IDX_75EA56E0E3BD61CE (available_at), INDEX IDX_75EA56E016BA31DB
(delivered_at), PRIMARY KEY(id)) DEFAULT CHARACTER SET utf8mb4
COLLATE `utf8mb4_unicode_ci` ENGINE = InnoDB');
    }
```

El método down() permite deshacer la creación (en este caso, eliminar la tabla producto).

Para ejecutar todas las migraciones en curso y generar las tablas en la base de datos, simplemente use el siguiente comando en el terminal:

```
php bin/console doctrine:migrations:migrate
```

Esta vez, la tabla producto se crea en la base de datos.

¿Cómo verificarlo?

WAMP nos proporciona una herramienta para consultar las bases de datos: **phpMyAdmin** (también existe en XAMPP o MAMP).

Para acceder a phpMyAdmin, en Firefox, escriba en el navegador:
localhost/phpmyadmin

Para XAMPP o MAMP, hay que añadir el puerto 8888:
localhost:8888/phpmyadmin

Llegará a una pantalla de inicio de sesión.

El nombre de usuario es *root*, la contraseña está vacía y la elección del servidor es MySQL (para MAMP, la contraseña es *root*).

Después de validar, llegará al panel de control de phpMyAdmin.

En la ventana de la izquierda, encontrará el nombre de su base de datos: miappsymf. Haga clic en ella.

Luego encontrará el contenido de su base de datos con tres tablas: doctrine_-migration_versions, messenger_messages y producto.

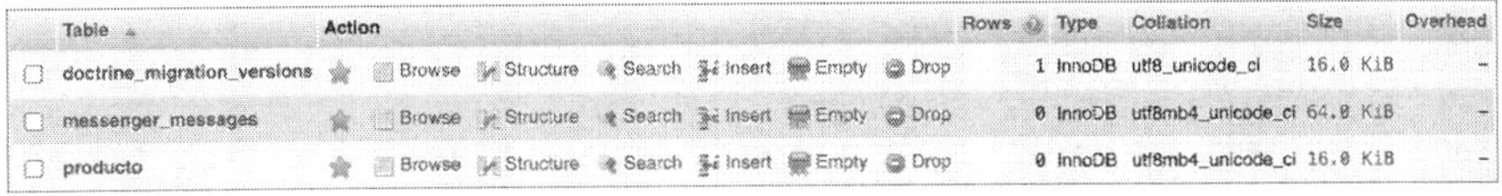

Table	Action	Rows	Type	Collation	Size	Overhead
doctrine_migration_versions	Browse Structure Search Insert Empty Drop	1	InnoDB	utf8_unicode_ci	16.0 KiB	-
messenger_messages	Browse Structure Search Insert Empty Drop	0	InnoDB	utf8mb4_unicode_ci	64.0 KiB	-
producto	Browse Structure Search Insert Empty Drop	0	InnoDB	utf8mb4_unicode_ci	16.0 KiB	-

◘ Haga clic en la tabla producto, luego en la pestaña Structure:

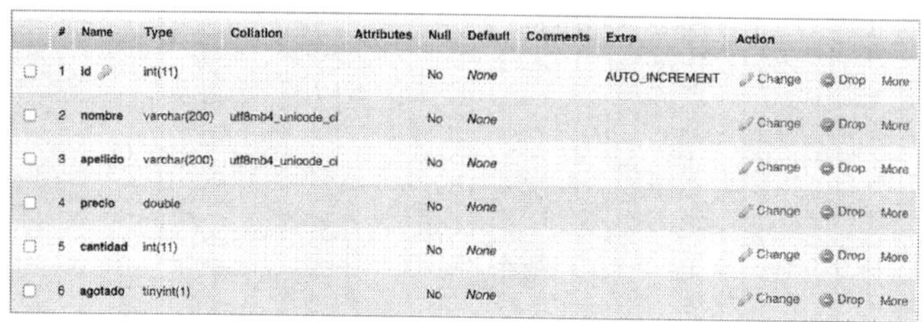

#	Name	Type	Collation	Attributes	Null	Default	Comments	Extra	Action
1	id	int(11)			No	None		AUTO_INCREMENT	Change Drop More
2	nombre	varchar(200)	utf8mb4_unicode_ci		No	None			Change Drop More
3	apellido	varchar(200)	utf8mb4_unicode_ci		No	None			Change Drop More
4	precio	double			No	None			Change Drop More
5	cantidad	int(11)			No	None			Change Drop More
6	agotado	tinyint(1)			No	None			Change Drop More

La estructura de la tabla existe tal y como la definimos en nuestra entidad Producto.

La tabla doctrine_migration_versions contiene el historial de las migraciones realizadas. Es gracias a esta tabla que el comando:

```
php bin/console doctrine:migrations:migrate
```

sincroniza la base de datos con las migraciones existentes en la aplicación.

Si vuelve a ejecutar el comando, no sucederá nada porque la migración ya está presente en la tabla doctrine_migration_versions.

Si elimina la línea en la tabla doctrine_migration_versions y elimina la tabla producto (seleccione la tabla producto, luego la pestaña **Operations** y haga clic en **Suprimir la tabla (drop)** en la parte inferior de la página), puede relanzar la creación de la tabla volviendo a ejecutar:

```
php bin/console doctrine:migrations:migrate
```

La tabla doctrine_migration_versions le permite gestionar todo el historial de migraciones y reinstalar aquellas que desee.

Puede utilizar alias de versión al ejecutar las migraciones para evitar tener que conocer siempre el número de versión.

Los siguientes alias son utilizables:

- first - Esta operación nos devuelve hasta antes de la primera versión de la migración.
- prev - Esta operación nos devuelve hasta antes de la versión precedente de la última migración.
- next - Esta operación realiza la migración como próxima versión.

– latest - Esta operación realiza la migración hasta la última versión.

Por ejemplo, puede ejecutar en el terminal:

```
php bin/console doctrine:migrations:migrate prev
```

Esto tendrá el efecto de eliminar la última migración; por lo tanto, eliminará la tabla producto.

Si ejecuta:

```
php bin/console doctrine:migrations:migrate latest
```

realizará las migraciones hasta la última, por lo que volverá a crear la tabla.

Nuestra tabla producto existe, pero... está vacía. No contiene datos.

Sin más preámbulos, vamos a ver cómo solucionar esto rápidamente.

7. Las fixtures

Las **fixtures** nos permitirán llenar nuestra tabla de productos mediante un comando en el terminal. Dicho esto, lo que vamos a escribir en la fixture puede colocarse igualmente en la acción de un controlador.

La única ventaja de las fixtures es que hay un comando en el terminal que permite ejecutar todas las fixtures existentes de una sola vez.

Para usar las fixtures, es necesario instalar un paquete adicional. Si se dirige al Symfony Recipes Server: https://github.com/symfony/recipes/blob/flex/main/RECIPES.md y busca «fixture», encontrará este paquete: doctrine/doctrine-fixtures-bundle.

Vemos que podemos utilizar el alias `orm-fixtures` (u `ormfixtures`).

Lo añadiremos desde el terminal:

```
php composer.phar require --dev orm-fixtures
```

El comando ha creado una carpeta **src/DataFixtures** y, dentro de ella, un archivo de ejemplo **AppFixtures.php**.

Todas las fixtures heredan de la clase `Fixture` del **FixtureBundle**, que es una clase abstracta (ver capítulo Lenguaje orientado a objetos, sección Las clases abstractas y las interfaces - Las clases abstractas). El método `load()` de la clase Fixture también es abstracto, por lo que será necesario volver a definirlo en todas las fixtures.

Es este método el que se ejecutará automáticamente cuando lancemos las fixtures.

Vamos a crear una fixture propia para nuestra entidad Producto.

Cree, en **src/DataFixtures**, un archivo **ProductoFixtures.php** y pegue el contenido de **AppFixtures.php**.

Luego, renombre la clase `ProductoFixtures`:

```
<?php

namespace App\DataFixtures;

use Doctrine\Bundle\FixturesBundle\Fixture;
use Doctrine\Common\Persistence\ObjectManager;

class ProductoFixtures extends Fixture
{
    public function load(ObjectManager $manager)
    {
        // $product = new Product();
        // $manager->persist($product);

        $manager->flush();
    }
}
```

Los datos de los productos pueden provenir de un archivo de Excel o de otro tipo. Como ejemplo, vamos a crear un archivo que contendrá la tabla de nuestros productos.

Para ello, creemos el archivo **ListaProductos.php** en una subcarpeta **Data** dentro de la carpeta **src/Data/ListaProductos.php**.

En este archivo, crearemos una clase `ListaProductos` que contendrá una propiedad **estática** misProductos, que es un array de productos.

Esta será nuestra clase `ListaProductos`:

```
<?php
namespace App\Data;

class ListaProductos
{
    static $misProductos= [
        [ "nombre"=>"impresora", "precio"=>700, "cantidad"=>10,
"agotado"=>false],
        [ "nombre"=>"cartucho de tinta", "precio"=>80, "cantidad"=>50,
 "agotado"=>false],
        [ "nombre"=>"ordenador", "precio"=>1700, "cantidad"=>3,
"agotado"=>false],
        [ "nombre"=>"pantalla", "precio"=>500, "cantidad"=>100,
"agotado"=>false],
        [ "nombre"=>"teclado", "precio"=>100, "cantidad"=>10,
"agotado"=>true],
        [ "nombre"=>"ratón", "precio"=>5, "cantidad"=>200,
"agotado"=>false],

    ];
}
```

Volvamos a nuestro archivo de fixture: **src/DataFixtures/ProductoFixtures.php**.

Vamos a recuperar la clase `ListaProductos` e insertar los elementos en objetos de la clase `Producto`, y luego transmitirlos a la base de datos.

La recuperación de la clase `ListaProductos` se realiza mediante la instrucción use:

```
use App\Data\ListaProductos;
```

Para recordar, es el autoload de Composer el que cargará esta clase. **App** es el espacio de nombres predeterminado reservado para la carpeta **/src**.

La creación de un objeto `$producto` se realizará instanciando la clase `Producto`. Para ello, es necesario recuperar la clase `Producto`:

```
use App\Entity\Producto;
```

para poder instanciar las entidades:

```
$producto=new Producto;
```

La inserción de las propiedades del objeto se realiza mediante los métodos de acceso.

Por ejemplo, para la propiedad nombre:

```
$producto->setNombre('nombre de producto');
```

Cada objeto debe ser «persistido» en Doctrine (es decir, deber ser tenido en cuenta por Doctrine).

Para ello, se utiliza un objeto de la clase ObjectManager. Esta clase gestiona las entidades en Doctrine.

En primer lugar, hay que recuperar esta clase.

```
use Doctrine\Persistence\ObjectManager;
```

luego cargarla como parámetro en el método load() (como hicimos con el objeto Request en el controlador):

```
public function load(ObjectManager $manager)
{ ...}
```

Después, podemos persistir el objeto con el método `persist`:

```
$manager->persist($producto);
```

Finalmente, para lanzar la consulta que insertará todos los objetos persistidos en la base de datos, utilizaremos el método `flush()`:

```
$manager->flush();
```

Todas estas operaciones deben hacerse para cada elemento de la propiedad estática `$misProductos`. Usaremos un bucle `foreach` en esta propiedad estática:

```
foreach( ListaProductos::$misProductos as $miProducto ) {
... }
```

En resumen, he aquí el código final de la clase `ProductoFixtures.php`:

```
<?php

namespace App\DataFixtures;

use Doctrine\Bundle\FixturesBundle\Fixture;
use Doctrine\Persistence\ObjectManager;
use App\Data\ListaProductos;
use App\Entity\Producto;

class ProductoFixtures extends Fixture
{
    public function load(ObjectManager $manager) : void
    {

        foreach( ListaProductos::$misProductos as $miProducto ) {

            $producto=new Producto;

            $producto->setNombre($miProducto['nombre']);
            $producto->setPrecio($miProducto['precio']);
            $producto->setCantidad($miProducto['cantidad']);
            $producto->setAgotado($miProducto['agotado']);
            $manager->persist($producto);

        }
        $manager->flush();
    }
}
```

Observación

Persistimos un objeto `$producto` dentro del bucle foreach, pero el flush se ejecuta una sola vez fuera del bucle.

Para ejecutar todas las fixtures de la carpeta `$producto`, simplemente ejecute el comando en el terminal (tenga en cuenta que debe tener activado Wampserver64):

```
php bin/console doctrine:fixtures:load
```

Si aparece un mensaje en el que se le pregunta sobre purgar la base de datos, puede responder «yes», ya que por ahora no tenemos ningún dato en nuestras tablas.

Regresemos a Firefox en **localhost/phpmyadmin**, hagamos clic en la tabla producto y luego en la pestaña **Navegar (Browse)**. Ahí encontraremos, dentro de la tabla producto, nuestros datos provenientes de la fixture:

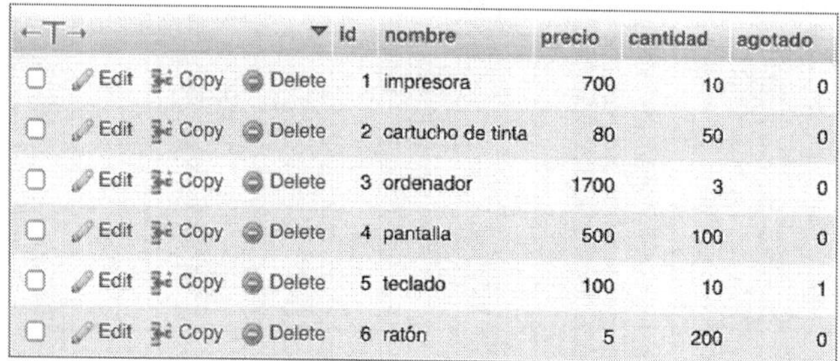

				id	nombre	precio	cantidad	agotado
☐	Edit	Copy	Delete	1	impresora	700	10	0
☐	Edit	Copy	Delete	2	cartucho de tinta	80	50	0
☐	Edit	Copy	Delete	3	ordenador	1700	3	0
☐	Edit	Copy	Delete	4	pantalla	500	100	0
☐	Edit	Copy	Delete	5	teclado	100	10	1
☐	Edit	Copy	Delete	6	ratón	5	200	0

Si las fixtures no son detectadas (lo cual ocurre a veces), puede especificar su ruta en la configuración: archivo **config/services.yaml**.

Agregue estas líneas de código:

```
App\DataFixtures\:
     resource: '../src/DataFixtures'
     tags: ['doctrine.fixture.orm',]
```

Vuelva a ejecutar las fixtures; esta vez debería funcionar.

8. La recuperación de los datos a partir de la base

Hemos visto cómo guardar los datos. La recuperación también resulta fácil gracias a Doctrine.

Para esto, vamos a crear un nuevo controlador llamado **ListaProductos-Controller**. Recuerde cómo creamos un controlador:

```
php bin/console make:Controller ListaProductos
```

Eliminamos la acción predeterminada `index()` y creamos una acción `listar()` con la ruta **/listar**:

```
<?php

namespace App\Controller;

use Symfony\Bundle\FrameworkBundle\Controller\AbstractController;
```

```
use Symfony\Component\HttpFoundation\Response;
use Symfony\Component\Routing\Annotation\Route;

class ListaProductosController extends AbstractController
{
    #[Route('/listar', name: 'listar')]
    public function listar()
    {
        return $this->render('lista_productos/index.html.twig', [
            'controller_name' => 'ListaProductosController',
        ]);
    }

}
```

Para recuperar los datos de la tabla producto, vamos a utilizar el archivo Repository: **src/Repository/ProductoRepository.php**.

Este archivo puede ser recuperado a partir de la entidad Producto. Para hacerlo, necesitamos identificar la clase `Producto`:

```
use App\Entity\Producto;
```

Luego, recuperamos el EntityManager:

```
use Doctrine\ORM\EntityManagerInterface;
```

E inyectamos esto en los parámetros de la función `listar()`:

```
public function listar(EntityManagerInterface $entityManager)
{
...
}
```

Y, finalmente, en la función `listar()`, recuperamos el Repository:

```
$productosrepository=$entityManager->getRepository(Producto::class);
```

El objeto `$productosrepository` hereda de una clase madre `ServiceEntityRepository`, que posee los métodos para recuperar los datos.

Por ejemplo, el método `findAll()` buscará todos los registros de la tabla:

```
    $listaProductos=$productosrepository->findAll();
```

`$listaProductos` será un objeto de tipo **ArrayCollection** (una colección de objetos) de todos los datos de la tabla.

Ahora solo queda pasar `$listaProductos` a la vista:

```
return $this->render('lista_productos/index.html.twig', [
            'listaProductos' => $listaProductos,
        ]);
```

La clase `ListaProductosController` quedará así:

```
<?php

namespace App\Controller;

use Symfony\Bundle\FrameworkBundle\Controller\AbstractController;
use Symfony\Component\HttpFoundation\Response;
use Symfony\Component\Routing\Annotation\Route;

use Doctrine\ORM\EntityManagerInterface;
use App\Entity\Producto;

class ListaProductosController extends AbstractController
{
    #[Route('/listar', name: 'listar')]
    public function listar(EntityManagerInterface $entityManager)
    {
      $productosrepository=$entityManager->getRepository(Producto::class);
      $listaProductos=$productosrepository->findAll();

        return $this->render('lista_productos/index.html.twig', [
            'listaProductos' => $listaProductos,
        ]);

    }
}
```

Ahora solo necesitamos actualizar la plantilla `lista_productos/index.html.twig`.

La etiqueta **listaProductos** es un array de objetos (un **ArrayCollection**) recuperados de la base de datos. Necesitamos iterar sobre este array y mostrar las propiedades de cada objeto en la página.

He aquí el código:

```
{% extends 'base.html.twig' %}

{% block title %}Lista de los productos{% endblock %}

{% block body %}
```

```
<table class="table"   style="margin: auto;" >
    <thead>
        <tr>
            <th scope="col">Nombre</th>
            <th scope="col">Precio</th>
            <th scope="col">Cantidad</th>
            <th scope="col">Agotado</th>
        </tr>
    </thead>
        {%  set size ='80px' %}
        {% for producto in listaProductos %}
            <tr>
                <td>
                {{ producto.nombre }}
                </td>
                <td>
                {{ producto.precio }}
                </td>
                <td>
                {{ producto.cantidad }}
                </td>
                <td>
                {% if producto.agotado %}
                    Producto agotado
                {% endif %}
                </td>
        </tr>
        {% endfor %}
    </table>
{% endblock %}
```

Si refrescamos la URL localhost:8000/listar, obtenemos este resultado:

El mágico mundo de la informática moderna

Autor: MiNombre

Nombre	Precio	Cantidad	Agotado
impresora	700	10	
cartucho de tinta	80	50	
ordenador	1700	3	
pantalla	500	100	
teclado	100	10	Producto agotado
ratones	5	200	

Revolución informática del 2 Abril 2033

Una presentación al estilo comercio electrónico sería más interesante.

Vamos a agregar imágenes para representar nuestros productos en la página.

Añadamos una carpeta **img** dentro de la carpeta **public** (public/img). Creemos imágenes para cada producto: impresoras, cartuchos de tinta, ordenadores, pantallas, teclados, ratones (encuentre imágenes de dominio público en Internet).

El enlace a estas imágenes debe incluirse en nuestra tabla producto. Sin embargo, no hemos previsto en la estructura un campo para el **enlace_imagen**.

No importa, vamos a agregar una nueva propiedad **enlaceImagen** en la entidad Producto.

Podemos hacerlo manualmente, pero un comando en el terminal nos permite ser más rápidos:

```
php bin/console make:entity
```

Basta con completar el mismo nombre para la entidad Producto.

```
Class name of the entity to create or update (e.g. FierceElephant):
> Producto

Your entity already exists! So let's add some new fields!

New property name (press <return> to stop adding fields):
> enlaceImagen
Field type (enter ? to see all types) [string]:
>
Field length [255]:
>
Can this field be null in the database (nullable) (yes/no) [no]:
> yes
Add another property? Enter the property name (or press <return>
to stop adding fields):
>
  Success!
```

La entidad Producto ahora contiene la propiedad **enlaceImagen**. Asegúrese de permitir que el campo sea *null* porque por ahora no tenemos un enlace para los productos existentes en la tabla.

Repetimos la migración:

```
php bin/console make:migration
```

seguido de:

```
php bin/console doctrine:migrations:migrate latest
```

La estructura de la tabla producto ha sido modificada (puede verificarlo en localhost/phpmyAdmin). Ahora necesitamos actualizar el nuevo campo con los enlaces a las imágenes.

Vamos a crear una nueva fixture: *UpdateImgProductoFixtures.php* en el directorio **DataFixtures**.

Copie y pegue el contenido de *ProductoFixtures* dentro.

Construyamos el método `load()`. Lo primero que haremos es recuperar todos los objetos de la tabla producto desde el Repository.

Luego, recorremos `$listaProductos` y, con un switch, asignaremos los enlaces a las imágenes según la propiedad `$nombre`:

```
    foreach( $listaProductos as $miProducto ) {

            switch ($miProducto->getNombre()) {
                case 'impresora':
                 $miProducto->setEnlaceImagen("impresora.jpeg");
                    break;
                case 'cartucho de tinta':
                 $miProducto->setEnlaceImagen("cartuchos.jpeg");
                    break;
                case 'ordenador':
                 $miProducto->setEnlaceImagen("ordenador.jpeg");
                    break;
                case 'pantalla':
                 $miProducto->setEnlaceImagen("pantalla.jpeg");
                    break;
                case 'teclado':
                 $miProducto->setEnlaceImagen("teclado.jpeg");
                    break;
                case 'ratones':
                 $miProducto->setEnlaceImagen("ratones.jpeg");
                    break;
 }
```

Solo nos queda persistir los productos utilizado un bucle:

```
    $manager->persist($miProducto);
```

y hacer un flush al terminar las operaciones:

```
$manager->flush();
```

Ahora, ejecutemos esta fixture. Pero solo queremos ejecutar esta fixture y no la que creamos anteriormente: **ProductoFixtures.php**.

Es posible ejecutar únicamente las fixtures que pertenecen a un grupo.

Para crear un grupo e inscribir nuestra fixture dentro de él, usemos el método `getGroups` de la interfaz `FixtureGroupInterface`.

Vamos a agregar esta interfaz a `UpdateImgProductoFixtures.php`:

```
use Doctrine\Bundle\FixturesBundle\FixtureGroupInterface;
```

Luego, implementamos nuestra clase con esta interfaz:

```
class UpdateImgProductoFixtures extends Fixture implements
FixtureGroupInterface {... }
```

Finalmente, agregamos el método `getGroups()`. Los nombres de los grupos se devuelven en un array. Aquí usaremos un solo grupo que llamaremos **group1**.

```
public static function getGroups(): array
{
    return ['group1'];
}
```

El archivo `UpdateImgProductoFixtures.php` tendrá este aspecto:

```
<?php

namespace App\DataFixtures;

use App\Entity\Producto;
use Doctrine\Bundle\FixturesBundle\Fixture;
use Doctrine\Bundle\FixturesBundle\FixtureGroupInterface;
use Doctrine\Persistence\ObjectManager;

class UpdateImgProductoFixtures extends Fixture implements
FixtureGroupInterface
{
    public function load(ObjectManager $manager): void
    {

        $repProducto = $manager->getRepository(Producto::class);
        $listaProductos = $repProducto->findAll();

        foreach ($listaProductos as $miProducto) {

            switch ($miProducto->getNombre()) {
                case 'impresora':
                    $miProducto->setEnlaceImagen("impresora.jpg");
                    break;
                case 'cartucho de tinta':
                    $miProducto->setEnlaceImagen("cartuchos.jpg");
                    break;
                case 'ordenador':
                    $miProducto->setEnlaceImagen("ordenador.jpg");
                    break;
                case 'pantalla':
                    $miProducto->setEnlaceImagen("pantallas.jpg");
                    break;
                case 'teclado':
                    $miProducto->setEnlaceImagen("teclado.jpg");
                    break;
                case 'ratón':
```

```
                    $miProducto->setEnlaceImagen("ratones.jpg");
                    break;
                }
                $manager->persist($miProducto);
            }
            $manager->flush();

        }
        public static function getGroups(): array
        {
         return ['group1'];
        }
}
```

Ahora solo necesitamos ejecutar esta fixture. Sin embargo, debemos evitar borrar la tabla producto. Por defecto, el comando `doctrine:fixture:load` le preguntará si desea eliminar la base de datos, pero resulta que tenemos datos en la tabla producto que queremos conservar.

Para evitar vaciar la tabla producto, la excluiremos de la purga con la opción:

```
--purge-exclusions=producto
```

El comando es el siguiente:

```
php bin/console doctrine:fixtures:load --group=group1
--purge-exclusions=producto
```

Nuestra tabla producto se ha actualizado correctamente. Veámoslo en localhost/phpmyadmin:

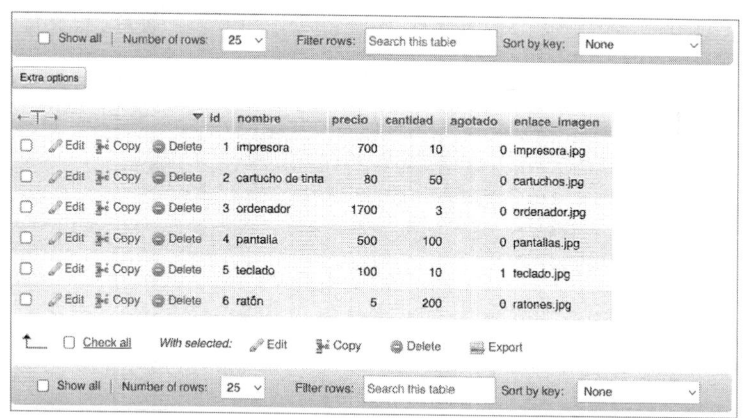

	id	nombre	precio	cantidad	agotado	enlace_imagen
Edit Copy Delete	1	impresora	700	10	0	impresora.jpg
Edit Copy Delete	2	cartucho de tinta	80	50	0	cartuchos.jpg
Edit Copy Delete	3	ordenador	1700	3	0	ordenador.jpg
Edit Copy Delete	4	pantalla	500	100	0	pantallas.jpg
Edit Copy Delete	5	teclado	100	10	1	teclado.jpg
Edit Copy Delete	6	ratón	5	200	0	ratones.jpg

Observación

Aquí encontrará la documentación:
https://symfony.com/doc/master/bundles/DoctrineFixturesBundle/

Ahora podemos modificar nuestra vista lista_productos/index.html.twig para tener las imágenes y una presentación más adecuada.

Para una mejor presentación, vamos a utilizar la herramientas **cards** de Bootstrap: https://getbootstrap.com/docs/4.0/components/card/

El código final se verá así:

```
{% extends 'base.html.twig' %}

{% block title %}Lista de productos
{% endblock %}

{% block body %}
    <div class="d-flex flex-row justify-content-around flex-wrap">

        {% for producto in listaProductos %}

        <div class=",card" style="width: 18rem;">

<img class=",card-img-top" src="{{ asset('img/'~producto.enlaceImagen) }}"
height="200px" alt="image">

               <div class=",card-body">
                      <h5 class=",card-title">{{ producto.nombre }}</h5>
                      <ul class="list-group list-group-flush">
                             <li class="list-group-item">Precio:
                             {{ producto.precio }} Euros</li>
                             <li class="list-group-item">
                              {% if producto.agotado %}
                              <strong>Producto agotado</strong>
                              {% else %}
                              Cantidad: {{ producto.cantidad }}
                              {% endif %}
                            </li>
                      </ul>
                  <div class=",card-body">
                     <a href="#" class="btn btn-primary">Añadir a la Cesta</a>
                  </div>
          </div>
      </div>
      {% endfor %}
  </div>
{% endblock %}
```

Observación

El símbolo ~ es el operador de concatenación de Twig.

Vamos a modificar también el encabezado de la página, **header.html.twig**:

```
<div class="d-flex flex-row justify-content-center m-5">
<h1>{{ 'Nuestros productos' }}</h1>
</div>
```

El resultado final será una página que muestra los productos en tarjetas con sus imágenes correspondientes, junto con sus precios y disponibilidad:

El botón **Añadir a la Cesta** por ahora no hace nada.

9. Los métodos del Repositorio

Hemos visto que, para recuperar datos de la base, se deben utilizar los métodos heredados del Repositorio.

El método `findAll()` permite recuperar todas las entidades de una tabla. Este método devuelve un objeto `ArrayCollection`.

Un objeto `ArrayCollection` depende de una clase que contiene una propiedad de tipo `Array`, incluyendo la lista de entidades. La ventaja de esta clase (en lugar de un simple `Array` de PHP) es que proporciona un conjunto de métodos para recorrer el arreglo de datos.

Puede ver los diferentes métodos de esta clase.

Para encontrar una clase en VSCode, pulse [Ctrl] y **P**, luego escriba el nombre de la clase; por ejemplo, aquí, Collection. Debería encontrar automáticamente el contenido de la clase.

Si no la encuentra, aquí tiene su ubicación: **vendor/doctrine/collections/lib/Doctrine/Common/Collections/ArrayCollection.ph**

Existen otros métodos de recuperación de entidades. Para obtener la lista, puede confiar en esta página de Doctrine: https://www.doctrine-project.org/projects/doctrine-orm/en/current/reference/working-with-objects.html#querying

Allí encontrará métodos como:

- `find(id)`: devuelve la entidad según su id.
- `findBy(array('agotado' => false))`: devuelve las entidades según el valor de una propiedad (aquí, agotado = false).
- `findOneBy(array('nombre'=>'impresora')`: igual que `findBy()`, pero devuelve una sola entidad.
- `count(array('agotado'=>true))`: devuelve el número de entidades encontradas (aquí, el número de productos sin stock).

Es posible que sus propios criterios de recuperación no coincidan con ninguno de los métodos básicos del Repositorio. En ese caso, deberá crear sus propios métodos. Esto es posible con dos lenguajes: **DQL** y **Query Builder**.

10. El lenguaje DQL

Doctrine Query Language es similar a SQL, con la diferencia de que se aplica a las entidades (objetos PHP) en lugar de a la base de datos.

Encontrará toda la sintaxis de DQL en la página:
https://www.doctrine-project.org/projects/doctrine-orm/en/latest/reference/dql-doctrine-query-language.html

El uso de DQL se realiza en un método del Repositorio a partir del método `prepare()` del EntityManager.

Sintaxis:

```
$query = $em->createQuery('Consulta DQL ');
$resultados = $query->getResult();
```

El método `getResult()` recupera todos los resultados de la consulta.

Hay otros métodos de recuperación posibles.

- `getSingleResult()`: devuelve un solo objeto. Si la consulta3 devuelve varios objetos, aparecerá un error. Si la consulta no devuelve ningún objeto, también aparecerá un error.
- `getOneOrNullResult()`: devuelve un solo objeto. Si la consulta devuelve varios objetos, aparecerá un error. Si la consulta no devuelve ningún objeto, se devolverá un valor nulo.
- `GetArrayResult()`: devuelve los resultados como matrices anidadas en lugar de devolver un ArrayCollection.
- `GetScalarResult()`: devuelve valores escalares que pueden contener datos duplicados.
- `GetOneScalarResult()`: devuelve un solo valor escalar.

Veamos un ejemplo.

Deseamos colocar los últimos productos registrados en nuestro sitio en primer lugar, en la parte superior de la página. Por ahora, sucede lo contrario: cada nuevo producto se inserta al final de la página.

Para hacerlo, creamos un método personalizado en el Repositorio de Producto. Lo llamamos `orderingProducto()`.

Luego creamos una consulta DQL para ordenar los resultados según el índice en orden descendente:

```
SELECT p FROM App\Entity\Producto p ORDER BY p.id DESC
```

`p` es un alias de producto. `SELECT p` selecciona todas las propiedades de producto.

Recuperamos todos los resultados y los devolvemos.

He aquí el código del método `orderingProducto()` que debemos crear en el archivo Repository/ProductoRepository.php:

```
  public function orderingProducto()
    {
        $listaProductos=$this->getEntityManager()
            ->createQuery("SELECT p FROM App\Entity\
Producto p ORDER BY p.id DESC")
            ->getResult();

      return $listaProductos;
    }
```

Luego, basta con reemplazar el método `findAll()` en el método `index()` del controlador ListaProductosController por `orderingProducto()`:

```
<?php

namespace App\Controller;

use Symfony\Bundle\FrameworkBundle\Controller\AbstractController;
use Symfony\Component\HttpFoundation\Response;
use Symfony\Component\Routing\Annotation\Route;

use Doctrine\ORM\EntityManagerInterface;
use App\Entity\Producto;

class ListaProductosController extends AbstractController
{
    #[Route('/listar', name: 'listar')]
    public function liste(EntityManagerInterface $entityManager)
    {

        $productosRepository=$entityManager-
>getRepository(Producto::class);

        $listaProductos=$productosRepository->orderingProducto();


        return $this->render('lista_productos/index.html.twig', [
            'listaProductos' => $listaProductos,
        ]);

    }
```

Esta vez, la consulta localhost:8000/listar muestra los productos en orden de llegada. Puede probarlo: el ratón aparece primero y la impresora está al final.

11. El Query Builder

El Query Builder es la segunda forma de personalizar la recuperación de datos. Permite ejecutar solo métodos de clase para generar la consulta. Permanecemos en la lógica orientada a objetos de PHP, sin necesidad de escribir una consulta «en duro».

El Query Builder es un método del Repositorio al que podemos acceder directamente.

Sintaxis:

```
$this->createQueryBuilder('alias de la entidad')->
métodos del Query Builder
```

Encontrará toda la sintaxis del Query Builder en la página:
https://www.doctrine-project.org/projects/doctrine-orm/en/current/reference/query-builder.html#the-querybuilder

Los métodos de recuperación de resultados son los mismos que para DQL.

Veamos un ejemplo.

Deseamos mostrar una promoción para el último producto insertado en la base (para darlo a conocer).

Crearemos un método `getLastProducto()` en el archivo **Repository/ProductoRepository.php**. Esta vez, utilizamos el Query Builder para ejecutar la consulta.

Utilizaremos el método `setMaxResults(1)`, que devuelve el primer elemento devuelto por la consulta, y usaremos `getOneOrNullResult()` para recuperar el resultado.

El método `getLastProducto()` se escribe así:

```
public function getLastProducto()
    {

        $lastProducto=$this->createQueryBuilder('p')
        ->orderBy('p.id', 'DESC')
        ->setMaxResults(1)
        ->getQuery()
        ->getOneOrNullResult();

        return $lastProducto;
```

```
    }
```

Luego, utilizamos este método en `ListaProductosController` para pasar el parámetro `lastProducto` a la vista:

```
<?php

namespace App\Controller;

use Symfony\Bundle\FrameworkBundle\Controller\AbstractController;
use Symfony\Component\HttpFoundation\Response;
use Symfony\Component\Routing\Annotation\Route;

use Doctrine\ORM\EntityManagerInterface;
use App\Entity\Producto;

class ListaProductosController extends AbstractController
{
    #[Route('/listar', name: 'listar')]
    public function liste(EntityManagerInterface $entityManager)
    {

        $productosRepository=$entityManager->getRepository(Producto::class);

        $listaProductos=$productosRepository->orderingProducto();
        $lastProducto=$productosRepository->getLastProducto();

        return $this->render('lista_productos/index.html.twig', [
            'listaProductos' => $listaProductos,
            'lastproducto' => $lastProducto,

        ]);

    }

}
```

En la vista lista_productos/index.html.twig, mostramos el nombre del último producto, obtenido en la variable `lastproducto`, en la parte superior de la página.

```
{% extends 'base.html.twig' %}

{% block title %}Lista de productos
{% endblock %}

{% block body %}
    <div class="alert alert-primary">
Descuento del  20% en el producto: {{ lastproducto.nombre }}
    </div>
```

```
    <div class="d-flex flex-row justify-content-around flex-wrap">
           {% for producto in listaProductos %}
                  <div class="card" style="width: 18rem;">
                         <img class=",card-img-top"
    src="{{ asset('img/'~producto.enlaceImagen) }}" height="200px" alt="image">
                        <div class=",card-body">
                              <h5 class=",card-title">
{{ producto.nombre }}</h5>
                              <ul class="list-group list-group-flush">
                                     <li class="list-group-item">Precio:
                                     {{ producto.precio }} Euros</li>
                                     <li class="list-group-item">
                        {% if producto.agotado %} <strong>Producto
agotado</strong>
                         {% else %}
                         Cantidad: {{ producto.cantidad }}
                         {% endif %}</li>
                              </ul>
                     <div class=",card-body">
                              <a href="#" class="btn btn-primary">Añadir
a la cesta</a>
                    </div>
                        </div>
                 </div>
         {% endfor %}
    </div>
{% endblock %}
```

La consulta localho[2]st:8000/listar da el resultado siguiente:

12. Cómo lanzar consultas SQL

Es posible realizar muchas cosas con DQL o el Query Builder. Estos métodos no se limitan a la consulta de datos; también se pueden usar para insertar, modificar o eliminar registros.

Sin embargo, para aquellos con consultas grandes que serían difíciles de implementar con estos métodos, Doctrine les da la posibilidad de ejecutar consultas SQL directamente.

Basta con recuperar la conexión a la base de datos desde el EntityManager, preparar la consulta y ejecutarla. La recuperación de datos se realiza con el método `fetchAllAssociative()`.

Por ejemplo, podemos reemplazar el DQL del método `orderingProducto()` con una consulta SQL equivalente:

```
public function orderingProducto()
{
    $conn = $this->getEntityManager()->getConnection();

    $sql="SELECT * FROM producto ORDER BY id DESC";
    $stmt = $conn->prepare($sql);
    $resultSet =$stmt->executeQuery();

// returns an array of arrays (i.e. a raw data set)
$listaProductos=$resultSet->fetchAllAssociative();

 return $listaProductos;
}
```

Observación

¡Cuidado! Si vuelve a ejecutar localhost:80000/listar, podría encontrarse con un error debido al nombre del campo enlace_imagen en la tabla, diferente al de la entidad enlaceimagen. Por lo tanto, reemplace, en la vista index.html.twig, enlace_imagen por enlaceimagen.

13. Cómo escribir consultas SQL y el tratamiento de los resultados

Podemos asociar a una consulta SQL un objeto de tipo *ResultSetMapping* para mapear el conjunto de valores en un objeto.

Los valores de la consulta se traducen en propiedades del objeto.

Simplemente, instanciamos un objeto `$rsm`:

```
$rsm = new ResultSetMappingBuilder($this->getEntityManager());
```

y a continuación le asociamos una clase:

```
    $rsm->addEntityResult(MyClass::class, "m");
```

Es necesario mapear el nombre de cada columna en la base de datos a las propiedades de nuestras entidades:

```
foreach ($this->getClassMetadata()->fieldMappings as $miObjeto) {
        $rsm->addFieldResult("m", $miObjeto["columnName"],
$miObjeto["fieldName"]);
    }
```

Finalmente, ejecutamos nuestra consulta SQL pasando el objeto $rsm:

```
$stmt = $this->getEntityManager()->createNativeQuery($sql, $rsm);
```

14. Las relaciones entre entidades

Con DQL o Query Builder, podemos realizar uniones entre diferentes tablas.

A menudo, no toda la información está en una sola tabla, sino distribuida en varias tablas (por ejemplo, puede haber una unión entre productos y sus marcas).

Las tablas utilizan campos (llamados claves foráneas) o tablas intermedias para realizar sus uniones.

Aquí veremos cómo podemos hacer uniones directamente en las entidades, sin pasar por DQL o Query Builder.

Hay cuatro tipos de relaciones. Utilizaremos la nomenclatura en inglés.

OneToOne

Un registro de la tabla principal (que llamamos tabla **propietaria**) solo puede estar vinculado a un único registro de la tabla secundaria (que llamamos tabla **inversa**) y, recíprocamente, un registro de la tabla inversa solo puede estar vinculado a un registro de la tabla propietaria.

Ejemplo

Imaginemos una tabla Referencia que contiene el número de referencia de cada producto. La relación entre las dos tablas es del tipo OneToOne. Es una relación de unicidad.

OneToMany

Un registro de la tabla propietaria puede estar vinculado a varios registros de la tabla inversa, pero un registro de la tabla inversa solo puede estar vinculado a un registro de la tabla propietaria.

Ejemplo

Imaginemos una tabla Alias que agrupa para cada producto, los alias del nombre del producto posibles (por ejemplo, para ordenador: PC, microordenador, ordenador...). La relación entre las dos tablas es del tipo OneToMany.

ManyToOne

Es lo contrario de OneToMany.

Ejemplo

Imaginemos una tabla Categorías que agrupa los productos en categorías (Informática, Ofimática...).

La relación entre las dos tablas es del tipo ManyToOne.

ManyToMany

Es la relación más compleja. Podemos tener tantas relaciones como queramos entre la tabla propietaria y la tabla inversa, y recíprocamente.

Ejemplo

Imaginemos una tabla Marca que indica la marca del producto. Un producto puede provenir de varias marcas y una marca puede ofrecer varios productos.

En el resto del capítulo, exploraremos la relación más simple, **OneToOne**, y la más compleja, **ManyToMany**. Las demás relaciones se construyen de la misma manera que una relación OneToOne (simplemente cambiamos OneToOne por OneToMany o ManyToOne en el código).

15. Las relaciones OneToOne

Veamos el ejemplo de una tabla Referencia vinculada a nuestra tabla producto.

Crearemos la tabla Referencia que contendrá un solo campo: el número.

```
php bin/console make:entity
```

Hay que responder a las preguntas de la siguiente manera:

```
Class name of the entity to create or update (e.g. FierceElephant):
> Referencia
Add the ability to broadcast entity updates using Symfony UX Turbo?
(yes/no) [no]:
created: src/Entity/Referencia.php
created: src/Repository/ReferenciaRepository.php

Entity generated! Now let's add some fields!
You can always add more fields later manually or by re-running this
command.
New property name (press <return> to stop adding fields):
> numero
Field type (enter ? to see all types) [string]:
> integer
Can this field be null in the database (nullable) (yes/no) [no]:
> no
Add another property? Enter the property name (or press <return> to stop
adding fields):
>
  Success!
```

Hacemos la migración:

```
php bin/console make:migration
```

y actualizamos la base de datos:

```
php bin/console doctrine:migrations:migrate
```

La tabla Referencia ahora está creada. Crearemos una unión OneToOne entre la entidad Producto y la entidad Referencia.

Todo se realiza en la entidad propietaria, que en este caso es la entidad Producto.

La relación OneToOne se realizará agregando una nueva propiedad que hará la unión. Llamemos a esta propiedad $referencia.

Las anotaciones indicarán a Doctrine que esta propiedad es una propiedad de unión OneToOne.

En la entidad Producto, simplemente agregamos:

```
#[ORM\OneToOne(targetEntity:Referencia::class,cascade:["persist"])]
private $referencia = null;
```

`targetEntity` indica el nombre de la entidad inversa Referencia.

`cascade:["persist"]` indica que no será necesario persistir los objetos de la entidad Referencia que se unirán a la entidad principal (volveremos sobre esto más adelante).

La propiedad que escribimos a mano no tiene métodos de acceso `(getReferencia()` y `setReferencia($referencia))`, ya que la creamos manualmente.

Podemos generarlos automáticamente con el siguiente comando en el terminal:

```
php bin/console make:entity --regenerate App
```

Este comando actualiza todas las entidades presentes en la carpeta **src**.

Ahora, generemos las migraciones para actualizar la base de datos:

```
php bin/console make:migration
php bin/console doctrine:migrations:migrate
```

Si va a *localhost/phpmyadmin*, verá que la tabla Producto tiene una nueva columna: referencia_id, que es un índice de la tabla.

La unión está establecida. Solo queda crear uniones. Las crearemos en una nueva Fixture.

Cree el archivo JoinReferenceFixtures.php en la carpeta **src/DataFixtures** y copie y pegue el contenido de ProductoFixtures.php.

Recuperaremos todos los registros de la entidad Producto. Para cada objeto Producto, crearemos un objeto de la entidad Referencia, le asociaremos un número de referencia único que se basará en la función PHP `rand()` (que genera un valor aleatorio) y, finalmente, estableceremos la unión entre los dos objetos.

No es necesario persistir los objetos de la entidad Referencia. Esto se hace automáticamente en cada «persist» del objeto Producto.

He aquí el código que debe tener en JoinReferenceFixtures.php:

```
<?php

namespace App\DataFixtures;

use App\Entity\Producto;
use App\Entity\Referencia;
use Doctrine\Bundle\FixturesBundle\Fixture;
use Doctrine\Bundle\FixturesBundle\FixtureGroupInterface;
use Doctrine\Persistence\ObjectManager;

class JoinReferenciaFixtures extends Fixture implements
FixtureGroupInterface
{

    public function load(ObjectManager $manager)
    {

        $repProducto = $manager->getRepository(Producto::class);
        $listaProductos=$repProducto->findAll();

        foreach($listaProductos as $miProducto ) {

            $referencia = new Referencia;

            $referencia->setNumero(rand());

            $miProducto->setReferencia($referencia);
            $manager->persist($miProducto);
            // no hace falta usar persist ($referencia) gracias
a la opción cascade
```

```
        }
        $manager->flush();
    }

    public static function getGroups(): array
    {
     return ['group2'];
    }
}
```

Podemos ejecutar únicamente esta fixture, asegurándonos de agregar la opción `--group=group2` para especificar que solo estamos ejecutando la fixture del «group2» y también agregamos la opción `--purge-exclusions=product` para evitar que el comando elimine todos los registros existentes en la tabla producto:

```
php bin/console doctrine:fixtures:load --group=group2
--purge-exclusions=producto
```

En la base de datos, encontramos la tabla referencia con los números (tendrá otros porque estos números son elegidos al azar por la función `rand()`):

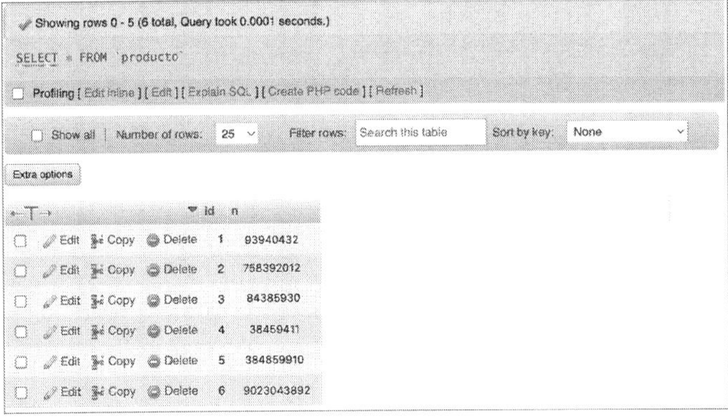

Y la tabla producto con las uniones:

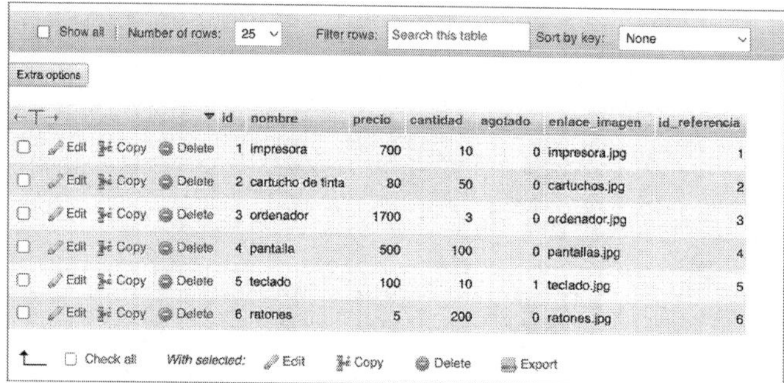

Show all | Number of rows: 25 Filter rows: Search this table Sort by key: None

Extra options

	id	nombre	precio	cantidad	agotado	enlace_imagen	id_referencia
Edit Copy Delete	1	impresora	700	10	0	impresora.jpg	1
Edit Copy Delete	2	cartucho de tinta	80	50	0	cartuchos.jpg	2
Edit Copy Delete	3	ordenador	1700	3	0	ordenador.jpg	3
Edit Copy Delete	4	pantalla	500	100	0	pantallas.jpg	4
Edit Copy Delete	5	teclado	100	10	1	teclado.jpg	5
Edit Copy Delete	6	ratones	5	200	0	ratones.jpg	6

Check all With selected: Edit Copy Delete Export

La recuperación de los datos unidos se realiza exactamente como las otras veces, utilizando la propiedad de unión.

Para recuperar el número de referencia asociado a un objeto $producto en un controlador, simplemente hacemos:

```
$producto->getReferencia()->getNumero()
```

Recuperamos, mediante `getReferencia()`, el objeto Referencia unido y, a partir de este objeto, obtenemos el número (`getNumero()`).

Ya tenemos una vista que muestra los datos de la tabla producto. No necesitamos recuperar los datos de la tabla referencia en el controlador; los recuperaremos directamente en nuestra vista. Para obtener el número de referencia en una vista escribimos:

```
{{ producto.referencia.numero }}
```

Es recomendable probar sistemáticamente que referencia no sea **null**, para evitar posibles errores en caso de que algunos productos aún no tengan una unión:

```
{% if  producto.referencia is not null %}
    {{ producto.referencia.numero }}
{% endif %}
```

La vista lista_productos/index.html.twig se modificará así:

```
{% extends 'base.html.twig' %}

{% block title %}Lista de productos
{% endblock %}
```

```
{% block body %}
    <div class="alert alert-primary">
Descuento del 20% en el producto: {{ lastproducto.nombre }}
    </div>

    <div class="d-flex flex-row justify-content-around flex-wrap">
            {% for producto in listaProductos %}
                <div class="card" style="width: 18rem;">
                        <img class=",card-img-top"
    src="{{ asset('img/'~producto.enlaceimagen) }}" height="200px" alt="image">
                        <div class=",card-body">
                            <h5 class=",card-title">{{ producto.nombre }}</h5>
                            <ul class="list-group list-group-flush">
            {# Recuperación del número de la tabla de referencia #}
                                    <li class="list-group-item">
                                    {% if  producto.referencia is not null %}
                                     Referencia:
                                         {{ producto.referencia.numero}}
                                        {% endif %}
                                    </li>
            {# Fin de la recuperación#}

                                    <li class="list-group-item">Precio:
                                    {{ producto.precio }} Euros</li>
                                    <li class="list-group-item">
                        {% if producto.agotado %} <strong>Agotado de
stock</strong>
                        {% else %}
                        Cantidad: {{ producto.cantidad }}
                        {% endif %}</li>
                            </ul>
                    <div class=",card-body">
                            <a href="#" class="btn btn-primary">Añadir a la Cesta</a>
                    </div>
                        </div>
                    </div>
        {% endfor %}
    </div>
{% endblock %}
```

Antes de ejecutar de nuevo la consulta, volvamos al método `findAll()` en nuestro controlador **ListaProductosController.php** para regresar a un método estándar sin usar el DQL anterior:

```
use Symfony\Component\Routing\Annotation\Route;
use Doctrine\ORM\EntityManagerInterface;
use App\Entity\Producto;

class ListaProductosController extends AbstractController
{
    #[Route('/listar', name: 'listar')]
    public function liste(EntityManagerInterface $entityManager)
    {

        $productosRepository=$entityManager-
>getRepository(Producto::class);
```

```
        $listaProductos=$productosRepository->findAll();
        $lastProducto=$productosRepository->getLastProducto();

        return $this->render('lista_productos/index.html.twig', [
            'listaProductos' => $listaProductos,
            'lastproducto' => $lastProducto
        ]);

    }

}
```

Esto da lo siguiente (http://localhost:8000/listar):

16. Las relaciones ManyToMany

Vamos a trabajar el caso en el que podemos tener tantas relaciones como deseemos entre la tabla propietaria y la tabla inversa, y viceversa.

Esta vez, una columna de unión, como hemos visto con anterioridad, no es suficiente. Para este tipo de relación, es necesario crear una tabla de unión intermedia entre las dos tablas.

No se preocupe, Doctrine se encarga de todo.

Vamos a crear una nueva entidad Distribuidor para hacer nuestra unión.

Distribuidor contendrá simplemente una propiedad $nombre.

```
php bin/console make:entity
```

Debe responder a las preguntas:

```
Class name of the entity to create or update (e.g. DeliciousPizza):
> Distribuidor
Add the ability to broadcast entity updates using Symfony UX Turbo?
(yes/no) [no]:
>
```

```
New property name : nombre
type : string
length : 255
```

Hacemos la migration:

```
php bin/console make:migration
```

y actualizamos la base de datos:

```
php bin/console doctrine:migrations:migrate
```

La relación ManyToMany entre la entidad Producto y la entidad Distribuidor se hace de manera similar a la relación OneToOne, gracias a las anotaciones.

En la entidad Producto, agregue esta propiedad:

```
#[ORM\ManyToMany(targetEntity:Distribuidor::class, cascade:["persist"])]
private $distribuidores = null;
```

Escribimos intencionalmente la propiedad `$distribuidores` en plural. De hecho, esta debería recibir varias entidades de la clase `Distribuidor`, ya que es una relación múltiple.

Esta propiedad será de tipo ArrayCollection.

Debe generar los *accesors*:

```
php bin/console make:entity --regenerate App
```

Si observa los métodos de acceso creados en la entidad Producto, notará que no son los mismos que para la relación OneToOne.

Encontrará un método `addDistribuidor`, que permitirá agregar un distribuidor, y un método `removeDistribuidor` para eliminarlo.

Ahora debe generar las migraciones para actualizar la base de datos:

```
php bin/console make:migration
php bin/console doctrine:migrations:migrate
```

Al ir a localhost/phpmyadmin, notará que se han creado dos tablas: una tabla de distribuidor y una tabla de producto_distribuidor, que gestionará las uniones múltiples.

Vamos a crear la fixture que llenará la tabla de distribuidor y realizará múltiples uniones con la tabla de producto.

Cree el archivo **JoinDistribuidorFixtures.php** y copie y pegue el contenido de **JoinReferenciaFixtures.php**.

Modifique la fixture: vamos a crear las entidades en distribuidor y luego a realizar las uniones.

He aquí cómo quedaría el archivo **JoinDistribuidorFixtures.php**:

```
<?php

namespace App\DataFixtures;

use App\Entity\Distribuidor;
use App\Entity\Producto;
use Doctrine\Bundle\FixturesBundle\Fixture;
use Doctrine\Bundle\FixturesBundle\FixtureGroupInterface;
use Doctrine\Persistence\ObjectManager;

class JoinDistribuidorFixtures extends Fixture implements
FixtureGroupInterface
{

    public function load(ObjectManager $manager)
    {

        $repProducto = $manager->getRepository(Producto::class);

            $logitech = new Distribuidor;
            $logitech->setNombre('Logitech');

            $hp = new Distribuidor;
            $hp->setNombre('HP');


            $epson = new Distribuidor;
            $epson->setNombre('Epson');
```

```
            $dell = new Distribuidor;
            $dell->setNombre('Dell');


            $acer = new Distribuidor;
            $acer->setNombre('Acer');


            // creación de la uniones
            $producto = $repProducto->findOneBy(array('nombre' => 'ratón'));
            $producto->addDistribuidor($hp);
            $producto->addDistribuidor($logitech);


            $producto = $repProducto->findOneBy(array('nombre' => 'pantalla'));
            $producto->addDistribuidor($hp);
            $producto->addDistribuidor($dell);


            $producto = $repProducto->findOneBy(array('nombre' => 'teclado'));
            $producto->addDistribuidor($hp);
            $producto->addDistribuidor($logitech);


            $producto = $repProducto->findOneBy(array('nombre' => 'ordenador'));
            $producto->addDistribuidor($hp);
            $producto->addDistribuidor($dell);
            $producto->addDistribuidor($acer);

            $producto = $repProducto->findOneBy(array('nombre' =>
'cartucho de tinta'));
            $producto->addDistribuidor($epson);


            $producto=$repProducto->findOneBy(array('nombre'  =>
'impresora'));
            $producto->addDistribuidor($epson);
            $producto->addDistribuidor($hp);

            $manager->persist($producto);
// no hay necesidad del persist($distribuidor) gracias a la cascada= 'persist']

        $manager->flush();
    }

    public static function getGroups(): array
    {
        return ['group3'];
    }
}
```

Solo queda ejecutar la fixture en el terminal:

```
php bin/console doctrine:fixtures:load --group=group3
--purge-exclusions=producto --purge-exclusions=referencia
```

No olvidamos excluir las tablas producto y referencia de la purga.

Las tablas distribuidor y producto_distribuidor se actualizan en nuestra base de datos.

Así queda la tabla producto_distribuidor:

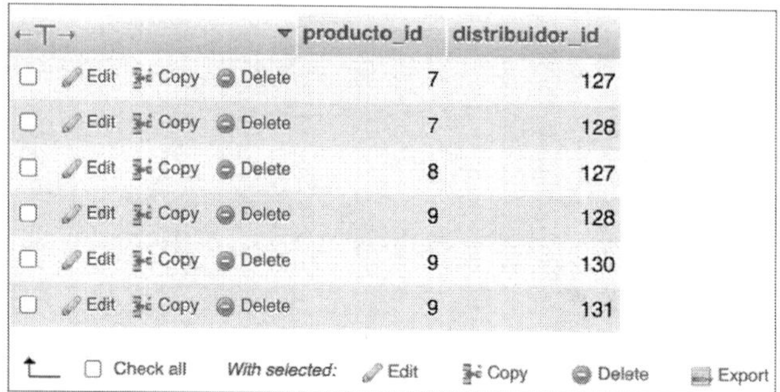

←T→			producto_id	distribuidor_id
Edit	Copy	Delete	7	127
Edit	Copy	Delete	7	128
Edit	Copy	Delete	8	127
Edit	Copy	Delete	9	128
Edit	Copy	Delete	9	130
Edit	Copy	Delete	9	131

Check all *With selected:* Edit Copy Delete Export

Para ver el resultado, simplemente modificamos la vista lista_productos/index.html.twig tal y como lo hicimos para nuestra relación OneToOne.

Dado que la propiedad distribuidor de los productos es un objeto ArrayCollection, debemos recorrer esta propiedad con un bucle **for**.

No olvide verificar si esta propiedad está vacía. De hecho, podría haber productos sin uniones. En ese caso, el bucle **for** generaría un error.

Así queda la vista index.html.twig:

```
{% extends 'base.html.twig' %}

{% block title %}Lista de productos{% endblock %}

{% block body %}
    <div class="alert alert-primary">Descuento del 20% en el producto:
           {{ lastproducto.nombre }}
    </div>

    <div class="d-flex flex-row justify-content-around flex-wrap">
           {% for producto in listaProductos %}
                  <div class="card" style="width: 18rem;">
    <img class=",card-img-top" src="{{ asset('img/'~producto.enlaceImagen) }}
    "height="200px" alt="image">
                 <div class=",card-body">
                        <h5 class=",card-title">{{ producto.nombre }}</h5>
                              <ul class="list-group list-group-flush">
                              <li class="list-group-item">
                              {% if  producto.referencia is not null %}
```

```
                                        Referencia:
                                              {{ producto.referencia.numero }}
                                        {% endif %}
                                  </li>
              <li class="list-group-item">Distribuidores:
                     {% if producto.distribuidores is not empty %}
                     {%for distribuidor in producto.distribuidores %}
                            {{ distribuidor.nombre }} 
                     {% endfor %}
                     {% else %}
                           No hay un distribuidor asociado
                     {% endif %}
              </li>
              <li class="list-group-item">Precio:
                    {{ producto.precio }} Euros</li>
              <li class="list-group-item">
                    {% if producto.agotado %}
                           <strong>Producto agotado</strong>
                    {% else %}
                           Cantidad: {{ producto.cantidad }}
                    {% endif %}
              </li>
       </ul>
       <div class="card-body">
              <a href="#" class="btn btn-primary">Añadir a la Cesta</a>
       </div>
</div>
</div>
{% endfor %}
</div>
{% endblock %}
```

Observemos el resultado:

17. Las relaciones bidireccionales

Por ahora, siempre hemos definido en nuestras uniones una tabla prioritaria y una tabla inversa, lo que significa que no hay reciprocidad.

En la unión, siempre partimos de una tabla (la tabla prioritaria) para buscar información en la tabla inversa.

¿Qué pasa si queremos hacer lo contrario?

Por ejemplo: con la unión ManyToMany anterior, queremos crear una vista que liste las marcas de los distribuidores y que muestre, para cada uno de ellos, los números de los productos que distribuyen.

Es imposible hacer en el estado actual, porque no tenemos una propiedad `$producto` en la entidad Distribuidor. Si agregamos esta propiedad y le asociamos una unión ManyToMany, es poco probable que la tabla de unión intermedia sea la misma (tendríamos una segunda tabla de unión: distribuidor_producto, lo que no es fácil de manejar).

Por lo tanto, vamos a establecer una relación bidireccional.

El primer paso es agregar la propiedad `$producto` de unión en la tabla inversa, es decir, la tabla distribuidor.

Le asociamos una unión ManyToMany, pero teniendo cuidado de especificar que es una relación inversa con la propiedad `mappedBy`.

Preste atención: esta opción toma como valor el nombre de la propiedad que sirve como unión en la tabla propietaria. Para nuestro ejemplo, el nombre de esta propiedad es, si miramos la entidad Producto: `$distribuidores`.

Por lo tanto, esto es lo que debemos agregar en la entidad Distribuidor:

```
#[ORM\ManyToMany(targetEntity:Producto::class,
mappedBy:'distribuidores')]
private $productos = null;
```

¡Pero eso no es todo! Necesitamos decirle a la entidad Producto que hay una relación bidireccional.

Para ello, basta con agregar la opción `inversedBy` que, al igual que `mappedBy`, tendrá como valor el nombre de la propiedad que hace la unión en la entidad inversa. Para nuestro ejemplo: `inversedBy ="productos"`.

Entonces, así queda la unión modificada en la entidad Producto:

```
    #[ORM\ManyToMany(targetEntity:Distribuidor::class,
cascade:["persist"], inversedBy: 'productos')]
    private $distribuidores = null;
```

Tenemos que crear los métodos de acceso (para `$producto`):

```
php bin/console make:entity --regenerate App
```

Realizar las migraciones pertinentes:

```
php bin/console make:migration
php bin/console dotrine:migrations:migrate
```

Para probar nuestras uniones bidireccionales, vamos a crear en **ListaProductosController.php** una nueva acción `listeDistribuidores()`, que mostrará una vista distribuidores.html.twig:

```
   #[Route("/distrib",name: "distribuidores")]
   public function listedistribuidor(EntityManagerInterface $entityManager)
   {
     $repositoryDistribuidores=$entityManager->
getRepository(Distribuidor::class);
     $distribuidores = $repositoryDistribuidores->findAll();

   return $this->render('lista_productos/distribuidores.html.twig', array(
          'distribuidores' => $distribuidores));
  }
```

Solo falta crear la vista en **lista_productos**, la vista distribuidores.html.twig:

```
{% extends 'base.html.twig' %}
{% block body %}
    <table class="table mx-auto" border="2" style="width:400px" >
        <tr>
            <th>Distribuidor</th>
            <th>
            <table>
                <th width="120px">Producto</th>
                <th>Referencia</th>
            </table>
            </th>
        </tr>
        {% for distribuidor in distribuidores %}
            <tr>
                <td>{{ distribuidor.nombre }}</td>
                <td>
                <table border="2" style="background-color:grey; ">
```

```
                {% if distribuidor.productos is not empty %}
                {% for producto in distribuidor.productos %}
                        <tr>
                    <td align="center">{{ producto.nombre }}</td>
                    <td align="center">{{ producto.referencia.numero }}</td>
                        </tr>
                {%  endfor %}
                {% endif %}
                        </table>
                    </td>
                </tr>
            {% endfor %}
        </table>
{% endblock %}
```

La vista será accesible en localhost:8000/distrib:

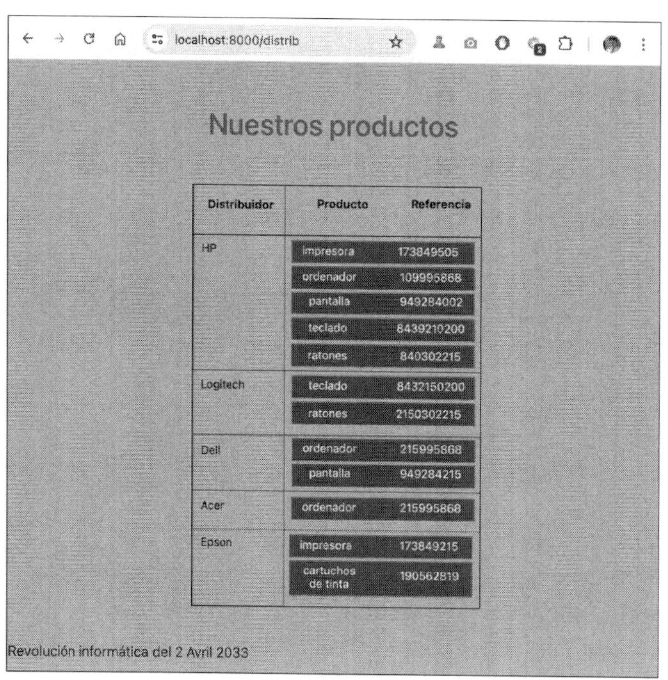

Sin embargo, todavía hay un pequeño problema no resuelto en nuestra relación bidireccional.

Imaginemos que, en una acción, creamos el siguiente código:

```
$producto = new Producto;
$distribuidor = new Distribuidor;

// Relacionamos el distribuidor con el producto
$producto->addDistribuidor($distribuidor);
```

antes de hacer un **persist** de esta relación, ¿qué devuelve esta instrucción?

```
$distribuidor->getProducto();
```

La respuesta es: nada.

De hecho, $distribuidor no tiene conocimiento de la relación con $producto.

Para que la relación sea verdaderamente bidireccional, sin esperar a una salvaguarda en la base de datos, debemos modificar uno de los *accesors* para establecer la relación en ambos sentidos.

La forma correcta de hacerlo es llamar a uno de los métodos desde el otro.

Veamos cómo hacerlo modificando los setters en una de las dos entidades.

Aquí, vamos a modificar `addDistribuidor` para que tenga en cuenta la relación inversa `addProducto()`:

```
if (!$this->distribuidores->contains($distribuidor)) {

       $this->distribuidores[] = $distribuidor;
    // aquí tenemos en cuenta la relación inversa:
       $distribuidor->addProducto($this);

}
```

Por supuesto, a partir de esta convención, siempre debe usar `addDistribuidor()` para hacer uniones, y nunca `addProducto()`.

Observación

¡Nunca coloque las dos instrucciones simétricamente en cada entidad, ya que corre el riesgo de generar un bucle infinito!

18. Las relaciones bidireccionales con atributos

Imaginemos que queremos conocer el número de productos generados para cada producto por marca.

Esto significa que, en cada unión entre la entidad Producto y la entidad Distribuidor, tendríamos que especificar un parámetro numProducto.

Pero ¿dónde almacenar esta información?

No es posible en la entidad Producto porque esta información depende de cada marca. Lo mismo ocurre con la entidad Distribuidor: la información depende del producto.

Deberíamos poder insertarlo en la tabla de unión **producto_distribuidor**, pero no tenemos acceso a esa tabla. Symfony la administra por nosotros.

La única solución es crear y administrar nosotros mismos la tabla intermedia para poder agregar la columna numProducto. Pero ya no deberíamos pasar por una unión ManyToMany.

Deberemos manejar una relación OneToMany entre la entidad producto y la entidad intermedia que crearemos y una relación ManyToOne entre la entidad intermedia y la tabla distribuidor.

19. El Lazy Loading

Es muy importante tener presente este concepto cuando se desarrolla con uniones.

Symfony utiliza un proceso llamado **Lazy Loading** para realizar sus uniones. Intenta optimizar las consultas. En resumen, carga solo lo que necesita en el momento en que lo necesita.

Así que, cuando ejecuta el comando:

```
$listaProductos=$productosRepository->findAll();
```

la consulta generada no realiza una unión real. Utiliza un objeto **Proxy** para simular la unión. Mientras no se solicite información de la tabla inversa, la consulta no realiza la unión.

Para obtener más detalles sobre los objetos Proxy, consulte el enlace: https://es.wikipedia.org/wiki/Servidor_proxy

Veamos un ejemplo.

Creemos una acción `eager()` que llame a una vista para mostrar los números de los productos:

```
#[Route("/eager",name: "eager")]
  public function eager(EntityManagerInterface $entityManager)
    {
    $productosRepository=$entityManager->getRepository(Producto::class);
    $listaProductos=$productosRepository->findAll();
        return $this->render('lista_productos/eager.html.twig', [
            'listaProductos' => $listaProductos,

        ]);
    }
```

y la vista lista_productos/eager.html.twig:

```
{% extends 'base.html.twig' %}
{% block title %}Lista de productos
{% endblock %}

{% block body %}

    <div class="d-flex flex-row justify-content-around flex-wrap">
            {% for producto in listaProductos %}

                    {{ producto.nombre }}<br>

            {% endfor %}
    </div>
{% endblock %}
```

Ejecute la consulta localhost:8000/eager y abra el **Web Profiler** (haga clic en el pequeño logotipo de **Sf** en la esquina inferior derecha; la barra de herramientas de depuración web aparecerá en la parte inferior de la pantalla).

Si hace clic en la pestaña de Doctrine (la última pestaña a la derecha, donde se indica: 1 in 1.9ms), verá que se ha ejecutado una sola consulta, y esta consulta no contiene ninguna unión con la tabla referencia.

De hecho, nuestra vista no requiere información de la tabla unida, por lo que Symfony ha decidido no ejecutar una consulta con una unión innecesaria.

Si modificamos nuestra vista y agregamos la visualización del número de Referencia:

```
{% extends 'base.html.twig' %}
{% block title %}Lista de productos
{% endblock %}

{% block body %}

    <div class="d-flex flex-row justify-content-around flex-wrap">
            {% for producto in listaProductos %}
                    {{ producto.nombre }}<br>
                    {{ producto.referencia.numero }}<br>

            {% endfor %}
    </div>
{% endblock %}
```

Esta vez, el Web Profiler indica que se han lanzado 7 solicitudes:

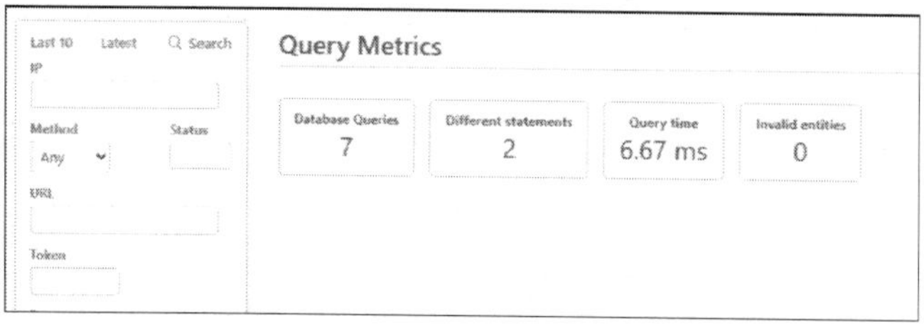

Las consultas con las uniones se generaron en el momento oportuno, es decir, para cada visualización de `{{ producto.referencia.numero }}` en el bucle `for`.

La optimización de las consultas es, por lo tanto, contraproducente aquí. Hubiera sido preferible tener una sola consulta (incluso con una unión) para recuperar todos los elementos.

Para evitar este tipo de problemas, puede solicitarle a Doctrine que no realice el Lazy Loading de forma predeterminada. Bastará con especificar un parámetro **fetch="EAGER"** en la anotación de unión en la entidad.

Entonces, agreguemos este parámetro en la unión OneToOne en la entidad Producto:

```
    #[ORM\OneToOne(targetEntity:Referencia::class,
cascade:["persist"], fetch: "EAGER" )]
    private $referencia = null;
```

Si ejecutamos de nuevo la consulta localhost:8000/eager y miramos el Web Profiler:

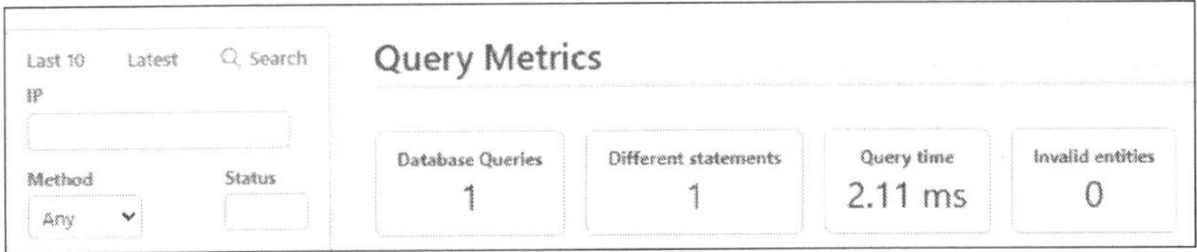

Esta vez, tenemos una sola consulta con la unión. El rendimiento es mejor.

No pierda de vista este problema cuando tenga uniones con una visualización en bucle. Esto evitará tiempos de ejecución demasiado largos.

Si desea controlar las consultas generadas, también puede hacer sus uniones con el DQL o el Constructor de consultas.

20. La ingeniería inversa

Es posible que comience Symfony con una base de datos ya existente. Esto sucede a menudo en las empresas. Si su base de datos contiene muchas tablas, será bastante tedioso crear manualmente todas las entidades correspondientes en su aplicación.

Symfony le brinda la posibilidad de crear automáticamente todas las entidades a partir de la base de datos.

En el terminal, ejecute el comando:

```
php bin/console doctrine:mapping:import "App\Entity" annotation
--path=src/Entity/Reverse
```

En la carpeta **src/Entity**, encontrará una carpeta **Reverse** que contendrá todas las entidades generadas.

Si abre la entidad Producto, verá que se han detectado las uniones. Hay un ManyToMany en la propiedad `$distribuidor`.

Sin embargo, Symfony ha realizado una unión ManyToOne (por defecto) en la propiedad `$referencia`. De hecho, no hay nada que diferencie un ManyToOne de un OneToOne en la estructura de las tablas.

Le corresponde a usted aplicar las correcciones manualmente.

También necesita generar los métodos de acceso con el comando:

```
php bin/console make:entity --regenerate App
```

Advertencia: elimine la carpeta **Reverse** y su contenido para continuar. Si no lo hace, tendrá conflictos entre las entidades de la carpeta **Reverse** y las entidades del mismo nombre que creamos en la carpeta **Entity**.

Capítulo 16
Los formularios

1. Introducción

Los formularios están muy desarrollados en Symfony. Hay una multitud de opciones disponibles para trabajar con los campos de sus formularios a su gusto. Aquí le mostraremos lo que consideramos esencial conocer.

Como ejemplo, vamos a desarrollar la parte administrativa de nuestra aplicación para gestionar nuestros productos.

Para ello, creamos un nuevo controlador AdminController:

```
php bin/console make:controller
```

Reemplazamos la acción `index()`, que por defecto existe en el controlador, por estas tres acciones: `insert()`, `update()` y `delete()`.

```
<?php

namespace App\Controller;

use Symfony\Bundle\FrameworkBundle\Controller\AbstractController;
use Symfony\Component\HttpFoundation\Response;
use Symfony\Component\Routing\Annotation\Route;
use Symfony\Component\HttpFoundation\Request;


class AdminController extends AbstractController
{
```

```
    #[Route('/insert', name: 'app_admin')]
    public function insert(Request $request)
    {
        return $this->render('Admin/create.html.twig');
    }
    #[Route("/update/{id}", name:"update")]
    public function update(Request $request,$id)
    {
        return $this->render('Admin/create.html.twig');
    }
    #[Route("/delete/{id}", name:"delete")]
    public function delete(Request $request, $id)
    {

    }
}
}
```

Seguramente, necesitaremos el objeto `$request` para obtener la información del formulario.

Los métodos `update` y `delete` necesitarán el **id** de la entidad para trabajar.

Utilizaremos la misma vista Admin/create.html.twig para mostrar el formulario común a `insert()` y `update()`.

2. Form Builder

Importante: antes de comenzar a trabajar con los formularios, vamos a desactivar la herramienta **Symfony Turbo** que instalamos en el capítulo Symfony UX Stimulus, sección HotWire y Turbo.

De hecho, Turbo, por defecto, se encarga de las presentaciones de los formularios y ejecuta una solicitud AJAX (en lugar de llamar a una página HTML) que devolverá las entradas del formulario en formato JSON. De esta manera, las entradas del formulario pueden ser procesadas por una aplicación JavaScript mientras permanecen en la misma página HTML (*Single Page Application*).

Esto no es lo que queremos aquí. Queremos que los resultados de las entradas del formulario se transmitan en una nueva página HTML de manera estándar.

Para desactivar Turbo, vaya al archivo **assets/controllers.json** y establezca el valor de la propiedad `"enabled"` en `false`:

```
"@symfony/ux-turbo": {
            "turbo-core": {
                "enabled": false,
                "fetch": "eager"
            },
```

Vuelva a ejecutar el comando `run watch` para que estos cambios se tengan en cuenta:

```
npm run watch
```

Esté tranquilo: en este capítulo, trabajará de forma «estándar».

No hay nada más sencillo que crear un formulario en la acción de un controlador.

Solo tiene que invocar el método `createFormBuilder()` y agregar los campos deseados con el método `add()`.

Sintaxis:

```
$form=$this->createFormbuilder()
          ->add('nombreCampo', Tipo de campo, [ options ])
```

Los tipos de campos disponibles están definidos en la documentación de Symfony: https://symfony.com/doc/current/reference/forms/types.html

Hay muchos tipos disponibles con muchas opciones.

Para usar un tipo, debe obtener la clase correspondiente.

Por ejemplo, para un TextType:

```
use Symfony\Component\Form\Extension\Core\Type\TextType;
$form=$this->createFormbuilder()
          ->add('nombreCampo', TextType::class, [ options ])
```

La notación `::class` se utiliza para la resolución de nombres de clases. En PHP, puede obtener el nombre completo de la clase (*qualified name*) con su espacio de nombres utilizando `ClassName::class`.

Vamos a elaborar un ejemplo en la acción `insert()`. Creemos un formulario:

```
$form=$this->createFormbuilder()
            ->add('nombre', TextType::class)
            ->add('fecha', DateType::class)
            ->add('save', SubmitType::class,
  ['label'=>'Añada un producto'])
            ->getForm();
```

El método `getForm()` genera el formulario definido por el Constructor de Formularios. Debe importar los usos para TextType, DateType y SubmitType:

```
use Symfony\Component\Form\Extension\Core\Type\SubmitType;
use Symfony\Component\Form\Extension\Core\Type\TextType;
use Symfony\Component\Form\Extension\Core\Type\DateType;
```

Para ver el formulario, hay que enviarlo a la vista con el método `createView()`:

```
return $this→render('Admin/create.html.twig',
array('my_form'=>$form->createView()));
```

Al final, el método `insert()` tendrá este aspecto:

```
<?php

namespace App\Controller;

use Symfony\Bundle\FrameworkBundle\Controller\AbstractController;
use Symfony\Component\HttpFoundation\Response;
use Symfony\Component\Routing\Annotation\Route;
use Symfony\Component\HttpFoundation\Request;


use Symfony\Component\Form\Extension\Core\Type\SubmitType;
use Symfony\Component\Form\Extension\Core\Type\TextType;
use Symfony\Component\Form\Extension\Core\Type\DateType;


class AdminController extends AbstractController
{
```

```
    #[Route('/insert', name: 'app_admin')]
    public function insert(Request $request)
    {
        $form=$this->createFormbuilder()
        ->add('nombre', TextType::class)
        ->add('fecha', DateType::class)
        ->add('save', SubmitType::class,
        ['label'=>'Añada un producto'])
        ->getForm();

        return $this->render('Admin/create.html.twig',
array('my_form'=>$form->createView()));
    }
...
```

Podemos mostrar el formulario en la vista usando la expresión `form()`.

Sintaxis:

```
{{ form(nombre_del_formulario) }}
```

De esta manera, creamos la vista Admin/create.html.twig con las instrucciones siguientes:

```
{% extends 'base.html.twig' %}

{% block title %}Página de Administración{% endblock %}

{% block body %}
    <div class="d-flex justify-content-center" >
    {{ form(my_form) }}
    </div>
{% endblock %}
```

Si consultamos la URL localhost:8000/insert, obtendremos el siguiente resultado:

El mágico mundo de la informática moderna

Autor: MiNombre

Nombre

Fecha dd/mm/yyyy

Añada un producto

Revolución informática del 2 Abril 2033

Cierto es que el diseño no está muy bien elaborado, pero veremos más adelante cómo mejorarlo.

Por ahora, estudiaremos cómo recuperar los datos del formulario. Por defecto, cuando validamos el formulario, Symfony volverá a la misma acción.

En otras palabras, si pulsamos el botón **Añada un producto**, volveremos a la acción `insert()`. Los datos pueden recuperarse a través del objeto `Request`.

Hay varios métodos para recuperar estos datos (ver capítulo La primera aplicación, sección El objeto Request).

Usaremos el método:

```
$request->request->all()
```

Retornaremos un objeto de respuesta en formato JSON para visualizar estos datos directamente en el navegador (este formato permite mostrar datos complejos, como matrices u objetos). La recuperación se realiza mediante un objeto de la clase `JsonResponse`. No olvide agregar el *use* correspondiente:

```
use Symfony\Component\HttpFoundation\JsonResponse;
```

Así queda nuestro método `insert()`:

```
<?php
namespace App\Controller;

use Symfony\Bundle\FrameworkBundle\Controller\AbstractController;
use Symfony\Component\HttpFoundation\Response;
use Symfony\Component\Routing\Annotation\Route;
use Symfony\Component\HttpFoundation\Request;

use Symfony\Component\Form\Extension\Core\Type\SubmitType;
use Symfony\Component\Form\Extension\Core\Type\TextType;
use Symfony\Component\Form\Extension\Core\Type\DateType;
use Symfony\Component\HttpFoundation\JsonResponse;

class AdminController extends AbstractController
{
    #[Route('/insert', name: 'app_admin')]
    public function insert(Request $request)
    {
        $form=$this->createFormbuilder(null, [
            'action' => '/insert',
```

```
                'method' => 'POST',
            ])
            ->add('nombre', TextType::class)
            ->add('fecha', DateType::class)
            ->add('cantidad', NumberType::class)
            ->add('agotado', CheckboxType::class)
           ->add('enlaceImagen', FileType::class)
            ->add('save', SubmitType::class,
            ['label'=>'Añada un producto'])
            ->getForm();

            if($request->isMethod('POST')){
                return new JsonResponse($request->request->all());
            }

            return $this->render('Admin/create.html.twig',
    array('my_form'=>$form->createView()));
        }
    ... el resto ...
```

La instrucción `if($request->isMethod('post')){ ... }` permite comprobar si venimos del formulario y si hay parámetros en POST en el objeto `$request`. Recuerde: hay dos formas de transmitir datos de una solicitud a otra, en modo POST o en modo GET. Desde un formulario, los datos se transmiten a través del verbo POST (ver capítulo La primera aplicación, sección El objeto Request).

En la respuesta JSON, encontramos los parámetros nombre y fecha. También hay un parámetro `save` adicional, provocado por el botón **Submit** (contendrá el nombre del botón). Y descubrimos un misterioso parámetro `_token` con un valor similar a una clave.

Este **_token** se transmite por Symfony en un campo oculto. Sirve para asegurar la validez de los datos (para combatir una vulnerabilidad de seguridad llamada **CSRF**: *Cross-**S**ite **R**equest **F**orgery*, utilizada regularmente por los Hackers).

No entraremos en detalles sobre la razón del token aquí. Para más información, consulte el sitio web Wikipedia sobre el tema:
https://en.wikipedia.org/wiki/Cross-site_request_forgery

Únicamente debe saber que este campo es obligatorio por ahora.

Ahora tenemos un formulario que funciona y podemos recuperar sus datos.

Dicho esto, la construcción del formulario de esta manera puede tener algunas desventajas:

- No podemos vincular un formulario directamente a una entidad.
- Este formulario solo es utilizable en la acción del controlador en la que se ha definido.

Para evitar estos inconvenientes, crearemos formularios externos (independientes de los controladores) y los vincularemos a una entidad.

3. Formularios externos

3.1 Definición

Es conveniente tener formularios independientes de los controladores (a menos que el formulario sea realmente específico de un controlador).

Los formularios independientes pueden ser reutilizados en varias acciones sin necesidad de volver a definirlos. También podemos anidar formularios, heredar de otros formularios... Las posibilidades son numerosas.

Para crear un formulario externo, vamos a utilizar un comando en el terminal:

```
php bin/console make:form
```

Tomemos un ejemplo. Vamos a crear un formulario para nuestra entidad Producto. Todos los nombres de formularios externalizados terminan con **Type**. Vamos a llamar a nuestro formulario: ProductoType.

Especifique también en el cuestionario el nombre de la entidad relacionada. Aquí es Producto:

```
php bin/console make:form

The name of the form class (e.g. VictoriousJellybeanType):
> ProductoType

The name of Entity or fully qualified model class name that the new form
will be bound to (empty for none):
> Producto

created: src/Form/ProductoType.php

  Success!
```

Se ha creado una carpeta **src/Form** y en su interior podemos encontrar el formulario externo ProductoType.

Se han recuperado todos los campos de la entidad y se han colocado en el formulario:

```
public function buildForm(FormBuilderInterface $builder, array $options)
    {
        $builder
            ->add('nombre')
            ->add('precio')
            ->add('cantidad')
            ->add('agotado')
            ->add('enlaceImagen')
            ->add('referencia')
            ->add('distribuidores')    ;
    }
```

Pero esto no es suficiente para crear y utilizar el formulario. Es necesario completar esta descripción con los tipos de campos deseados y las posibles opciones.

He aquí cómo completar los campos en nuestro ejemplo:

```
<?php

namespace App\Form;

use App\Entity\Producto;
use Symfony\Component\Form\AbstractType;
use Symfony\Component\Form\FormBuilderInterface;
use Symfony\Component\OptionsResolver\OptionsResolver;
use Symfony\Component\Form\Extension\Core\Type\TextType;
use Symfony\Component\Form\Extension\Core\Type\NumberType;
use Symfony\Component\Form\Extension\Core\Type\CheckboxType;
use Symfony\Component\Form\Extension\Core\Type\FileType;

class ProductoType extends AbstractType
{
    public function buildForm(FormBuilderInterface $builder, array $options)
    {
        $builder
            ->add('nombre',TextType::class,array('label' => 'Nombre producto:'))
            ->add('precio',NumberType::class,array('label' => 'Precio:'))
            ->add('cantidad',NumberType::class, array('label' => 'Cantidad:'))
            ->add('agotado',CheckboxType::class, array('label' => 'Producto
agotado?','required' => false))
            ->add('enlaceImagen',FileType::class, array('label' => 'Image :',
'required' => false, 'data_class' => null, 'empty_data' => 'Sin imagen'))

            // ->add('referencia')
            // ->add('distribuidores')
        ;
    }
... // resto de la clase
```

Comentamos, por ahora, los campos de las relaciones referencia y distribuidores. Veremos cómo implementarlos más adelante.

```
//->add('referencia')
//->add('distribuidores')
```

Utilizamos cuatro tipo de campos:

- TextType para campos de texto
- NumberType para campos numéricos
- CheckBoxType para el campo agotado (casilla de verificación)
- FileType para la imagen que se ha de descargar

Hemos agregado la opción `'required' => false` en el campo agotado y en el campo enlaceImagen porque, por defecto, todos los campos son obligatorios, lo que significa que su navegador no le permitirá enviar el formulario si no se completan todos ellos. Esto nos conviene para todos los demás campos, excepto para agotado (no tiene sentido marcar la casilla si el producto no está fuera de stock) y para enlaceImagen (no hay necesidad de cargar una imagen si queremos conservar la que ya está cargada en el caso de actualizar un producto).

Por defecto, la entidad está asociada al campo de cada formulario. La opción `"data_class" => null` permite no especificar de forma predeterminada esta entidad, en caso de que no actualicemos la imagen por defecto. Del mismo modo, cuando se envíe el formulario, si este campo devuelve un valor nulo, la validación del formulario generará un error. Por lo tanto, debemos especificarle un valor por defecto. Decidimos asignarle una cadena: 'empty_data' => 'ninguna imagen'. Este valor nunca se actualizará en la entidad.

No hemos añadido un botón con un tipo de campo SubmitType. Este campo se personalizará en cada formulario que utilice este tipo de formulario. De esta manera, podremos tener un botón «Crear un nuevo producto» en caso de inserción (acción `insert()`) y un botón «Actualizar un producto» en caso de actualización (acción `update()`).

3.2 Uso del formulario externo

Para utilizar un formulario externo en una acción de un controlador, hay que utilizar el método `createForm()`.

Sintaxis:

```
$this->createForm(ClaseDelFormularioExterno,$objetoAsociado,array(options)
```

Vamos a utilizar el formulario ProductoType en la acción `insert()` de AdminController. Hay que eliminar todo el formulario previamente establecido con **createFormBuilder**. Asegúrese de incluir el use de la entidad producto:

```
use App\Entity\Producto;
```

así como de importar la dependencia al formulario utilizando use:

```
use App\Form\ProductoType;
```

El método `insert()` de AdminController quedará de la siguiente manera:

```
use App\Form\ProductoType;

<?php

namespace App\Controller;

use Symfony\Bundle\FrameworkBundle\Controller\AbstractController;
use Symfony\Component\Form\Extension\Core\Type\DateType;
use Symfony\Component\Form\Extension\Core\Type\SubmitType;
use Symfony\Component\Form\Extension\Core\Type\TextType;
use Symfony\Component\HttpFoundation\JsonResponse;
use Symfony\Component\HttpFoundation\Request;
use Symfony\Component\Routing\Annotation\Route;
use App\Entity\Producto;
use App\Form\ProductoType;

class AdminController extends AbstractController
{
    #[Route('/insert', name:'insert')]
    function insert(Request $request)
    {
        $producto=new Producto;
        $formProducto= $this-
>createForm(ProductoType::class,$producto);
```

```
        $formProducto->add('crear', SubmitType::class,
                    array('label'=>'Añadir un producto'));

        if($request->isMethod('post')){

                return new JsonResponse($request->request->all());
            }

            return $this->render('Admin/create.html.twig',
                    array('my_form'=>$formProducto->createView()));
    }
El resto… hacia los otros métodos delete y update
```

Hemos añadido el campo «crear» para el botón de envío.

Si lanzamos de nuevo la solicitud localhost:8000/insert, encontraremos el formulario:

El mágico mundo de la informática moderna

Autor: MiNombre

Nombre
Precio
Cantidad
Producto agotado
Link imagen Choose file No file chosen
Añada un producto

Revolución informática del 2 Abril 2033

Puede validar el formulario y encontrar los datos introducidos en formato JSON (excepto los datos de la imagen, que se guardan en otro lugar).

El parámetro agotado sólo se recuperará si hemos marcado la casilla **Producto agotado**.

4. Personalización de la visualización de un formulario

Hasta ahora, no nos hemos preocupado por el diseño del formulario. La ventaja con Symfony es que podemos desarrollar un formulario en PHP sin preocuparnos por la parte HTML. Nos hemos liberado de escribir las etiquetas `<input>`, que son pesadas y tediosas.

La instrucción:

```
{{ form(nombre_del_formulario) }}
```

se encarga de todo.

Esta instrucción utiliza un tema por defecto para mostrar el formulario.

Es posible modificar este tema por defecto y, por ejemplo, utilizar un tema que incluya Bootstrap.

Para hacerlo, debemos modificar el archivo **config/packages/twig.yaml** y especificar el tema de Bootstrap 5:

```
twig:
    default_path: '%kernel.project_dir%/templates'
    globals:
        autor: '%env(APP_AUTHOR)%'
    form_themes: ['bootstrap_5_layout.html.twig']
```

Observación

Cuidado con la indentación. Hay cuatro espacios de desplazamiento para las opciones de Twig. No respetar la indentación produce un error en Symfony.

Hay que detener y reiniciar el servidor de Symfony para que el efecto funcione:

```
symfony server:start
```

Por ahora, no notará muchas diferencias en el diseño del formulario, pero más adelante usaremos en la plantilla las clases de Bootstrap para darle formato.

De hecho, es posible ir más allá en el diseño personalizando cada elemento del tema.

Twig pone a su disposición funciones para renderizar las diferentes partes del formulario:

```
{{ form_start(my_form , { options }) }}
```

describe la etiqueta de apertura del formulario. El parámetro `{ options }` es opcional. Podemos usarlo para agregar valores a las propiedades del formulario (por ejemplo: `{ 'method': 'POST' }`).

```
{{ form_end(my_form) }}
```

describe la etiqueta de cierre del formulario.

```
{{ form_label(my_form.name, 'nombre del label', {'label_attr':
{'class':
'foo'...}}) }}
```

describe la etiqueta `<label>` de un campo del formulario. **form.name** es el nombre del formulario seguido del nombre del campo (por ejemplo, my_form.nombre).

'nombre del label' es el nombre del etiqueta tal como aparecerá. Es posible mantener el nombre de la etiqueta definido en el formulario externo poniendo este valor a **null**.

Las opciones se definen en el último parámetro utilizando la etiqueta **label_attr**.

```
{{ form_widget(my_form.name, {'attr': {'class': 'foo'}}) }}
```

renderiza la etiqueta utilizada (por ejemplo, un `<input type="texte" ...>` para un campo de tipo TextType). Esta etiqueta está definida en el formulario externo; el enlace se hace con el nombre del campo especificado en **name**.

```
{{ form_errors(my_form.name) }}
```

muestra los errores de validación, si los hay, para el campo name del formulario form. También es posible usar la etiqueta:

```
{{ form_errors(form) }}
```

para mostrar los errores de validación globales, aquellos que no están relacionados con un campo en particular.

```
{{ form_help(my_form.name) }}
```

muestra un texto de ayuda para el campo **name**. Este texto de ayuda puede describirse usando la opción **help** en el formulario externo (ver ejemplo más abajo).

```
{{ form_rest(my_form) }}
```

permite, si no ha mostrado todos los campos del formulario en su vista Twig, renderizar globalmente todos los campos que faltan sin tener que especificarlos uno por uno. Esto permite en particular renderizar todos los campos ocultos. Se trata de una función opcional; es mejor especificar todos los campos del formulario para controlar mejor la visualización.

```
{{ form_row(form.name, {'label': 'foo'}) }}
```

permite mostrar una fila de un campo del formulario. Esta función combina tanto la función `form_label()` como la función form_`widget()`.

```
form_parent(form_view)
```

devuelve la vista del formulario principal, o *null* si la vista del formulario ya es la vista del formulario raíz.

Hay otros elementos en la visualización de los formularios (especialmente, las variables de formularios). Si desea profundizar, puede consultar la página de referencia de Symfony: https://symfony.com/doc/current/form/form_customization.html#referencia-form-twig-functions

En nuestro ejemplo, vamos a personalizar la vista create.html.twig utilizando los labels y los widgets. He aquí el código de la vista:

```
{% extends 'base.html.twig' %}
{% block title %}Página de Administración
{% endblock %}

{% block body %}
    <div
            class="d-flex justify-content-center">
            {# {{ form(my_form) }} #}
            {{ form_start(my_form) }}
            {{ form_errors(my_form) }}
            <div class="form-group">
                    {{ form_label(my_form.nombre) }}
                    {{ form_widget(my_form.nombre, {'attr':
                    { 'class':'form-control'}}) }}
```

```
                {{ form_errors(my_form.nombre) }}
            </div>
            <div class="form-group">
                {{ form_label(my_form.precio) }}
                {{ form_widget(my_form.precio, {'attr':
                { 'class':'form-control'}}) }}
                {{ form_errors(my_form.precio) }}
            </div>
            <div class="form-group">
                {{ form_label(my_form.cantidad) }}
                {{ form_widget(my_form.cantidad, {'attr':
                { 'class':'form-control'}}) }}
                {{ form_errors(my_form.cantidad) }}
            </div>
            <div class="form-group mt-3">
                {{ form_label(my_form.agotado) }}
                {{ form_widget(my_form.agotado) }}
                {{ form_errors(my_form.agotado) }}
            </div>
            <div class="form-group mt-3">
                {{ form_label(my_form.enlaceImagen) }}
                {{ form_widget(my_form.enlaceImagen) }}
                {{ form_errors(my_form.enlaceImagen) }}
            </div>
            <div class="mt-3">
        {{ form_row(my_form.crear, {'attr': { 'class':'btn btn-info'}}) }}
            </div>
    </div>
    {{ form_end(my_form) }}
{% endblock %}
```

Las clases **mt-3** permiten agregar un margen superior (**margin-top**) a los elementos. Verá que la presentación de los campos del formulario ha cambiado, pero ahora podrá personalizar esta vista a su gusto.

Aún se puede ir más lejos en la personalización de la visualización de un formulario. Es posible, en particular, personalizar cada una de las funciones de `Twig: form_label(), form_widget()...`, lo que se llama **fragments**.

Veremos un ejemplo en la sección La validación de formularios, más adelante en este capítulo, para personalizar la visualización del error de validación (`form_error()`).

Para obtener más información sobre el uso de fragmentos, acceda a la documentación siguiente:
https://symfony.com/doc/current/form/
form_themes.html#form-fragment-naming

5. Tratamiento de datos del formulario

Una vez que el formulario está listo, ahora nos ocupamos de recuperar la información introducida por el usuario y de insertarla en la base de datos.

En Symfony, todo ocurre en la misma acción, la creación y el procesamiento del formulario. Comenzaremos por tratar la acción `insert()` del AdminController.

Para recuperar los datos en la entidad asociada, debemos usar el método `handleRequest()` pasándole el objeto `$request`:

```
        $formProducto->handleRequest($request);
```

Luego, debemos verificar si el método Post existe en el objeto `$request`. También es recomendable verificar el método `isValid()`. Este método comprueba que todos los datos del formulario cumplan con las restricciones de validación. Volveremos en una próxima sección sobre la validación del formulario.

```
if($request->isMethod('post') && $formFilm->isValid() ){...}
```

Dentro de la instrucción de control `if`, es necesario para poder insertar los datos en la entidad.

En realidad, los datos del formulario ya están en la entidad. Fueron transmitidos al formulario por el método `createForm()` anteriormente (en nuestro ejemplo, está en la entidad `$producto`). Solo necesitamos persistir este objeto y ejecutar el método `flush()` para inyectarlos en la base de datos.

Pero antes, debemos recuperar la imagen.

La imagen se almacena en el campo enlaceImagen del formulario (`$formProducto`). Para recuperarla, debemos usar el método `getData()`:

```
$file = $formProducto['enlaceImagen']->getData();
```

`$file` nos permite recuperar el nombre original del archivo cargado:

```
$filename=$file->getClientOriginalName();
```

También podríamos crear un nuevo nombre de archivo recuperando solo la extensión del archivo enviado (jpg, pdf...):

```
$extension = $file->guessExtension();
```

Luego, movemos el archivo al directorio que deseamos con el método `move()`:

Sintaxis:

```
$file->move(nombre_carpeta, nombre_archivo);
```

Para nuestro ejemplo, vamos a insertar las imágenes en el directorio **public/img**. Para configurar esta ubicación, vamos a crear un parámetro global que contenga esta ruta (será mejor para estructurar las imágenes que pueda tener en su aplicación).

Los parámetros globales se definen por defecto en el archivo *config/services.yaml*. Vamos a agregar nuestro parámetro `images_directory` en la etiqueta `parameters`:

```
parameters:
    images_directory: '%kernel.project_dir%/public/img'

services:
    ...
```

`%kernel.project_dir%` es otro parámetro, que contiene la ruta de la raíz de la aplicación.

Volvamos a nuestra acción `insert()`. Vamos a mover el archivo de imagen usando su nombre original:

```
$filename=$file->getClientOriginalName();
      $file->move(
                 $this->getParameter('images_directory'),
                 $filename
                 );
```

Tenga cuidado de no olvidar insertar el nombre de la imagen recuperada en la entidad `$producto`:

```
$producto->setEnlaceImagen($filename)
```

Ahora debemos manejar el caso en el que el usuario no haya cargado ninguna imagen. Recuerde, hemos autorizado esta posibilidad asignando al parámetro `require` en el formulario externo el valor *false* (para permitir usar el formulario también para la acción `update()`).

Es necesario verificar el valor de `$file`. Recordamos que, en ProductoType, hemos definido un valor de tipo string si el valor devuelto está vacío:

```
'empty_data' => 'Sin imagen'
```

Vamos a verificar, pues, el tipo del valor devuelto. Si el valor es de tipo **string**, debemos redirigir la acción nuevamente a la acción `insert()`.

La redirección de una URL se hace con este método `generateUrl('etiqueta_de_la_ruta')`:

```
 if(!is_string($file)){
        $filename=$file->getClientOriginalName();
        $file->move(
                $this->getParameter('images_directory'),
                $filename
                 );
        $producto->setEnlaceImagen($filename);
} else {

    return $this->redirect($this->generateUrl('insert'));

}
```

Sería bueno informar al usuario de que debe subir una imagen en caso de error.

Para eso vamos a usar las FlashBags (ver capítulo La primera aplicación, sección Las variables de sesión – Las Flash Bags).

Vamos a utilizar la vista alert.html.twig que creamos en el capítulo El motor de plantillas Twig, sección Las Sesiones y las Flash Bags en Twig.

Para mostrar un mensaje de error, hemos visto que debemos definir dos variables:

- una variable FlashBag llamada «message» para el mensaje de error
- una variable de sesión llamada «status» para resaltar el estado del error en el componente *alert* de Bootstrap

Esto da como resultado el siguiente código:

```
...
else {
$session=$request->getSession();
$session->getFlashBag()->add('message',
                'Necesita proporcionar una imagen para el producto');
$session->set('status','danger');

       return $this->redirect($this->generateUrl('insert'));
}
```

Finalmente, si todo sale bien, debemos persistir el objeto `$producto` y realizar el `flush()`:

```
$entityManager->persist($producto);
 // actualización en la DB
 $entityManager->flush();
```

En resumen, la acción `insert()` de AdminController, con la recuperación de datos en la base, contiene el siguiente código:

```
function insert(Request $request, EntityManagerInterface $entityManager)
    {
    $producto = new Producto;
    $formProducto = $this->createForm(ProductoType::class, $producto);
    $formProducto->add('crear', SubmitType::class, array(
        'label' => 'Añadir un producto'));

    $formProducto->handleRequest($request);

    if ($request->isMethod('post') && $formProducto->isValid()) {


        $file = $formProducto['enlaceImagen']->getData();

        if (!is_string($file)) {

            $filename = $file->getClientOriginalName();
```

```
            $file->move(
                $this->getParameter('images_directory'),
                $filename
            );

            $producto->setEnlaceImagen($filename);

        } else {

            $session = $request->getSession();
            $session->getFlashBag()->add('message',
                'Necesita proporcionar una imagen para el producto');
            $session->set('statut', 'danger');

            return $this->redirect($this->generateUrl('insert'));

        }
        $entityManager->persist($producto);

        $entityManager->flush();

        return $this->redirect($this->generateUrl('liste'));
    }
    return $this->render('Admin/create.html.twig',
        array('my_form' => $formProducto->createView()));

}
```

Tómese el tiempo para revisar este código y analizarlo.

Lanzamos la solicitud localhost:8000/insert y agregamos un nuevo producto (por ejemplo, un escáner), subimos una imagen con el botón **Browse** y enviamos el formulario. En la vista /lista, nuestro nuevo elemento está presente.

Podemos verificar que todo salió bien si:

- en la base de datos (localhost/phpmyadmin), encontramos nuestro producto escáner en la tabla producto,
- encontramos la imagen cargada en la carpeta **public/img**.

Si todo ha salido bien, sería bueno informar de que se ha insertado un nuevo producto.

Podemos agregar un mensaje de información para confirmar la inserción de un artículo.

Después de la instrucción `$entityManager->flush();` agregue estas instrucciones:

```
$session=$request->getSession();
$session->getFlashBag()->add('message','Nuevo producto en el catálogo');
$session->set('status','success');
return $this->redirect($this->generateUrl('liste'));
```

No olvidemos incluir `alert.html.twig` en la plantilla `header.html.twig`:

```
<div class="d-flex flex-row justify-content-center m-5">
<h1>{{ 'Nuestros productos' }}</h1>
</div>
{% include 'alert.html.twig' %}
```

La plantilla `alert.html.twig` contiene:

```
<div class="d-flex flex-row justify-content-center m-5">
    {% for message in app.session.flashbag.get('message') %}

        <span class="alert alert-{{ app.session.get('status') }}">
                {{ message }}
        </span>
    {% endfor %}
</div>
```

Encontrará el mensaje de validación en la página lista:

6. Recuperación de datos de la entidad por defecto

Hemos desarrollado la acción `insert()`. Veamos cómo desarrollar la acción `update()` con un producto existente.

El código es prácticamente el mismo. Puede copiar y pegar el código de `insert()` en `update($id)`.

Esto es lo que va a cambiar.

Recuperamos la entidad correspondiente al **id** transmitido como parámetro en la acción:

```
    $productoRepository=$entityManager->getRepository(Producto::class);
    $producto=$productoRepository->find($id);
```

A continuación, vamos a guardar en una variable el valor de la propiedad enlaceImagen de la entidad `$producto`.

```
¿Por qué hacer esto?
```

Cuando recuperemos los datos del formulario, automáticamente se actualizará la entidad (método `$formProducto->handleRequest($request)`). Si el cliente desea conservar la imagen original de la entidad, no va a cargarla de nuevo. La propiedad en la entidad `$producto` será **null** y habremos perdido el valor de enlaceImagen. Por lo tanto, antes que nada, debemos guardar este valor:

```
$img=$producto->getEnlaceImagen();
```

La presentación del formulario sigue siendo la misma.

```
$formProducto= $this->createForm(ProductoType::class,$producto);

        // añadimos un botón para enviar

        $formProducto->add('crear', SubmitType::class,array(
            'label'=>'Actualizar producto'
        ));
         $formProducto->handleRequest($request);
```

El procesado de los datos es prácticamente el mismo, excepto el contenido del **else** en el caso de que el cliente no haya cargado ninguna imagen. Esta vez, ya no devolvemos un error, sino que actualizamos la entidad producto con el valor de la imagen que contenía, es decir, la que guardamos previamente en la variable `$img`:

```
if($request->isMethod('post') && $formProducto->isValid() ){

            // escritura en la base de datos

            $file = $formProducto['enlaceImagen']->getData();
            if(!is_string($file)){
              $filename=$file->getClientOriginalName();
              $file->move(
                    $this->getParameter('images_directory'),
                    $filename
                    );
              $producto->setEnlaceImagen($filename);
            } else {
              $producto->setEnlaceImagen($img);
            }
```

Para terminar, debemos utilizar el método `flush()` y dirigir al usuario hacia la página donde listamos los productos creando una variable `FlashBag` con el siguiente mensaje: «Producto actualizado».

Este es el código completo de la acción `update()`:

```
function update(Request $request, $id,EntityManagerInterface $entityManager)
    {

        $productoRepository=$entityManager->getRepository(Producto::class);
        $producto=$productoRepository->find($id);

        $img=$producto->getEnlaceImagen();
        $formProducto= $this->createForm(ProductoType::class,$producto);

        // añadimos un botón para enviar

        $formProducto->add('crear', SubmitType::class,array(
            'label'=>'Actualizar producto'
        ));
        $formProducto->handleRequest($request);

        if($request->isMethod('post') && $formProducto->isValid() ){
            // escritura en la base de datos
            $file = $formProducto['enlaceImagen']->getData();
```

```
        if(!is_string($file)){

                  $filename=$file->getClientOriginalName();
                  $file->move(
                        $this->getParameter('images_directory'),
                        $filename
                   );
                  $producto->setEnlaceImagen($filename);
            } else {
               $producto->setEnlaceImagen($img);
            }
            $entityManager->persist($producto);
            $entityManager->flush();
            $session=$request->getSession();
            $session->getFlashBag()->add('message',
                                'Producto actualizado');
            $session->set('status','success');
            return $this->redirect($this->generateUrl('liste'));
    }
    return $this->render('Admin/create.html.twig',
               array('my_form'=>$formProducto->createView()));

}
```

Puede probarlo lanzando la solicitud: `/update/1`, por ejemplo, si el ID de su primer elemento en la tabla producto es 1 (si no, reemplace 1 por el número dado por su ID).

Obtendrá un error relacionado con el campo «agotado». De hecho, el tipo de formulario CheckboxType espera recibir valores booleanos para el campo «agotado». Sin embargo, el valor que se le transmitirá y que provendrá de la tabla producto en la base de datos será de tipo tinyInt(1), un entero que contiene solo un carácter, ya sea 0 para falso o 1 para verdadero. La conversión no se realiza automáticamente. Por lo tanto, obtendrá un error.

Para solucionar este problema, convertiremos sistemáticamente los valores que provienen del campo «agotado» del formulario por defecto en valores booleanos.

Esto se hace en el tipo de formulario: **src/Form/ProductoType.php**. Vamos a usar un nuevo método del builder: `get('agotado') ->addModelTransformer()`, que permite transformar el valor que recibe.

He aquí el código completo de ProductoType:

```
<?php
namespace App\Form;

use App\Entity\Producto;
use Symfony\Component\Form\AbstractType;
use Symfony\Component\Form\FormBuilderInterface;
use Symfony\Component\OptionsResolver\OptionsResolver;

use Symfony\Component\Form\Extension\Core\Type\TextType;
use Symfony\Component\Form\Extension\Core\Type\NumberType;
use Symfony\Component\Form\Extension\Core\Type\CheckboxType;
use Symfony\Component\Form\Extension\Core\Type\FileType;

use Symfony\Component\Form\CallbackTransformer;

class ProductoType extends AbstractType
{
    public function buildForm(FormBuilderInterface $builder,
array $options): void
    {
        $builder
            ->add('nombre', TextType::class, array('label' => 'Nombre producto :'))
            ->add('precio', NumberType::class, array('label' => 'Precio :'))

            ->add('cantidad', NumberType::class,
                array('label' => 'Cantidad :'))

            ->add('agotado', CheckboxType::class,
                array('label' => '¿Producto agotado?', 'required' => false))

            ->add('enlaceImagen', FileType::class,
                array('label' => 'Image :', 'required' => false,
'data_class' => null,
                    'empty_data' => 'Sin imagen'))

            // ->add('referencia')
            // ->add('distribuidores')
        ;
        $builder->get('agotado')
    ->addModelTransformer(new CallbackTransformer(
        function ($activeAsString) {
            // transform the int to boolean
            return (bool)(int)$activeAsString;
        },
        function ($activeAsBoolean) {
            // transform the boolean to string
            return (int)(bool)$activeAsBoolean;
        }
    ));
    }

    public function configureOptions(OptionsResolver $resolver): void
    {
        $resolver->setDefaults([
            'data_class' => Producto::class,
        ]);
    }
}
```

Es la clase `CallbackTransformer` la que se encargará de la transformación. Le pasamos dos funciones de Callback como parámetro: una para la transformación de valor por defecto a formulario y otra para la inversa.

Puede probarlo ahora mismo. Marque y desmarque la casilla agotado sucesivamente y verá que las transformaciones se reflejan en la base de datos.

7. Añadir los botones de actualización en la vista lista

Para probar la acción de actualización, es más fácil agregar botones que apunten a esta acción en la vista lista_productos/index.html.twig. Aprovechamos para agregar también los botones de eliminación de un producto y de inserción de un nuevo producto.

El archivo de la vista lista_productos/index.html.twig queda así:

```
{% extends 'base.html.twig' %}

{% block title %}Lista de productos
{% endblock %}

{% block body %}
    <div class="alert alert-primary">Descuento del 20% en el producto:
            {{ lastproducto.nombre }}</div>
<a class="btn btn-info mb-2" href="{{ path('insert') }}" >
    Añadir un nuevo producto
</a>
    <div class="d-flex flex-row justify-content-around flex-wrap">
            {% for producto in listaproductos %}
                    <div class="card" style="width: 18rem;">
                        <img class="card-img-top" src="{{ asset
('img/'~producto.enlaceImagen) }}" height="200px" alt="image">

    <div class="card-body">
            <h5 class="card-title">{{ producto.nombre }}</h5>
            <ul class="list-group list-group-flush">
                    <li class="list-group-item">
                    {% if  producto.referencia is not null %}
                    Referencia:
                        {{ producto.referencia.numero }}
                    {% endif %}
                    </li>
                    <li class="list-group-item">Distribuidores:
                    {% if producto.distribuidores is not empty %}
                        {%for distribuidor in producto.distribuidores %}
                            {{ distribuidor.nombre }} 
```

```
                        {% endfor %}
                    {% else %}
                        sin distribuidor asociado
                    {% endif %}
                    </li>
                    <li class="list-group-item">
                    Precio: {{ producto.precio }} Euros</li>
                    <li class="list-group-item">
                    {% if producto.agotado %}
                        <strong>Producto agotado</strong>
                    {% else %}
                        Cantidad: {{ producto.cantidad }}
                    {% endif %}
                    </li>
                    </ul>
    <div class="card-body">
            <a href="#" class="btn btn-primary">Añadir a la cesta</a>
            <a  class="btn btn-warning mt-2"
    href="{{ path('update', {'id': producto.id }) }}">Editar Producto</a>

            <a class="btn btn-danger mt-2"
    href="{{ path('delete', {'id': producto.id }) }}" >Eliminar Producto</a>

    </div>
</div>
</div>
{% endfor %}
    </div>
{% endblock %}
```

Por supuesto, para evitar errores, debe crear la ruta /delete y la acción `delete()` en el controlador AdminController.

Deje la acción vacía por ahora:

```
#[Route("/delete/{id}", name:"delete")]
    public function delete(Request $request,$id)
    {

    }
```

Si ejecuta la solicitud localhost:8000/lista, verá el siguiente resultado:

Puede probar que los botones dirigen correctamente a las rutas correctas. No dude en hacer varias pruebas para cada producto.

Por supuesto, los botones para añadir un nuevo producto, editar y eliminar productos solo deberían aparecer para los usuarios que sean administradores del sitio, y no para los clientes normales.

Veremos en el capítulo Seguridad cómo gestionar la aparición o desaparición de estos botones.

Solo queda ver cómo añadimos el tratamiento para la supresión de una entidad.

8. Supresión de entidades

El manejo de la acción `delete()` no es difícil. Solo necesita recuperar la entidad correspondiente al parámetro `$id` transmitido y eliminarla con el método `remove()` del Administrador de Entidades.

En la acción `delete()` del AdminController:

```
#[Route("/delete/{id}", name:"delete")]
function delete(Request $request, $id,EntityManagerInterface $entityManager)
    {

        $productoRepository=$entityManager->getRepository(Producto::class);
        $producto=$productoRepository->find($id);
        $entityManager->remove($producto);
        $entityManager->flush();
        $session=$request->getSession();
        $session->getFlashBag()->add('message','producto eliminado de la lista');
        $session->set('statut','success');
        return $this->redirect($this->generateUrl('liste'));
 }
```

A partir de ahora, ya puede realizar las operaciones **CRUD** en la base de datos: **C**reate, **R**ead, **U**pdate y **D**elete.

9. La unión OneToOne

Recuerde: nuestra entidad tiene una propiedad `$referencia` que hace referencia a una unión OneToOne.

¿Cómo integrar esta unión en nuestro formulario?

Vamos a proceder con la anidación de formularios.

Primero, creemos el formulario externo para la entidad Referencia:

```
php bin/console make:form
```

Nos pedirá el nombre de nuestro formulario tipo:

```
The name of the form class (e.g. DeliciousChefType):
> ReferenciaType
```

Luego, proporcionemos el nombre de la entidad a la que se vinculará el formulario:

```
The name of Entity or fully qualified model class name that the new form
will be bound to (empty for none):
>Referencia
```

En el formulario ReferenciaType.php, configuremos el tipo de campo:

```
<?php
namespace App\Form;

use App\Entity\Referencia;
use Symfony\Component\Form\AbstractType;
use Symfony\Component\Form\FormBuilderInterface;
use Symfony\Component\OptionsResolver\OptionsResolver;
use Symfony\Component\Form\Extension\Core\Type\NumberType;

class ReferenciaType extends AbstractType
{
    public function buildForm(FormBuilderInterface $builder,
array $options)
    {
        $builder
            ->add('numero',NumberType::class,array(
                'label'=>'N° de referencia'
            ));

    }

    public function configureOptions(OptionsResolver $resolver)
    {
        $resolver->setDefaults([
            'data_class' => Referencia::class,
        ]);
    }
}
```

Para la relación OneToOne, anidaremos el formulario ReferenciaType dentro del formulario ProductoType.

La anidación se realiza como para cualquier propiedad de la entidad, pero el tipo de campo elegido es precisamente el formulario ReferenciaType.

Agreguemos en ProductoType el campo referencia:

```
->add('referencia',ReferenciaType::class, array(

                'label' =>'Referencia del producto',
                "required"  => false
            ));
```

Sin olvidar el use:

```
use App\Form\ReferenciaType;
```

Ahora solo queda añadir la visualización del campo en la vista admin/create.html.twig:

```
{{ form_label(my_form.referencia) }}
```

Esta instrucción mostrará la etiqueta indicada en ProductoType dentro del campo referencia.

Luego, describamos cada campo del formulario ReferenciaType:

```
<div class="form-group mt-3">
   {{ form_label(my_form.referencia.numero) }}
            {{ form_widget(my_form.referencia.numero, {'attr':
{ 'class':'form-control'}}) }}
            {{ form_errors(my_form.referencia.numero) }}
</div>
```

El resultado será el siguiente:

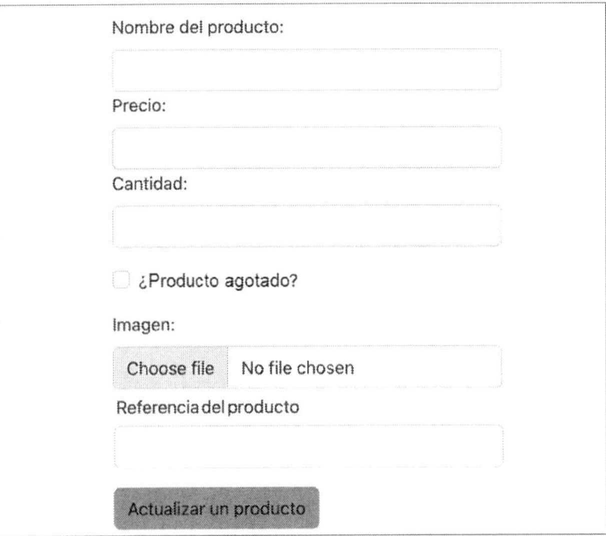

¡Eso es todo! Ahora puede probar el formulario. Puede agregar un número de referencia a sus productos.

10. La unión ManyToMany

La unión ManyToMany es un poco más compleja de implementar, ya que esta vez necesitamos anidar varios formularios tantas veces como uniones con la entidad inversa se requieran.

Siempre usaremos la propiedad que actúa como unión, pero esta vez el tipo de campo utilizado será **CollectionType**.

Por ejemplo, creemos un formulario para la entidad Distribuidor:

```
php bin/console make:form
```

Definimos el nombre del formulario:

```
The name of the form class (e.g. OrangeElephantType):
> DistribuidorType
```

Le decimos en qué entidad se debe inspirar para crear el formulario:

```
The name of Entity or fully qualified model class name that the new form
will be bound to (empty for none):
>Distribuidor
```

Dentro de DistribuidorType.php, añadimos el campo: **nombre**.

Borramos el tipo de la propiedad producto y la cambiamos por **TextType**:

```
<?php

namespace App\Form;

use App\Entity\Distribuidor;
use Symfony\Component\Form\AbstractType;
use Symfony\Component\Form\FormBuilderInterface;
use Symfony\Component\OptionsResolver\OptionsResolver;
use Symfony\Component\Form\Extension\Core\Type\TextType;

class DistribuidorType extends AbstractType
{
    public function buildForm(FormBuilderInterface $builder,
                array $options)
    {
        $builder->add('nombre',TextType::class,array(
            'label'=>'Nombre del distribuidor'
        )) ;
    }

    public function configureOptions(OptionsResolver $resolver)
    {
        $resolver->setDefaults([
            'data_class' => Distribuidor::class,
        ]);
    }
}
```

Luego, en ProductoType.php, añadimos el **CollectionType** para este formulario (no olvide el **use** de la **CollectionType**):

```
<?php

namespace App\Form;

use App\Entity\Producto;
use Symfony\Component\Form\AbstractType;
use Symfony\Component\Form\FormBuilderInterface;
use Symfony\Component\OptionsResolver\OptionsResolver;
use Symfony\Component\Form\Extension\Core\Type\TextType;
use Symfony\Component\Form\Extension\Core\Type\CollectionType;
use Symfony\Component\Form\Extension\Core\Type\NumberType;
use Symfony\Component\Form\Extension\Core\Type\CheckboxType;
use Symfony\Component\Form\Extension\Core\Type\FileType;

class ProductoType extends AbstractType
{
    public function buildForm(FormBuilderInterface $builder,
array $options)
    {
        $builder
           ->add('nombre',TextType::class,
                 array('label' => 'Nombre del producto :'))
           ->add('precio',NumberType::class,
                 array('label' => 'Precio :'))

            ->add('cantidad',NumberType::class,
                 array('label' => 'Cantidad :'))

            ->add('agotado',CheckboxType::class,
            array('label'=> '¿Fuera de stock?',
                  'required' => false))

            ->add('enlaceImagen',FileType::class,
            array('label' => 'Image :',
                  'required' => false, 'data_class'=>null,
                  'empty_data' => 'Sin imagen'))

            ->add('referencia',ReferenciaType::class,
            array('label' =>'Referencia del producto',
                "required"  => false
            ))
            ->add('distribuidores',CollectionType::Class,
                 array('entry_type' => DistribuidorType::class,
```

```
                'allow_add' => true,
                'allow_delete' =>true
            ));

    }
    public function configureOptions(OptionsResolver $resolver)
    {
        $resolver->setDefaults([
            'data_class' => Producto::class,
        ]);
    }
}
```

Podemos ver que CollectionType dispone de tres opciones esenciales:

- `entry_type`: definimos el nombre del formulario que vamos a anidar.
- `allow_add`: permite anidar más formularios.
- `allow_delete`: permite eliminar formularios anidados.

Por supuesto, debemos añadirlo a la vista admin/create.html.twig para el campo de los distribuidores:

```
<div class="form-group mt-3">
                {{ form_label(my_form.distribuidores) }}
                {{ form_widget(my_form.distribuidores) }}
                {{ form_errors(my_form.distribuidores) }}
</div>
```

Por ahora no añadimos los campos de ningún formulario anidado porque no los conocemos a priori.

Veamos cómo queda nuestro formulario en localhost:8000/insert:

Nombre del producto:

Precio:

Cantidad:

¿Producto agotado?

Imagen:

Choose file No file chosen

Referencia del producto

Distribuidores

Añadir un producto

¡El resultado todavía es un poco decepcionante!

En total, solo tenemos una etiqueta, Distribuidores, para nuestro formulario anidado ManyToMany.

Pero, al mismo tiempo, tiene su lógica. Symfony no sabe cuántos formularios anidados desea el administrador.

Si inspeccionamos el campo Distribuidores con el inspector (clic derecho, **inspeccionar** en Firefox, luego clic en la herramienta a la izquierda del inspector y selección del campo **distribuidores**):

```
<label class="required">Distribuidores</label>
<div id="producto_distribuidores" data-prototype="<div><label class=
&quot;required&quot;>__name__label__</label><div id=&quot;
producto_distribuidores___name__&quot;><div><label for=&quot;
producto_distribuidores___name___nombre&quot;
class=&quot;required&quot;>
Nombre del distribuidor</label><input type=&quot;text&quot;
id=&quot;producto_distribuidores___name___nombre&quot; name=&quot;
producto[distribuidores][__name__][nombre]&quot; required=&quot;
required&quot; /></div></div></div>"></div>
```

A continuación de la etiqueta label, se ha creado un atributo llamado `data-prototype`. Este atributo contiene un «prototype» del formulario DistribuidorType que podremos usar para añadir nuestros formularios.

Dentro del atributo `data-prototype`, hay una etiqueta `label` cuyo valor está definido por `__name__label__`. Tenemos que cambiar `__name__` por el nombre del formulario que queremos anidar. Como podemos anidar todos los formularios que queramos, necesitamos crear un índice para que el valor de `__name__label__` sea único. Ejemplo: 'Distribuidor n°' + 'index'.

Debajo de la etiqueta, hay un elemento `<div>` con un atributo **id** que contiene el valor «producto_distribuidores___name__». Es el mismo principio que para la etiqueta. Necesitará cambiar `__name__` y asignarle un número único que también contendrá el valor del índice.

A continuación, encontrará una etiqueta `<label>` con la etiqueta "Nombre del distribuidor" y un elemento `<input>` con un atributo name igual a producto[distribuidores][__name__][nombre]. También aquí se necesitará reemplazar el valor de `__name__` con el del índice.

Todo esto debe hacerse dinámicamente. El cliente debe tener la posibilidad de añadir o eliminar formularios a su gusto. Por lo tanto, necesitamos disponer de botones **añadir** y **eliminar** para los formularios anidados.

Se puede crear un script en JavaScript para hacer esto, pero es mejor usar Symfony UX Stimulus, aprovechando que hemos tenido la oportunidad de ver cómo funciona (capítulo Symfony UX Stimulus).

Crearemos un controlador JavaScript que será manejado por Stimulus.

Los detalles están disponibles en la página de Symfony:
https://symfony.com/doc/current/form/form_collections.html

Recorra la página hasta llegar a la parte de JavaScript with Stimulus. Nos conformaremos con seguir esas instrucciones.

Primero, copiemos las siguientes instrucciones en nuestro template **admin/create.html.twig** (antes del botón **my_form.crear**):

```
<div {{ stimulus_controller('form-collection') }}
data-form-collection-index-value="{{ my_form.distribuidores|
length > 0 ? my_form.distribuidores|last.vars.name + 1 : 0 }}"
data-form-collection-prototype-value="{{
form_widget(my_form.distribuidores.vars.prototype)|e('html_attr') }}">

<ul {{ stimulus_target('form-collection', 'collectionContainer') }}></ul>
<button type="button" {{ stimulus_action('form-collection',
'addCollectionElement') }}>Añadir un distribuidor</button>
</div>
```

Luego, necesitamos crear el controlador JavaScript.

Creamos un nuevo archivo en **assets/controllers** y lo llamamos **form-collection_controllers.js**.

Dentro de este archivo, copiamos el siguiente código:

```
import { Controller } from '@hotwired/stimulus';

export default class extends Controller {
    static targets = ["collectionContainer"]

    static values = {
        index    : Number,
        prototype: String,
    }

    addCollectionElement(event)
    {
        const item = document.createElement('li');
        item.innerHTML = this.prototypeValue.replace(/__name__/g,
this.indexValue);
        this.collectionContainerTarget.appendChild(item);
        this.indexValue++;
    }
}
```

Resulta fácil de entender incluso para aquellos que no conocen JavaScript.

La función `addCollection` será llamada por el botón. Creará un nuevo elemento `<li>` cuyo nombre será `producto_distribuidores_numero` del `index_nombre`. Mostrará el valor de la colección e incrementará el índice.

Solo queda agregar la opción `by_referencia` con el valor *false* en el formulario ProductoType. Esto asegura que cada elemento de la colección se agregará correctamente como entidad.

En ProductoType, modifique así el método:

```
   ->add('distribuidores',CollectionType::Class,
                  array('entry_type' => DistribuidorType::class,
                  'allow_add' => true,
                  'allow_delete' =>true,
                  'by_referencia' => false
   ));
```

Si volvemos a localhost:8000/insert, encontraremos el botón **Añadir un Distribuidor**.

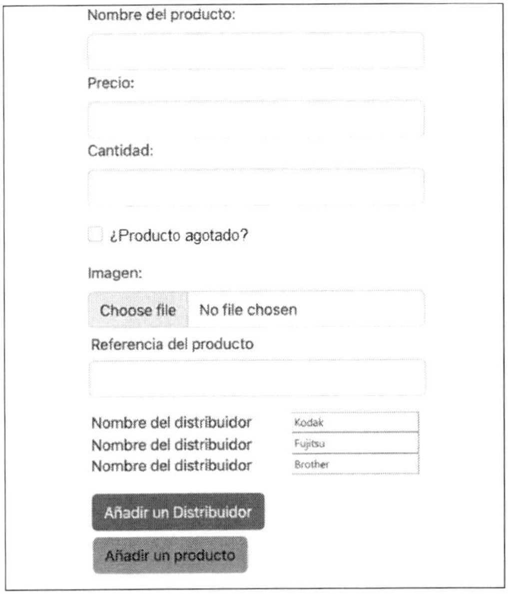

Complete los campos y compruebe en localhost:8000/lista que su artículo exista junto a la lista de distribuidores que proporcionó.

Es útil poder agregar distribuidores, pero es mejor que pueda eliminarlos de la lista en caso de que haya un error.

Para eso, añadamos una función `AddTagFormDeleteLink(item)` en nuestro controlador **form-collection_controller.js** y llamemos a esta función cada vez que se cree un elemento en nuestra función `addCollectionElement`.

He aquí el contenido de form-collection_controller.js:

```
import { Controller } from '@hotwired/stimulus';
export default class extends Controller {
    static targets = ["collectionContainer"]

    static values = {
        index    : Number,
        prototype: String,
    }

    addCollectionElement(event)
    {
        const item = document.createElement('li');
        item.innerHTML = this.prototypeValue.replace(/__name__/g,
this.indexValue);
        this.collectionContainerTarget.appendChild(item);
        this.indexValue++;
        addTagFormDeleteLink(item);

    }
}
const addTagFormDeleteLink = (item) => {
    const removeFormButton = document.createElement('button');
    removeFormButton.innerText = 'Eliminar';

    item.append(removeFormButton);

    removeFormButton.addEventListener('click', (e) => {
        e.preventDefault();
        // remove the li for the tag form
        item.remove();
    });
}
```

Ahora, puede eliminar los campos Distribuidores si lo desea:

Nombre del producto:

Precio:

Cantidad:

¿Producto agotado?

Imagen:

Choose file No file chosen

Referencia del producto

Nombre del distribuidor Kodak Eliminar
Nombre del distribuidor Fujitsu Eliminar
Nombre del distribuidor Brother Eliminar

Añadir un Distribuidor

Añadir un producto

Por último, es posible que vea la etiqueta al final de su página: Distribuidores. Esto se debe al código HTML inicial, que se coloca por defecto en la página por el formulario. Si desea eliminarlo, simplemente agregue la opción «label» con el valor `false` en el campo Distribuidores del formulario ProductoType:

```
->add('distribuidores',CollectionType::Class,
                array('entry_type' => DistribuidorType::class,
                'allow_add' => true,
                'allow_delete' =>true,
                'by_referencia' => false,
                'label' => false
            ));
```

Ahora ya lo sabe todo sobre la anidación de formularios en OneToOne y en ManyToMany. Los otros tipos de relación funcionan de la misma manera.

La desventaja de los formularios anidados es que, cada vez que inserta un producto, crea un nuevo distribuidor.

Veremos otro tipo de campo **EntityType** que permitirá realizar uniones con distribuidores ya creados en la base de datos, especialmente útil en la acción update() de actualización de producto.

11. Tipo EntityType

Este tipo permite gestionar los distribuidores y las uniones ya existentes. Dispone de varias opciones.

He aquí un ejemplo para los distribuidores. Comente el `add('distribuidores')` con CollectionType realizado anteriormente y agregue en ProductoType.php el siguiente campo:

```
->add('distribuidores',EntityType::Class,array(
                    'class' => Distribuidor::class,
                      'choice_label'=>'nombre',
                    'label' =>'Selección de distribuidores',
                    'multiple' => true,
                    'required' => false
               ))
```

Añadimos el use del EntityType:

```
use \Symfony\Bridge\Doctrine\Form\Type\EntityType;
```

lo mismo para Distribuidor:

```
use App\Entity\Distribuidor;
```

- `choice _label` especifica la propiedad que se mostrará en la lista de distribuidores.
- `multiple` especifica que queremos un campo múltiple para seleccionar varios distribuidores.
- `required` especifica que no está obligado a seleccionar distribuidores. Si no selecciona ningún distribuidor, no habrá más unión para el producto.

En la plantilla, comente toda la <div>:

```
<div stimulus_controller ...> ... </div>
```

así como:

```
{#
        <div {{ stimulus_controller('form-collection') }}
                data-form-collection-index-value="{{ my_form.
distribuidores|length > 0 ? my_form.distribuidores|last.vars.name
+ 1 : 0 }}" data-form-collection-prototype-value="{{ form_widget
(my_form.distribuidores.vars.prototype)|e('html_attr') }}">
                <ul {{ stimulus_target('form-collection',
'collectionContainer') }}></ul>
                <button type="button" {{ stimulus_action
('form-collection', 'addCollectionElement') }}>Selección de
distribuidor</button>
        </div>
#}
```

y agregue el siguiente bloque:

```
<div class="form-group mt-3">
                    {{ form_label(my_form.distribuidores) }}
                    {{ form_widget(my_form.distribuidores) }}
                    {{ form_errors(my_form.distribuidores) }}
</div>
```

Así, cuando quiera actualizar los productos, dispondrá de una lista más fácil de usar para elegir un distribuidor:

Observación

Observe que los distribuidores ya definidos en el producto se muestran en gris.

Lo mejor sería crear dos tipos de formularios separados. Un `ProductoInsertType` que contenga un campo «Distribuidores» de tipo `CollectionType` que se utilizará en la acción `insert()` y un `ProductoUpdateType` que contenga un campo «Distribuidores» de tipo `EntityType` que se utilizará en la acción `update()`.

Puede probar varias uniones y verá que todo funciona bien en localhost:8000/lista.

12. Creación de tipos de campos personalizados

Puede que necesite adaptar un tipo de campo existente para agregar opciones adicionales que no existen. Symfony le ofrece esta posibilidad gracias a la clase AbstractType. Veamos un ejemplo.

Para mejorar la visualización de la propiedad agotado a fin de resaltar este campo (actualmente de tipo **Checkbox**), vamos a crear un nuevo tipo de campo. Llamémoslo **MyCheckboxType**.

Cree el archivo correspondiente en una subcarpeta de form:
src/Form/Type/MyCheckboxType.php

Todos los tipos de campo heredan de la clase AbstractType. Puede copiar y pegar un ejemplo de clase desde la página:
https://symfony.com/doc/current/form/create_custom_field_type.html

Personalice el contenido de su clase `MyCheckboxType` de la siguiente manera:

```
<?php
namespace App\Form\Type;

use Symfony\Component\OptionsResolver\OptionsResolver;

use Symfony\Component\Form\AbstractType;
use Symfony\Component\Form\Extension\Core\Type\CheckboxType;
class MyCheckboxType extends AbstractType
{



    public function configureOptions(OptionsResolver $resolver)
    {
        $resolver->setDefaults(array(
            'attr' => array('class'=>'cPerso'),
            'label_attr'=>array('class'=>'cEtiqueta')
        ));
    }

   public function getParent()
    {
        return CheckboxType::class;
    }

}
```

La clase `MyCheckboxType` hereda de la clase `AbstractType`.

Podemos redefinir los métodos de la clase `AbstractType` para personalizar nuestro tipo. Hay dos métodos disponibles.

- `configureOptions()`: define las opciones que se pueden configurar para el tipo de formulario y define el valor predeterminado de estas opciones.
- `getParent()`: define qué tipo de formulario se utiliza como base de este tipo del que vamos a heredar. Aquí, queremos heredar del tipo **CheckboxType**.

En nuestro ejemplo, vamos a crear dos clases por defecto a nuestro tipo: una clase para el widget, que llamaremos cPerso, y una clase para la etiqueta, que llamaremos cEtiqueta.

Describimos el contenido de estas dos clases en un archivo CSS.

Cree el archivo: **public/css/styleCheckbox.css**

Copie y pegue dentro de este archivo el siguiente código CSS:

```
*,
*::before,
*::after {
    box-sizing: border-box;
}

input.cPerso[type="checkbox"],
input.cPerso[type="radio"] {
    position: absolute;
    left: -9999px;
}

.cEtiqueta {
    display: block;
    position: relative;
    margin: 10px 0;
    padding-left: 0px;
    cursor: pointer;
    color: purple;
}

.cEtiqueta::before,
.cEtiqueta::after {
```

```
    content: '';
    position: absolute;
    top: 2px;
    left: 140px;
}

input.cPerso[type="radio"]+.cEtiqueta::before,
input.cPerso[type="radio"]+.cEtiqueta::after {
    border-radius: 50%;
}

.cEtiqueta::before {
    display: block;
    width: 20px;
    height: 20px;
    border: 2px solid #f5f5f5;
}

.cEtiqueta::after {
    display: none;
    width: 12px;
    height: 12px;
    margin: 4px;
    background-color: #ff0000;
}

input.cPerso:focus+.cEtiqueta::before {
    border-color: #c6c3bd;
}

input.cPerso:checked+.cEtiqueta::after {
    display: block;
}
```

Para que se tenga en cuenta el CSS, hay que añadir el enlace en la vista base base.html.twig, en el bloque `stylesheets` :

```
{% block stylesheets %}
{{ encore_entry_link_tags('app') }}
<link rel="stylesheet"  href="{{ asset('css/styleCheckbox.css') }}">

{% endblock %}
```

Ya podemos usar nuestro nuevo tipo en nuestro formulario Producto-Type.php: en el campo agotado, reemplace el tipo **Checkbox** por nuestro tipo personalizado **MyCheckboxType**.

Asegúrese de añadir en la parte superior del archivo el **use** correspondiente:

```
...
        ->add('agotado',MyCheckboxType::class,
        array('label'    => '¿Producto agotado?','required' => false))
...
```

Si muestra nuevamente el formulario, localhost:8000/insert, encontrará el nuevo diseño para nuestro campo agotado:

Nombre del producto:
Precio:
Cantidad:
¿Producto agotado?
Imagen:
Choose file No file chosen
Referencia del producto
Epson
HP
Logitech
Selección de distribuidor Dell
Actualizar un producto

Aquí, hemos creado un tipo de campo a partir de un tipo existente. También es posible crear un tipo de campo desde cero. El proceso es el mismo: hay que crear una clase que herede de `AbstractType`.
Para definir este tipo, puede utilizar los métodos adicionales `buildForm()`, `buildView()` y `finishView()`.

Puede encontrar documentación sobre esto en:
https://symfony.com/doc/current/form/create_custom_field_type.html

13. Validación de los formularios

Nuestro formulario de administración funciona bien, pero no está a salvo de ciertas vulnerabilidades de seguridad.

De hecho, no estamos controlando el contenido de los campos completados por el usuario. El usuario podría «divertirse» inyectando código JavaScript en el campo Nombre de producto, por ejemplo. Este código se ejecutará automáticamente cada vez que recuperemos el nombre del producto para mostrarlo (en la lista de productos, por ejemplo). Puede imaginar el daño que esto puede causar.

Para evitar este tipo de problemas, vamos a añadir reglas de validación a nuestro formulario.

13.1 Reglas de validación

Hay dos formas de definir reglas de validación. La primera y más práctica es definir estas reglas en la entidad mediante anotaciones. También es posible definir reglas en un archivo aparte usando el formato YAML o PHP, pero es mucho menos práctico.

Vamos a ver cómo añadir reglas de validación mediante anotaciones.

Estas reglas se llaman afirmaciones (**Asserts**). Si la afirmación no se cumple, el formulario no se validará. Para usarlas, hay que añadir, en la entidad, el **use** correspondiente. Por ejemplo, vamos a añadirlo en nuestra entidad Producto:

```
use Symfony\Component\Validator\Constraints as Assert;
```

De esta manera:

```
<?php

namespace App\Entity;

use App\Repository\ProductoRepository;
use Doctrine\Common\Collections\ArrayCollection;
use Doctrine\Common\Collections\Collection;
use Doctrine\ORM\Mapping as ORM;
use Symfony\Component\Validator\Constraints as Assert;

#[ORM\Entity(repositoryClass: ProductoRepository::class)]
class Producto
{
...
```

Ahora podemos definir restricciones para todas las propiedades de la entidad Producto.

La lista de todas las restricciones disponibles se puede ver en la página de Symfony:
https://symfony.com/doc/current/form/create_custom_field_type.html

Veamos un ejemplo.

En la entidad Producto, queremos que el tamaño del nombre de producto esté limitado a entre dos y cincuenta caracteres. Vamos a usar la restricción **Length**.

Puede encontrar su descripción en la página:
https://symfony.com/doc/current/reference/constraints/Length.html

Copie y pegue el pequeño ejemplo en la entidad Producto para la propiedad nombre y modifíquelo así:

```
#[ORM\Column(length: 200)]
    #[Assert\Length(
        min: 2,
        max: 50,
        minMessage: 'El nombre debe contener al menos {{ min }} caracteres',
        maxMessage: 'El nombre debe contener como máximo {{ max }} caracteres',
    )]
    private ?string $nombre = null;
...
```

Pruebe esta restricción (localhost:8000/insert) e introduzca un número de producto con un solo carácter, por ejemplo. Rellene los otros campos normalmente y observe qué ocurre.

Nombre del producto:
Precio:
Cantidad:
¿Producto agotado?
Imagen:
Choose file No file chosen
Referencia al producto
djddjdkkd
• Please enter a number
Epson
HP
Logitech
Dell
Selección de distribuidor
Actualizar un producto

La regla de validación ha detectado correctamente que la restricción no se cumple. Nos muestra un mensaje de error asociado a la regla.

De esta manera, puede definir todas las reglas para todas las propiedades.

Una regla interesante, por ejemplo, es la regla **Regex**, que le permite aplicar una expresión regular a su propiedad.

Observación

Ya hemos mencionado las expresiones regulares en el capítulo El enrutado, sección Validación de parámetros.

Aquí podrá encontrar todas las reglas:
https://symfony.com/doc/current/reference/constraints/Regex.html

13.2 Servicio Validator

Se preguntará cómo activa Symfony las reglas de validación cuando enviamos el formulario.

La comprobación de una entidad la realiza un servicio particular llamado **Validator**.

Veremos en un próximo capítulo qué es un servicio. Por ahora, digamos que un servicio es simplemente una clase de Symfony que podemos llamar en cualquier parte del código, sin necesidad de especificar su espacio de nombres (es mágico y muy práctico).

En nuestro código hemos invocado el servicio Validator usando el método `isValid()`.

Por ejemplo, en el método insert de AdminController hemos invocado este método así:

```
if($request->isMethod('post') && $formProducto->isValid() ){
...
}
```

También puede, en un método de los controladores, invocar directamente el servicio **Validator** sin validar necesariamente un formulario.

Si añade una entidad manualmente, puede probar las reglas de validación así:

```
<?php
// En el Controlador AdminController, creamos una nueva acción:

// ...
  #[Route('/testvalid', name:'testvalid')]
public function testAction(EntityManagerInterface $entityManager)
{
  $producto = new Producto;

  $producto->setNombre('');
  $producto->setPrecio(20);
  $producto->setCantidad(10);
  $producto->setEnlaceImagen("miimagen.jpg");
  $producto->setAgotado(false);
```

```
    // Llamamos al servicio validator
    $validator = Validation::createValidator();
    $listErrors = $validator->validate($producto, [
      new Length(['min' => 2]),
      new NotBlank(),
    ]);
    // Se desencadena la validación de nuestro objeto



    // Si $listErrors no está vacía, devolvemos los errores

    if(count($listErrors) > 0) {
      // $listErrors es un objeto,
      // con el método __toString podemos listar los errores

      return new Response((string) $listErrors);

    } else {
      $entityManager ->persist($producto);
      $entityManager ->flush();
      return new Response("ok");
    }
}
```

Sin olvidar, como de costumbre, los **use**:

```
use Symfony\Component\Validator\Validation;
use Symfony\Component\Validator\Constraints\Length;
use Symfony\Component\Validator\Constraints\NotBlank;
```

Si visita localhost:8000/testvalid, verá el error generado.

13.3 Asserts en los métodos de acceso (accessors)

Es posible definir un método en la entidad para describir la restricción deseada. Symfony le permite agregar una restricción a cualquier método público cuyo nombre comience con «get», «is» o «has».

La ventaja de esta técnica es que le permite validar dinámicamente su objeto. Por ejemplo, supongamos que desea asegurarse de que un campo de contraseña no coincida con el número de usuario por razones de seguridad. Puede hacerlo creando un método `isPasswordSafe()` y luego afirmar que este método debe devolver **true**.

Por ejemplo, agregaremos un accesor para probar que el precio y la cantidad son valores numéricos positivos.

Creemos el método `isPrecioCantidadValid()` en la entidad Producto.

Utilizaremos la restricción `isTrue` para comprobar que el valor devuelto por el método es verdadero. Se generará un error de validación en caso contrario:

```
    #[Assert\IsTrue(message:"Error: Valores negativos en el precio
o la cantidad")]
public function isPrecioCantidadValid()
{
    if (is_float($this->getPrecio()) &&
        (is_int($this->getCantidad()))
        && ($this->getPrecio() > 0) && ($this->getCantidad() > 0)) {

        return true;

    } else {

        return false;

    }
}
```

Puede probar, por ejemplo, con un valor negativo para **Precio** y **Cantidad** en el formulario de inserción. Aparecerá un error de validación:

Referencia del producto

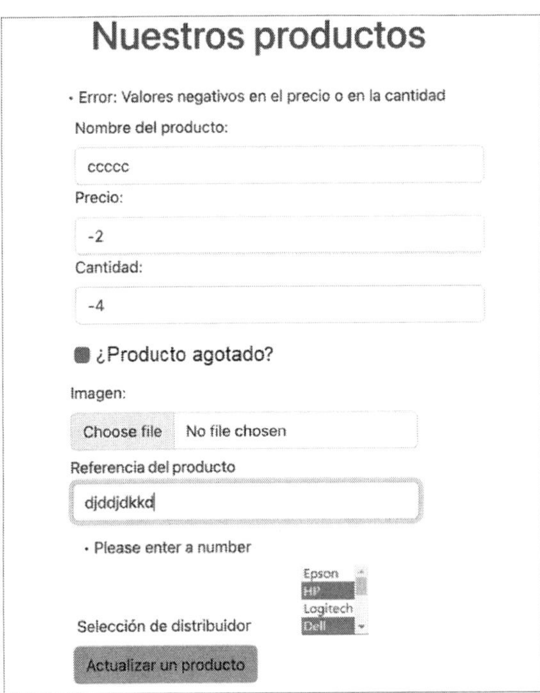

13.4 Restricciones de validación en un Callback

Si su criterio de validación no corresponde a ninguna restricción existente en Symfony de forma predeterminada, puede crear un método para personalizar su propia restricción de validación. Este método se llama método de **Callback**.

Se valida con la restricción **Callback**.

El método de Callback recibe un objeto `context` de la interfaz **ExecutionContextInterface**. Puede definir restricciones directamente en este objeto y determinar a qué campo deben atribuirse estos errores.

Tomemos un ejemplo. Imaginemos que queremos evitar que el administrador añada productos prohibidos para la venta (por ejemplo, armas o medicamentos). Crearemos un método de Callback para generar un error de validación si estas palabras están introducidas en la propiedad nombre.

En Producto.php, añadamos el método `isContentValid`. Este método se validará con la restricción Callback.

Se debe incluir el **use** de `ExecutionContextInterface` en Producto.php:

```
use Symfony\Component\Validator\Context\ExecutionContextInterface;
```

y luego:

```
    #[Assert\Callback()]
    public function isContentValid(ExecutionContextInterface $context)
    {
        $forbiddenWords= array('arma','medicamento','covid');

        if(preg_match('#'.implode('|',$forbiddenWords).'#i', $this->getNom())){

            // error de validación

            $context->buildViolation('El producto no se puede vender')
                    ->atPath('producto')
                    ->addViolation();
    }

    }
```

Esta función de PHP:

```
preg_match('#'.implode('|',$forbiddenWords).'#i
```

se encarga de hacer el trabajo.

Esta función comprueba si el valor `$this->getNom()` contiene una de las palabras en el array `$forbiddenWords`.

`#i` indica que la búsqueda no distingue entre mayúsculas y minúsculas. En otras palabras, `preg_match()` buscará palabras prohibidas, ya sea que estén en mayúsculas o minúsculas.

Probemos el Callback insertando en el campo Nombre del producto del formulario el valor «armas».

Aparece un error de validación:

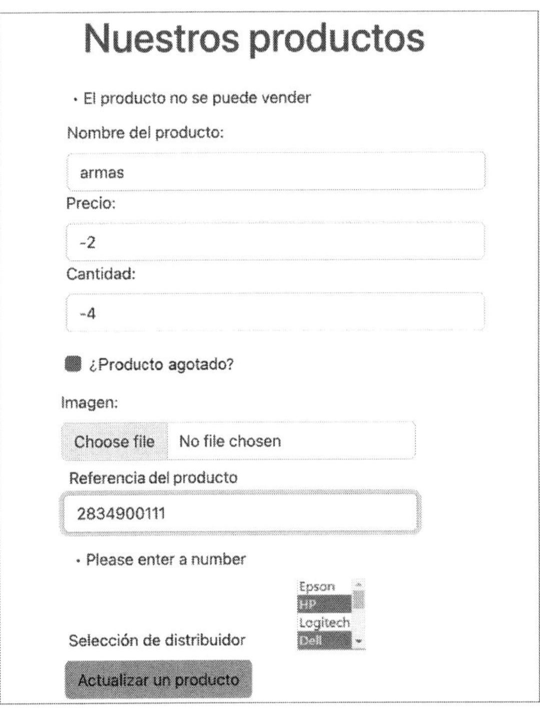

13.5 Restricciones de validación en la clase

Algunas restricciones de validación pueden aplicarse a la entidad en su conjunto, y no a una propiedad particular.

Un caso de este tipo de restricción, por ejemplo, es la restricción de unicidad. Esta restricción, muy útil, permite verificar si una entidad idéntica a la que el administrador introdujo ya está presente en la base de datos. La prueba de unicidad se realiza en la propiedad que elija.

Esta restricción se utiliza mucho, especialmente en el caso de la validación de un usuario con su correo electrónico, por ejemplo. Gracias a esta restricción, es posible evitar que dos usuarios registrados tengan el mismo correo electrónico.

Utilizaremos esta restricción en nuestra entidad Producto, para verificar que un producto no está ya registrado en la base de datos en el momento de su inserción.

Añadimos las funcionalidades de UniqueEntity con el `use`:

```
use Symfony\Bridge\Doctrine\Validator\Constraints\UniqueEntity;
```

Creamos la regla utilizando UniqueEntity dentro de Producto.php:

```
<?php
namespace App\Entity;

use App\Repository\ProductoRepository;
use Doctrine\Common\Collections\ArrayCollection;
use Doctrine\Common\Collections\Collection;
use Doctrine\ORM\Mapping as ORM;
use Symfony\Component\Validator\Constraints as Assert;
use Symfony\Component\Validator\Context\ExecutionContextInterface;
use Symfony\Bridge\Doctrine\Validator\Constraints\UniqueEntity;

#[ORM\Entity(repositoryClass: ProductoRepository::class),
UniqueEntity(fields:"nombre",message:"Error: El producto ya
existe")]
class Producto
{...
}
```

Probemos a añadir en el formulario de inserción, en el campo Nombre del producto, el valor *teclado*, que ya está presente en nuestra base de datos.

Obtenemos el mensaje de error siguiente al validar:

Esta restricción, sin embargo, presenta una desventaja.

Imaginemos que queremos modificar un producto existente en la base de datos (método `update()` de AdminController). La restricción UniqueEntity generará un error de validación porque se detectará que el producto que queremos modificar ya está presente en la base de datos.

Podremos resolver este problema creando un grupo de registro (**registration group**).

13.6 Grupo de registro

Para activar las restricciones de validación en ciertos formularios, puede definir un grupo de registro. La restricción se aplicará únicamente para los formularios que pertenezcan a este grupo.

El grupo se define en la declaración de la regla.

Por ejemplo, para nuestra regla UniqueEntity, agregaremos un grupo de registro llamado «registration». Es posible definir varios grupos para una misma restricción.

Así es como se define en la entidad Producto:

```
#[ORM\Entity(repositoryClass: ProductoRepository::class),
UniqueEntity(fields:"nombre",message:"Error: El producto ya
existe",groups:["registration"])]
```

Luego, es necesario especificar los formularios que deben pertenecer a este grupo.

Tomemos nuestro ejemplo. Queremos aplicar la prueba de unicidad solo en nuestro método `insert()`, y no en el método `update()`.

En el método `insert()` del controlador AdminController, especificaremos este grupo en las opciones al llamar al formulario externo: a continuación, basta con especificar qué formularios deben pertenecer a este grupo.

```
    #[Route('/insert', name:'insert')]
function insert(Request $request, EntityManagerInterface $entityManager)
    {
    $producto = new Producto;
    $formProducto = $this->createForm(ProductoType::class, $producto);
    $formProducto->add('crear', SubmitType::class, array(
        'label' => 'Añadir un producto',
'validation_groups'=>array('registration')));
```

Puede probar modificando un producto existente (con el método `update()`): no se generará ningún error. Sin embargo, si intenta añadir un producto existente con el método `insert()`, esta vez, se generará un error de no unicidad. Atención: cuando un formulario pertenece a un grupo de registro particular, todas las restricciones que se deben usar para este formulario deben definir este grupo.

En otras palabras, al añadir:

```
'validation_groups'=>array('registration')
```

en el formulario de inserción, todas las restricciones aplicadas al formulario deben usar este grupo.

En nuestro ejemplo, la restricción **Assert\Length** ya no se activa en el método `insert()`, ya que esta restricción no especifica ningún grupo de registro.

Por lo tanto, debemos agregar un nuevo grupo de validación común a `insert()` y `update()` para validar las restricciones aceptadas para ambos métodos.

Llamemos a este nuevo grupo **all**.

Debemos modificar la restricción **Assert\Length** para la propiedad `$nombre` en Producto.php:

```
#[ORM\Column(length: 200)]
    #[Assert\Length(
        min: 2,
        max: 50,
        minMessage: 'El nombre debe contener al menos {{ min }} caracteres',
        maxMessage: 'El nombre debe contener como máximo {{ max }} caracteres',
        groups: ["all"]
    )]
    private ?string $nombre=null;
```

y luego agregar este grupo a los métodos `insert()` y `update()`.

He aquí el método `insert()` de AdminController:

```
  public function insert(Request $request)
{

   $producto=new Producto;
   $formProducto= $this->createForm(ProductoType::class,$producto);
   $formProducto->add('crear', SubmitType::class,array(
                   'label'=>'Añadir un producto',

    'validation_groups'=>array('registration','all')

     ));
...
```

y el método `update()` de AdminController:

```
public function update(Request $request,$id)
    {
      ...
      $formProducto->add('crear', SubmitType::class,array(
            'label'=>'Actualizar producto',
            'validation_groups'=>array('all')
        ));
     ...
```

Esta vez, todo funciona correctamente.

13.7 Creación de restricciones a medida

Puede crear sus propias restricciones personalizadas. De esta manera, podrá usar sus propias restricciones en las entidades que desee.

Todas las restricciones heredan de la clase **Constraints**.

Creemos nuestra propia restricción, que llamaremos Antispam. Creemos una nueva carpeta Validator que contendrá todas nuestras restricciones: **src/Validator**, y dentro de ella creemos el archivo **Antispam.php**.

El contenido de **Antispam.php** es muy simple:

```
<?php
namespace App\Validator;
use Symfony\Component\Validator\Constraint;

#[\Attribute]
class Antispam extends Constraint
{
  public $message="La longitud es insuficiente";
}
```

Observación

La anotación \Attribute es necesaria para usar la restricción en clases a través de anotaciones. Las opciones de su restricción se representan como propiedades públicas en la clase de restricciones (en este ejemplo: $message será una opción de nuestra restricción).

Creemos el Validator que definirá la regla de validación.

La conexión entre la restricción y el Validador se realiza por defecto mediante el método `validateBy()` de la clase Constraint.

Si observamos este método (haga clic en el nombre de la clase `Constraint` mientras mantiene pulsada la tecla [Ctrl] y desplácese para encontrar la función):

```
public function validatedBy()
{
    return static::class.'Validator';
}
```

Nos damos cuenta de que el nombre del Validador se define por el nombre de la restricción concatenado con 'Validator' (puede redefinir este método si desea cambiar esta denominación predeterminada).

Creemos el archivo **src/Validator/AntispamValidator.php**.

Dentro de él, la regla de validación se define en el método `validate()`.

Nuestra regla de validación, por ejemplo, probará que el valor introducido solo contiene caracteres en mayúsculas o minúsculas. Esto se hace mediante la expresión regular ^[a-zA-Z]+$

^ significa inicio del valor introducido y $ significa final del valor introducido.

Por lo tanto, la expresión comprueba que toda la zona introducida contenga solo caracteres de a-z y de A-Z.

+ significa que el valor introducido contiene uno o más caracteres.

He aquí está el código de la clase `AntispamValidator`:

```
<?php
namespace App\Validator;


use Symfony\Component\Validator\Constraint;
use Symfony\Component\Validator\ConstraintValidator;

class AntispamValidator extends ConstraintValidator
{
```

```
public function validate($value, Constraint $constraint)
{


    if (!preg_match('/^[a-zA-Z]+$/', $value, $matches))  {

    $this->context->buildViolation($constraint->message)
     ->setParameters(array('%string%' =>$value))
     ->addViolation();

}

}
}
```

Dentro de la validación, no necesita devolver ningún valor. En su lugar, agregue violaciones (`buildViolation`) a la propiedad `context` del validador.

Se considerará que un valor es válido si no provoca ninguna violación.

El método `buildViolation()` toma el mensaje de error como argumento y devuelve una instancia de ConstraintViolationBuilderInterface. Llamar al método `addViolation()` agrega finalmente la violación al contexto.

Para usar esta restricción a nuestra entidad Producto, asócielo a la propiedad $nombre:

```
    #[ORM\Column(length: 200)]
    #[Assert\Length(
        min: 2,
        max: 50,
        minMessage: 'El nombre debe contener al menos {{ min }} caracteres',
        maxMessage: 'El nombre debe contener como máximo {{ max }} caracteres',
        groups: ["all"]
    )]
    #[Antispam(groups:["all"])]

    private ?string $nombre = null;
```

Puede probar su restricción, por ejemplo, introduciendo un número en el campo Nombre del producto de su formulario.

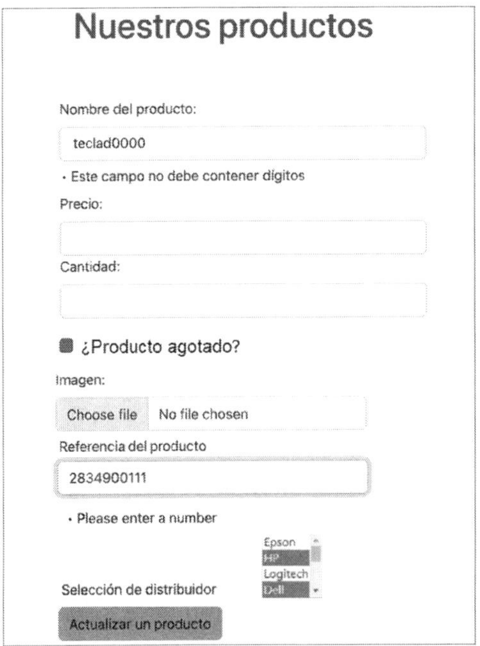

13.8 Personalización de los mensajes de error: los fragments

Elegimos un tema específico **bootstrap_5_layout.html.twig** para nuestros formularios.

En **config/packages/twig.yaml**:

```
twig:
    default_path: '%kernel.project_dir%/templates'
    globals:
        autor: '%env(APP_AUTHOR)%'
    form_themes: ['bootstrap_5_layout.html.twig']
```

Este tema personaliza los diferentes elementos: `form_label`, `form_widget` y `form_errors`.

Todos los temas de formularios están ubicados en esta carpeta:
vendor\symfony\twig-bridge\Resources\views\Form

Al explorar esta carpeta, encontrará todos los temas disponibles.

Abra el archivo **bootstrap_5_layout.html.twig**. Realice una búsqueda en `form_error` (en VSCode: [Ctrl] **F**). Encontrará el código que define el fragmento `form_error`:

```
{%- block form_errors -%}
    {%- if errors|length > 0 -%}
        {%- for error in errors -%}
            <div class="invalid-feedback d-block">{{ error.message }}</div>
        {%- endfor -%}
    {%- endif %}
{%- endblock form_errors %}
```

Este es el código que determina el aspecto de los mensajes de error de validación.

Para modificar este aspecto, vamos a sobrescribir el bloque en un archivo externo.

Cree en la carpeta templates una carpeta **Form** y dentro, un archivo:
templates/Form/form_errors.html.twig.

Dentro de este archivo, cree un nuevo bloque form_errors que sobrescribirá el bloque predeterminado de **bootstrap_5_layout.html.twig**. Vamos a elaborar un mensaje de error más simple y amigable utilizando las clases `alert` y `alert-danger` de Bootstrap:

```
{%- block form_errors -%}
    {%- if errors|length > 0 -%}
    <div style="width:800px">
        {%- for error in errors -%}
            <div class="alert alert-danger">{{ error.message }}</div>
        {%- endfor -%}
    </div>
    {%- endif -%}
{%- endblock form_errors -%}
```

Para usar este bloque, debe definirlo en las vistas que lo necesiten.

En nuestro ejemplo, añadimos al principio del archivo **admin/create.html.twig**:

```
{% extends 'base.html.twig' %}
{% form_theme my_form with ['Form/form_errors.html.twig'] %}
...
```

Generamos un error de validación (por ejemplo, introduciendo números en el campo Nombre del producto). Descubrirá el nuevo aspecto de sus mensajes de error:

Existen otras posibilidades para personalizar las validaciones de formularios. Puede encontrar más información en la página:
https://symfony.com/doc/current/forms.html

Capítulo 17
La seguridad

1. Introducción

No puede pasar por alto la seguridad de una aplicación, especialmente si tiene responsabilidades en la administración de su sitio web.

Pero no se preocupe: implementar la seguridad en Symfony no es muy complicado. Todo está instalado por defecto.

Hay dos partes distintas en cuanto a seguridad:

- autenticación: se refiere a cómo un usuario puede iniciar sesión para acceder a una parte segura de la aplicación.
- autorización: se refiere a cómo definir los permisos para que un usuario acceda a ciertos recursos, como rutas, controladores, métodos, vistas y entidades.

Comenzaremos con la autenticación de un usuario.

2. La autenticación

Toda la seguridad de Symfony se concentra en un solo archivo: **config/packages/security.yaml**.

Abra este archivo:

```
security:
    # https://symfony.com/doc/current/security.html#registering-the-
user-hashing-passwords
    password_hashers:
        Symfony\Component\Security\Core\User\PasswordAuthenticated
UserInterface: 'auto'
    # https://symfony.com/doc/current/security.html#loading-the-user-
the-user-provider
    providers:
        users_in_memory: { memory: null }
    firewalls:
        dev:
            pattern: ^/(_(profiler|wdt)|css|images|js)/
            security: false
        main:
            lazy: true
            provider: users_in_memory

            # activate different ways to authenticate
            # https://symfony.com/doc/current/security.html#the-firewall

            # https://symfony.com/doc/current/security/
impersonating_user.html
            # switch_user: true

    # Easy way to control access for large sections of your site
    # Note: Only the *first* access control that matches will be used
    access_control:
        # - { path: ^/admin, roles: ROLE_ADMIN }
        # - { path: ^/profile, roles: ROLE_USER }

when@test:
    security:
        password_hashers:
            # By default, password hashers are resource intensive and
take time. This is
            # important to generate secure password hashes. In tests
however, secure hashes
            # are not important, waste resources and increase test times.
The following
```

```
            # reduces the work factor to the lowest possible values.
            Symfony\Component\Security\Core\User\
PasswordAuthenticatedUserInterface:
                algorithm: auto
                cost: 4 # Lowest possible value for bcrypt
                time_cost: 3 # Lowest possible value for argon
                memory_cost: 10 # Lowest possible value for argon
```

Ya existe una configuración de seguridad predeterminada, donde todo el mundo puede acceder a la aplicación. El atributo `lazy:` true significa que la seguridad solo se activa cuando accedemos a un recurso protegido, lo que es importante para mantener las solicitudes en caché.

Si volvemos al archivo **security.yaml**, veremos tres secciones.

La primera, **providers**, se refiere a los proveedores de usuarios. Por defecto, estamos utilizando el método **memory**, que es el más simple, ya que implica almacenar los usuarios directamente en el archivo de seguridad. Sin embargo, se desaconseja su uso en el servicio de Producción.

La segunda, **firewalls**, especifica los cortafuegos que intervendrán para la autenticación de un usuario. Aquí podemos acumular varios cortafuegos.

La tercera, **access_control**, especifica los controles de acceso necesarios para acceder a las rutas.

Aquí, por defecto, hay dos cortafuegos.

- El primero, **dev**, se aplica a las rutas que comienzan con **/_profiler, /_wdt, /css,/images,/js**. Las rutas que intentan acceder al perfil web, a la barra de herramientas web o a un elemento público de nuestra aplicación (imágenes, CSS o JavaScript) tendrán la seguridad desactivada (security: false), lo que significa que todo el mundo puede acceder a ellas.
- El segundo, **main**, se aplica a todas las demás rutas. El modo `lazy:` true evita la creación de una identificación de sesión si no se posee autorización explícita. En caso contrario, si un recurso requiere acceso seguro, los usuarios definidos en **users_in_memory** tendrán permiso para acceder. En la sección La autorización veremos cómo definir roles de usuarios para acceder a un recurso.

Ahora vamos a establecer una política de seguridad real y de autenticación de usuarios. La primera acción consiste en instalar el paquete de seguridad.

En el terminal, ejecute el comando:

```
composer require symfony/security-bundle
```

(o utilice `composer.phar`).

Los paquetes de seguridad se instalarán.

Para autenticar a los usuarios, necesitamos una entidad de Usuario. No la cree con el comando habitual `make:entity`, sino con el comando:

```
php bin/console make:user
```

Debe responder algunas preguntas al usar este comando. Aquí tiene las respuestas para nuestro ejemplo:

```
 The name of the security user class (e.g. User) [User]:
>

Do you want to store user data in the database (via Doctrine)? (yes/no)
[yes]:
>

Enter a property name that will be the unique "display" name for the user
(e.g. email, username, uuid) [email]:
> username

Will this app need to hash/check user passwords? Choose No if passwords are not
needed or will be checked/hashed by some other system (e.g. a single
sign-on server).

Does this app need to hash/check user passwords? (yes/no) [yes]:
> yes
```

Hemos elegido utilizar el nombre de usuario para la identificación (aunque puede elegir el email si lo prefiere) y hemos optado por cifrar la contraseña.

Esto es lo que ha hecho el comando por nosotros:

- se ha creado una entidad: **src/Entity/User.php**
- se ha creado un repositorio: **src/Repository/UserRepository.php**
- se ha modificado el archivo **config/packages/security.yaml**

Examinemos de nuevo el archivo **security.yaml**:

```
security:
    # https://symfony.com/doc/current/security.html#registering-the-
user-hashing-passwords
    password_hashers:
        Symfony\Component\Security\Core\User\
PasswordAuthenticatedUserInterface: 'auto'
    # https://symfony.com/doc/current/security.html#loading-the-user-
the-user-provider
    providers:
        # used to reload user from session & other features (e.g.
switch_user)
        app_user_provider:
            entity:
                class: App\Entity\User
                property: username
    firewalls:
        dev:
            pattern: ^/(_(profiler|wdt)|css|images|js)/
            security: false
        main:
            lazy: true
            provider: app_user_provider

            # activate different ways to authenticate
            # https://symfony.com/doc/current/security.html#the-firewall

            # https://symfony.com/doc/current/security/
impersonating_user.html
            # switch_user: true

    # Easy way to control access for large sections of your site
    # Note: Only the *first* access control that matches will be used
    access_control:
        # - { path: ^/admin, roles: ROLE_ADMIN }
        # - { path: ^/profile, roles: ROLE_USER }

when@test:
    security:
        password_hashers:
            # By default, password hashers are resource intensive and take
            # time. This is important to generate secure password hashes.
            # In tests however, secure hashes are not important, waste
            # resources and increase test times. The following
            # reduces the work factor to the lowest possible values.
            Symfony\Component\Security\Core\User\
PasswordAuthenticatedUserInterface:
```

```
                algorithm: auto
                cost: 4 # Lowest possible value for bcrypt
                time_cost: 3 # Lowest possible value for argon
                memory_cost: 10 # Lowest possible value for argon
```

Se ha añadido un nuevo proveedor: **app_user_provider**, que es un proveedor de tipo **entity**, lo que significa que los usuarios autenticados se recuperarán a través de una entidad y se identificarán con su nombre de usuario.

Ahora es necesario crear las rutas, controladores y vistas que permitirán a los usuarios autenticarse. En el terminal, ejecute el comando:

```
php bin/console make:auth
```

Se le realizarán algunas preguntas sobre cómo desea que los usuarios se autentiquen. Estas son las respuestas que hemos elegido para nuestro ejemplo:

```
 What style of authentication do you want? [Empty authenticator]:
  [0] Empty authenticator
  [1] Login form authenticator
> 1
The class name of the authenticator to create
(e.g. AppCustomAuthenticator):
> CustomAuthenticator
Choose a name for the controller class (e.g. SecurityController)
[SecurityController]:
>
Do you want to generate a '/logout' URL? (yes/no) [yes]:
>
```

Hemos elegido una autenticación con un formulario de inicio de sesión.

Le hemos dado el nombre **CustomAuthenticator** a nuestro autenticador.

Hemos aceptado el nombre predeterminado para el controlador: **SecurityController**.

También hemos solicitado una ruta para la desconexión del usuario: **/logout**.

Se han realizado las siguientes acciones:

```
created: src/Security/CustomAuthenticator.php
updated: config/packages/security.yaml
created: src/Controller/SecurityController.php
created: templates/security/login.html.twig
```

Encontrará en **src/Controller** un nuevo controlador: **SecurityController**.

Se han creado las rutas **/login** y **/logout**.

También hay un nuevo archivo, **src/Security/CustomAuthentication.php**, que se ha creado para autenticar a los usuarios.

Debe modificar el método `onAuthenticationSuccess()` en este archivo.

Si la autenticación es exitosa y no se ha definido ninguna ruta previamente (es decir, el usuario se ha conectado directamente a la URL/login), no generaremos un error de tipo Exception, sino que simplemente dirigiremos al usuario a la ruta **/lista**.

Modifique el método onAuthenticationSuccess() de esta manera:

En lugar de:

```
    throw new \Exception('TODO: provide a valid redirect
inside '.__FILE__);
```

hay que poner:

```
return new RedirectResponse ($this->urlGenerator->generate('lista'));
```

Para que el método `onAuthenticationSuccess()` se quede así:

```
public function onAuthenticationSuccess(Request $request, TokenInterface
$token, string $firewallName): ?Response
    {
        if ($targetPath = $this->getTargetPath($request->getSession(),
$firewallName)) {
            return new RedirectResponse($targetPath);
        }

return new RedirectResponse ($this->urlGenerator->generate('lista'));

    }
```

Veamos la página de login: localhost:8000/login.

Tenemos delante la página de inicio de sesión que se ha generado automáticamente:

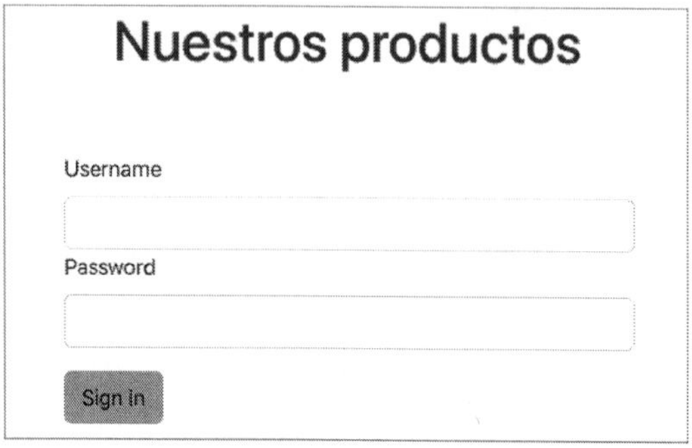

La vista correspondiente está en templates/security/login.html.twig. Por supuesto, puede modificar esta vista para adaptarla a su diseño.

Solo queda crear usuarios en la base de datos. La entidad User ya ha sido creada. Genere la migración correspondiente:

```
php bin/console make:migration
```

y, finalmente, ejecute las migraciones:

```
php bin/console doctrine:migrations:migrate
```

Puede verificar en la solicitud localhost/phpmyadmin que la tabla de usuario se ha creado correctamente.

Crearemos un nuevo controlador RegisterController que nos permitirá registrar usuarios en la base de datos:

```
php bin/console make:controller RegisterController
```

Modifique el contenido del controlador de la siguiente manera. El controlador contendrá las instrucciones para crear un formulario de registro. No es necesario crear un formulario externo, ya que este formulario solo se utilizará para el controlador RegisterController.

```
<?php
namespace App\Controller;

use App\Entity\User;
use Symfony\Bundle\FrameworkBundle\Controller\AbstractController;
```

```
use Symfony\Component\HttpFoundation\Request;
use Symfony\Component\Form\Extension\Core\Type\PasswordType;
use Symfony\Component\Form\Extension\Core\Type\RepeatedType;
use Symfony\Component\Form\Extension\Core\Type\ChoiceType;
use Symfony\Component\Form\Extension\Core\Type\SubmitType;
use Symfony\Component\Routing\Annotation\Route;
use Symfony\Component\PasswordHasher\Hasher\UserPasswordHasherInterface;
use Doctrine\ORM\EntityManagerInterface;
class RegisterController extends AbstractController
{

    #[Route('/register', name:'register')]
    public function register(Request $request, UserPasswordHasherInterface
$passwordHasher,EntityManagerInterface $entityManager)
    {
        $form=$this->createFormBuilder()
                ->add('username')
                ->add('password', RepeatedType::class, [
                        'type'=>PasswordType::class,
                        'required'=>true,
                        'first_options'=>['label'=>'Contraseña'],
                        'second_options'=>['label'=>'Confirme
Contraseña'],
                ])
                ->add('roles', ChoiceType::class, [
                'choices' => [
                        'ROLE_USER' => 'ROLE_USER',
                        'ROLE_ADMIN' => 'ROLE_ADMIN',
                        'ROLE_SUPER_ADMIN' => 'ROLE_SUPER_ADMIN',

                    ],
                    'multiple'=>true
                ])
                ->add('register', SubmitType::class, [
                    'attr'=>[
                        'class'=>'btn btn-success',
                    ]
                ])
                ->getForm();

                $form->handleRequest($request);
                if($request->isMethod('post') && $form->isValid() ){

                    $data=$form->getData();
                    $user=new User;
                    $user->setUsername($data['username']);
                    $user->setPassword(
```

```
                    $passwordHasher->hashPassword(
                        $user,
                        $data['password']
                    )
                );
                $user->setRoles($data['roles']);

                $entityManager->persist($user);
                $entityManager->flush();
                return $this->redirect($this->generateUrl
('app_login'));


            }
            return $this->render('register/index.html.twig',
                            ['my_form'=>$form->createView()]);
    }
}
```

El tipo **ChoiceType** nos permite tener un menú desplegable para elegir los roles asignados al usuario. Estos roles serán los que determinen los recursos a los que tendrá acceso.

UserPasswordHasherInterface permite transformar la contraseña con el algoritmo de hash que definiremos en el archivo security.yaml.

Las técnicas de hash son muy poderosas para dar seguridad a una contraseña. A diferencia del cifrado, el hash no codifica directamente la contraseña. En su lugar, crea lo que se llama una firma a partir de la contraseña almacenada mediante una función. Cuando un usuario introduce una contraseña, esta también se proporciona a la función de hash. Luego, se comparan las firmas de las dos contraseñas (la contraseña almacenada en la base de datos y la contraseña introducida por el usuario).

La ventaja de este método es que es imposible recuperar una contraseña a partir de su firma. Por lo tanto, no podemos descifrar una contraseña. No es reversible. Además, la función de hash podría usar solo una parte de una contraseña para crear la firma.

Vamos a definir la técnica de hash utilizada en nuestro archivo config/packages/security.yaml.

Modifique el contenido de la etiqueta **password_hashers** de la siguiente manera:

```
security:
    # https://symfony.com/doc/current/security.html#
registering-the-user-hashing-passwords
    password_hashers:
        App\Entity\User: 'auto'
        Symfony\Component\Security\Core\User\
PasswordAuthenticatedUserInterface:
            algorithm: 'auto'
            cost:      15
```

Aquí, hemos elegido usar el algoritmo «auto».

Este hash selecciona automáticamente el algoritmo más seguro disponible en su sistema. El `cost: 15` representa el costo del algoritmo. Sin entrar en detalles, cuanto mayor sea el costo, más iteraciones tendrá el algoritmo. Sin embargo, si establece un costo demasiado alto, el tiempo de validación de la contraseña puede ser demasiado largo. Un valor de 15 ofrece un buen equilibrio.

Queda modificar el template que mostrará el formulario de registro. Si observa el RegisterController, verá que se llama: **register/index.html.twig**.

Modifiquemos este template:

```
{% extends 'base.html.twig' %}

{% block title %}Nuevo usuario{% endblock %}

{% block body %}

  {{form(my_form)}}

{% endblock %}
```

Para asegurarse de tener una presentación aceptable, verifique que haya seleccionado el formato de Bootstrap 5 en **config/twig.yaml**:

```
twig:
    default_path: '%kernel.project_dir%/templates'
    globals:
        auteur: '%env(APP_AUTHOR)%'
    form_themes: ['bootstrap_5_layout.html.twig']
```

```
when@test:
    twig:
        strict_variables: true
```

Todo está listo. Todas las rutas necesarias para la identificación y el registro de un usuario están presentes. Puede verificarlo. Para visualizar las rutas generadas, utilice el comando:

```
php bin/console debug:router
```

Entre las rutas se encuentran las definidas para la autenticación:

```
register        ANY     ANY     ANY     /register
app_login       ANY     ANY     ANY     /login
app_logout      ANY     ANY     ANY     /logout
```

Probemos el registro y luego la autenticación de un usuario con la solicitud localhost:8000/register.

Username

Contraseña

The values do not match

Confirme Contraseña

Roles

ROLE_USER
ROLE_ADMIN
ROLE_SUPER_ADMIN

Registrar

El administrador puede seleccionar tantos roles como desee para el usuario manteniendo pulsada la tecla [Ctrl].

Una vez registrado el usuario, se nos dirige a la ruta de inicio de sesión.

Si introducimos las credenciales correctas del usuario registrado, se nos dirigirá a la ruta lista (como especificamos en la clase `CustomAuthenticator`).

Observamos nuestra identificación en la barra del WebProfiler, en la parte inferior de la página.

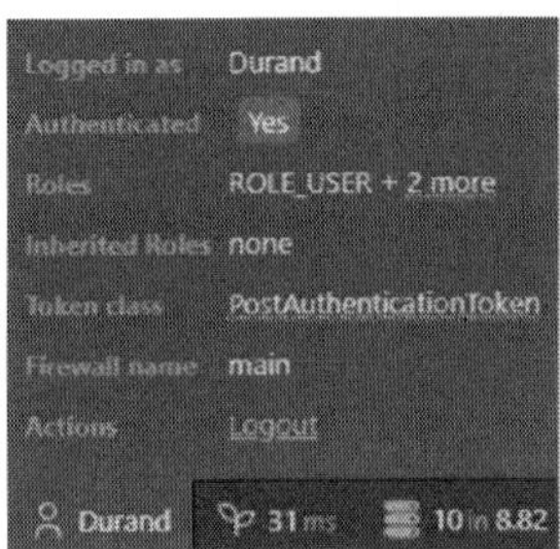

3. La autorización

Una vez que un usuario está definido como poseedor de los derechos para autenticarse, es necesario especificarle a qué recursos tiene acceso.

Actualmente, el firewall definido (main) permite el acceso a todo el mundo:

```
main:
        lazy: true
        provider: app_user_provider
        custom_authenticator: App\Security\CustomAuthenticator
        logout:
        path: app_logout
```

`lazy: true` simplemente significa que no es necesario iniciar una sesión de autorización en caso de que no haya una solicitud explícita de autorización. La sesión que proporcionará una identificación de sesión para seguridad se creará dinámicamente cuando se acceda a los recursos que están protegidos.

En otras palabras, actualmente todo el mundo tiene acceso a todos los recursos de nuestra aplicación. De hecho, deseamos dar acceso a las páginas frontales de nuestra aplicación sin activar la seguridad. Solo las páginas de administración deben estar protegidas.

Vamos a definir **permisos de acceso** para algunos recursos.

Existen varios tipos de autorizaciones:

- `access_control`: permite definir autorizaciones a nivel de las rutas.
- `acceso controlador:` permite definir autorizaciones a nivel de un controlador.
- `acceso a la acción`: permite definir autorizaciones a nivel de los métodos de un controlador.
- `acceso a la vista`: permite definir autorizaciones a nivel de las vistas.

Comenzaremos con las autorizaciones de control de acceso.

3.1 access_control

Actualmente, todos nuestros usuarios tienen acceso a las rutas **insert**, **update** y **delete**.

Para usar la identificación establecida en estas rutas, utilizaremos el control de acceso (**access_control**).

Los controles de acceso se definen en el archivo **config/packages/security.yaml**. Al final del archivo, encontrará estas líneas:

```
access_control:
      # - { path: ^/admin, roles: ROLE_ADMIN }
      # - { path: ^/profile, roles: ROLE_USER }
```

Las vamos a descomentar (borrando el #) y redefinir.

Podemos escribir, por ejemplo:

```
    access_control:
          - { path: ^/insert, roles: ROLE_ADMIN }
          - { path: ^/update, roles: ROLE_ADMIN }
          - { path: ^/delete, roles: ROLE_ADMIN }
```

Hay una manera más simple de definir un `access_control` sobre un conjunto de rutas.

Por ejemplo, para definir un control de acceso sobre todas las rutas que apuntan al controlador AdminController, agregaremos un prefijo a todas las rutas del controlador *admin*.

Vuelva al **src/Controller/AdminController** y agregue esta anotación en la parte superior de la clase `AdminController`:

```
#[Route("/admin")]
class AdminController extends AbstractController
{
...
}
```

Esto no cambia el acceso a estas rutas desde nuestros botones en la plantilla **lista_productos/index.html.twig**, ya que utilizan el nombre de la ruta y no la ruta (path('update'...)).

Sin embargo, si visualiza la dirección de la ruta en la barra del navegador, encontrará, por ejemplo, para una actualización en un producto, esta dirección:

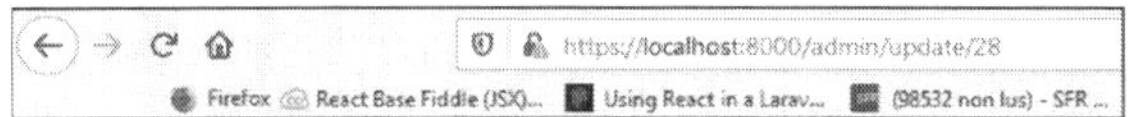

Es evidente que el prefijo admin se ha agregado a la URL.

Volviendo a nuestro `access_control`.

Ahora, en el archivo **config/packages/security.yaml**, podemos definir un solo `access_control` para todas las rutas del AdminController:

```
      access_control:
- { path: ^/admin, roles: ROLE_ADMIN }
```

El símbolo ^ significa «comienza por», es decir, que todas las rutas que comienzan con `/admin` son controladas por la seguridad. Sin embargo, no ponemos el $ porque, si queremos que todas las rutas comiencen con `/admin`, no importa qué caracteres sigan. Las otras rutas están disponibles para todo el mundo.

Entonces, esta vez, intente dirigirse a una ruta `admin/insert` o `admin/update` o `admin/delete` con un usuario que solo tiene el rol ROLE_USER (cree un nuevo usuario con solo ese rol, usando localhost:8000/register).

Cuando este usuario intente ir a la ruta localhost:8000/insert, por ejemplo, se encontrará con esta página de error:

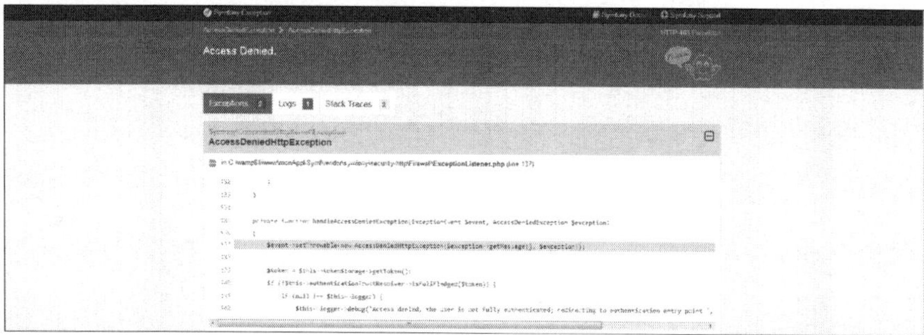

Aparte de resultar antiestético, sería más prudente redirigir al usuario a la página de inicio de sesión en caso de no autorización.

La clase que genera la excepción se llama `AccessDeniedHandler`. Es posible desarrollar una clase `AccessDeniedHandler` propia.

Para ello, creemos la clase `AccessDeniedHandler.php` en el directorio **src/Security**:

```
<?php
namespace App\Security;

use Symfony\Component\HttpFoundation\Request;
use Symfony\Component\HttpFoundation\Response;
use Symfony\Component\Security\Core\Exception\AccessDeniedException;
use Symfony\Component\Security\Http\Authorization\AccessDeniedHandlerInterface;
use Symfony\Bundle\FrameworkBundle\Controller\AbstractController;
class AccessDeniedHandler extends AbstractController implements
AccessDeniedHandlerInterface
{
    public function handle(Request $request, AccessDeniedException
```

```
$accessDeniedException) : Response
    {
        return $this->redirectToRoute('app_login');
    }
}
```

Heredamos de la clase `AbstractController` para poder beneficiarnos de la redirección.

En caso de error, dirigimos al usuario a la ruta app_login.

Recuerde este nombre de ruta que ya se ha definido en el archivo **src/Controller/SecurityController** para la acción de inicio de sesión.

Declaramos esta clase como el servicio para gestionar las excepciones de autorización.

Esto se hace en el archivo **config/packages/security.yaml**. Agregue en el firewall principal la etiqueta `access_denied_handler`:

```
        main:
            lazy: true
            provider: app_user_provider
            custom_authenticator: App\Security\CustomAuthenticator
            logout:
                path: app_logout
            access_denied_handler: App\Security\AccessDeniedHandler
```

Esta vez, si intenta acceder a la ruta admin/insert, por ejemplo, con un usuario que solo tiene el rol ROLE_USER, será dirigido al formulario de inicio de sesión. También podemos agregar un mensaje Flash Bag para informar sobre la necesidad de tener el rol de administrador para iniciar sesión.

He aquí la clase `AccessDeniedHandler` modificada:

```
<?php
namespace App\Security;

use Symfony\Component\HttpFoundation\Request;
use Symfony\Component\HttpFoundation\Response;
use Symfony\Component\Security\Core\Exception\AccessDeniedException;
use
Symfony\Component\Security\Http\Authorization\AccessDeniedHandlerInterface;
use Symfony\Bundle\FrameworkBundle\Controller\AbstractController;
class AccessDeniedHandler extends AbstractController implements
AccessDeniedHandlerInterface
{
    public function handle(Request $request, AccessDeniedException
```

```
$accessDeniedException) : Response
    {

        $session=$request->getSession();
        $session->getFlashBag()->add('message','Su usuario
no dispone de acceso a esta página');
        $session->set('statut','danger');

        return $this->redirectToRoute('app_login');
    }
}
```

Si intenta acceder a la ruta admin/insert con un usuario que tiene el rol ROLE_USER, encontrará la página de inicio de sesión con el mensaje:

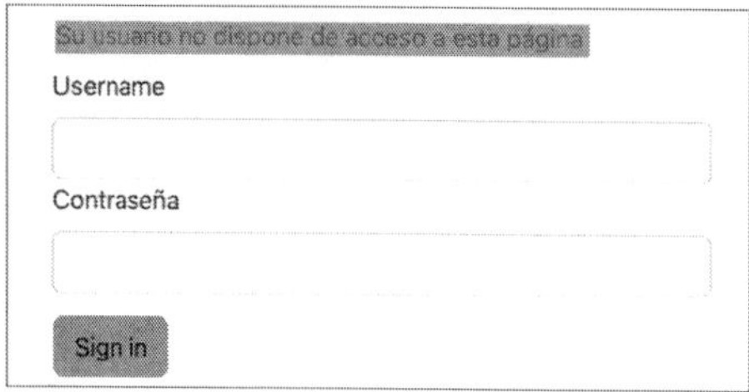

Es exactamente lo que queríamos.

3.2 Acceso controlador

Puede decidir proteger un controlador mediante roles en lugar de proteger el acceso a una ruta.

Esto le permite evitar tener prefijos en las rutas.

Para controlar el acceso a un controlador, vamos a hacer una comprobación de seguridad a través de las anotaciones.

He aquí el código que hay que añadir antes de la clase `AdminController`:

```
...
use Symfony\Component\Security\Http\Attribute\IsGranted;
#[Route("/admin")]
#[IsGranted('ROLE_ADMIN')]
class AdminController extends AbstractController{
...
}
```

Observación

Tenga cuidado de no olvidar agregar el uso para el espacio de nombres de la clase IsGranted utilizada en la anotación.

Para probar esta autorización, comente o elimine el `access-control` en el archivo **config/packages/security.yaml**:

```
access_control:
      #  - { path: ^/admin, roles: ROLE_ADMIN }
      # - { path: ^/profile, roles: ROLE_USER }
```

Intente acceder a una ruta del AdminController con un usuario que tenga el rol ROLE_USER; será dirigido nuevamente a la ruta de inicio de sesión.

3.3 Acceso a la acción

Para proteger un solo método de un controlador (una acción), puede usar nuevamente las anotaciones precediendo el método que hay que proteger, como se describió con anterioridad.

Ejemplo en el método `insert()`:

```
#[Route("/admin")]
#[IsGranted('ROLE_ADMIN')]
public function insert(Request $request)
{
    ...
}
```

Elimine las anotaciones de seguridad en el controlador e intente acceder a la ruta `admin/insert` con un usuario que tenga el rol ROLE_USER, será dirigido nuevamente a la ruta de inicio de sesión.

3.4 Acceso a la vista

También es posible agregar controles de autorización en las vistas. Esto nos será útil, por ejemplo, para eliminar los botones que apuntan a las rutas insert, update y delete que están en la página lista, en caso de que un usuario no tenga los roles suficientes para acceder a ellas.

Basta con agregar la sintaxis Twig siguiente:

```
{% if is_granted('ROLE_ADMIN')  %}
...
{ % endif %}
```

En nuestra plantilla **templates/lista_productos/index.html.twig**, podemos encapsular los botones.

Veamos un ejemplo para el botón **insert**:

```
{% if is_granted('ROLE_ADMIN')  %}
<a class="btn btn-info mb-2" href="{{ path('insert') }}" >
        Añadir un nuevo producto
</a>
{% endif %}
```

y lo mismo para los botones **update** y **delete**:

```
{% if is_granted('ROLE_ADMIN')  %}
<a  class="btn btn-warning mt-2" href="{{ path('update', {'id':
producto.id }) }}">
        Editar producto
</a>
<a class="btn btn-danger mt-2" href="{{ path('delete', {'id':
producto.id }) }}" >
        Eliminar producto
</a>
{% endif %}
```

Si se conecta a la ruta lista sin tener el rol ROLE_ADMIN, ya no verá los botones.

4. La seguridad de una API

Hay muchas otras configuraciones de seguridad disponibles en Symfony. Le recomiendo que consulte la página de documentación si desea profundizar más: https://symfony.com/doc/current/security.html

Hay una seguridad particular que debe implementarse cuando la aplicación Symfony es de tipo **API**.

¿Qué es una API?

Una **API** (*Application Programming Interface*) permite a los desarrolladores utilizar una funcionalidad (una clase PHP) sin tener que preocuparse por su funcionamiento. Esto se llama servicios externos. Una API ofrece, de forma remota, un servicio a otro programa.

Las API pueden, por ejemplo, usarse para activar campañas publicitarias por correo electrónico de forma automática, acceder a datos de una base de datos...

El acceso a una API se realiza simplemente mediante una solicitud HTTP, pero no devuelve una página HTML como una aplicación estándar. Por lo general, una API devuelve datos (ya sea un código de respuesta que indique si el servicio se ha ejecutado correctamente, o información en el caso de una búsqueda en una base de datos, por ejemplo).

El formato de datos devuelto por una API es, generalmente, el formato JSON. Utilizamos API llamadas **REST**, es decir, basadas en solicitudes HTTP. También existen otros tipos de API, como las API de tipo SOAP, basadas en un intercambio de datos a partir de un archivo XML.

He aquí un ejemplo de cómo se presentan los datos en formato JSON:

```
{
  "especie": "Perro",
  "raza": "Labrador Retriever",
  "color": "Amarillo",
  "edad": 6
}
```

Este formato se deriva directamente del aspecto de los objetos en JavaScript.

Su navegador puede leer archivos JSON, pero, generalmente, no puede ejecutar una API (no está diseñado para eso, si bien suele ser capaz de mostrar los datos).

Una API utiliza varios métodos de conexión HTTP según lo que haga. Son convenciones, pero todas las API las adoptan.

Los principales métodos son:

- GET: para recuperar información
- POST: para crear información
- PUT: para actualizar la información existente
- DELETE: para eliminar información

Puede crear un programa PHP para acceder a una API siguiendo los diferentes métodos (llamados verbos, ya que corresponden a diferentes acciones).

También dispone de herramientas como **Insomnia**, que le permiten usar API remotas directamente. Le recomiendo que la descargue:
https://insomnia.rest/

Para practicar el uso de una API remota, puede probar esta que proporciona el clima de una ciudad dada:

```
api.openweathermap.org/data/2.5/weather?q=su cuiadad&appid=su
credential
```

Debe registrarse para obtener un identificador.

Por ejemplo, escriba en la barra de direcciones de Insomnia, en modo GET, la siguiente dirección:

```
https://samples.openweathermap.org/
```

Esta solicitud devuelve un archivo JSON con ejemplos de enlaces de datos meteorológicos:

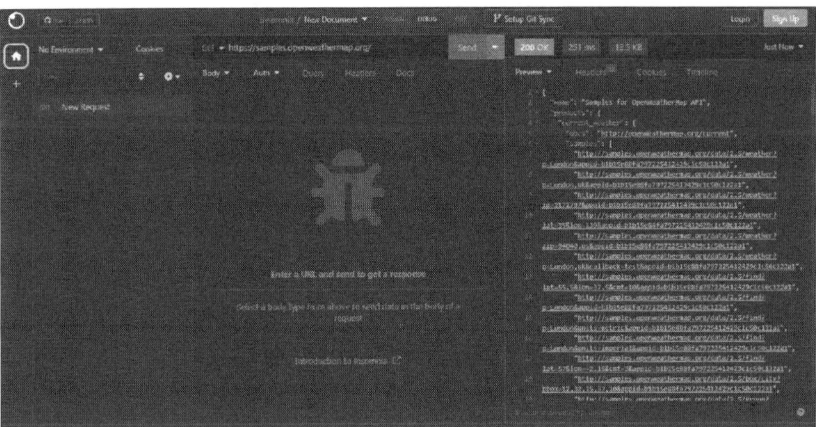

Tome una de las direcciones proporcionadas en JSON. Por ejemplo, aquí, la primera es el enlace: http://samples.openweathermap.org/data/2.5/weather?q=London&appid=b1b15e88fa797225412429c1c50c122a1.

Copie este enlace en la barra de direcciones en modo GET y obtendrá los datos meteorológicos de Londres.

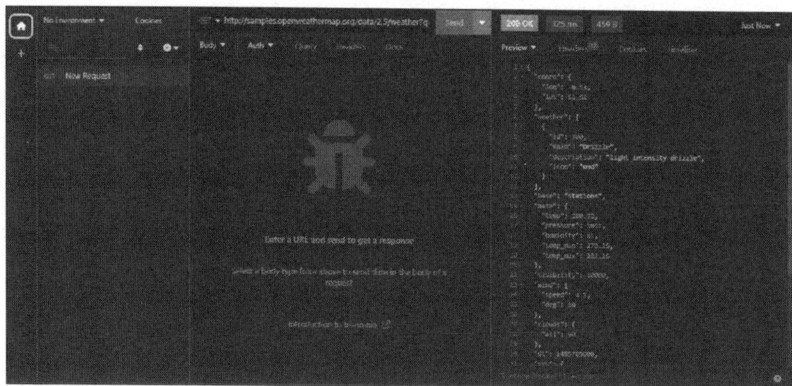

Volvamos a Symfony. El objetivo es crear una API con Symfony.

No necesitará descargar todos los paquetes de Symfony (Twig, en particular, nos resultará inútil, ya que el formato de datos de retorno será JSON).

Por lo tanto, se recomienda instalar una versión ligera de Symfony (versión microservicio).

Si accede a https://symfony.com/download (la página de instalación de Symfony), encontrará el comando para descargar Symfony como microservicio:

```
symfony new monAPISymf
```

Luego tendrá que instalar los paquetes uno por uno, a través de composer, según sus necesidades.

Su API Symfony puede, por supuesto, requerir seguridad de acceso. No todas las API están disponibles para todos.

Sin embargo, la implementación de la seguridad para una API difiere considerablemente de la implementación de la seguridad como lo hicimos para un acceso web estándar. En primer lugar, no podremos utilizar el sistema de sesión habitual, ya que, en este caso, la aplicación está accesible fuera de un navegador, para cualquier programa PHP (o en cualquier otro lenguaje).

Deberemos utilizar un Token de identificación (un número) que especificaremos en la solicitud tan pronto como queramos acceder a la API. Este número se generará automáticamente cuando nos identifiquemos con un inicio de sesión y una contraseña en la API. Nos permitirá usar la API sin tener que volver a introducir nuestros parámetros de conexión.

Veremos cómo implementar la seguridad en una API Symfony. Quienes sientan que este tema no les concierne pueden pasar directamente al siguiente capítulo.

La documentación al respecto está muy bien. Basta con seguir al pie de la letra las instrucciones de la página:
https://symfony.com/doc/current/security/guard_authentication.html

Tomemos un ejemplo con nuestra aplicación miAppliSymf.

Creemos una pequeña API Symfony que simplemente devolverá la lista de productos en base en formato JSON.

Por razones de conveniencia, la crearemos en el controlador ListaProductoController de nuestra aplicación habitual miAppliSymf.

En el archivo **src/Controller/ListaProductoController.php**, agreguemos la acción:

```
#[Route("/apitest", name:"apitest")]
public function apiTest(EntityManagerInterface $entityManager)
{
$productosRepository=$entityManager->getRepository(Producto::class);
    $listaProductos=$productosRepository->findAll();
    $resultado=[];
    foreach($listaProductos as $producto){

        array_push($resultado, $producto->getNombre());

    }
        $respuesta=new JsonResponse($resultado);
        return $respuesta;

}
```

No olvide agregar los use de las clases al principio del archivo:

```
use Symfony\Component\HttpFoundation\Request;
use Symfony\Component\HttpFoundation\Response;
use Symfony\Component\HttpFoundation\JsonResponse;
```

Nuestra API será accesible a través de la ruta `/apitest`. Añadiremos seguridad a esta ruta para que solo los usuarios autorizados puedan acceder a ella.

Si consultamos la página https://symfony.com/doc/current/security/guard_authentication.html, podemos seguir los pasos para implementar esta seguridad.

4.1 Preparar la clase Usuario

La clase `User` cambia considerablemente porque esta vez debe devolver un Token de identificación.

Hagamos esto en nuestra clase `User`. Nuestra clase `User` podrá servir tanto para el acceso a la API como para un acceso web estándar.

Añadimos el código para el Token en **src/entity/User.php**:

```
#[ORM\Column(type:"string", unique:true, nullable:true)]
private $apiToken;
```

Actualizamos los getters y los setters:

```
 php bin/console make:entity --regenerate

This command will generate any missing methods (e.g. getters
& setters) for a class or all classes in a namespace.

To overwrite any existing methods, re-run this command
with the --overwrite
flag

Enter a class or namespace to regenerate [App\Entity]:
> App\Entity\User

updated: src/Entity/User.php


  Success!
```

No olvide especificar correctamente, como acabamos de mostrar, que su clase se llama `App\Entity\User`, y no `User`.

A continuación, hay que generar las migraciones:

```
php bin/console make:migration
php bin/console doctrine:migrations:migrate
```

4.2 Crear la clase Authenticator

La clase `Authenticator` debe generar el token cuando se hace la identificación. No vamos a entrar en detalles.

Cree un archivo **ApiKeyAuthenticator.php** en la carpeta **src/security** y pegue el siguiente código:

```
<?php
namespace App\Security;

use Symfony\Component\HttpFoundation\JsonResponse;
use Symfony\Component\HttpFoundation\Request;
use Symfony\Component\HttpFoundation\Response;
use Symfony\Component\Security\Core\Authentication\Token\TokenInterface;
use Symfony\Component\Security\Core\Exception\AuthenticationException;
use Symfony\Component\Security\Core\Exception\
CustomUserMessageAuthenticationException;
use Symfony\Component\Security\Http\Authenticator\AbstractAuthenticator;
use Symfony\Component\Security\Http\Authenticator\Passport\Badge\UserBadge;
use Symfony\Component\Security\Http\Authenticator\Passport\Passport;
use Symfony\Component\Security\Http\Authenticator\Passport\SelfValidatingPassport;
use Doctrine\ORM\EntityManagerInterface;
use Doctrine\Persistence\ObjectManager;
use App\Entity\User;

class ApiKeyAuthenticator extends AbstractAuthenticator
{
    /**
     * Called on every request to decide if this authenticator should be
     * used for the request. Returning `false` will cause this authenticator
     * to be skipped.
     */
    public function supports(Request $request): ?bool
    {
        return $request->headers->has('X-AUTH-TOKEN');
    }
    public function __construct(public EntityManagerInterface $entityManager)
    {
    }

    public function authenticate(Request $request): Passport
    {
        $apiToken = $request->headers->get('X-AUTH-TOKEN');
```

```
        if (null === $apiToken) {
            // The token header was empty, authentication fails with HTTP Status
            // Code 401 "Unauthorized"
            throw new CustomUserMessageAuthenticationException('No API token
provided');
        }

        return new SelfValidatingPassport(new UserBadge($apiToken,
function($apiToken ){
            return $this->entityManager->getRepository(User::class)->
findOneBy(['apiToken' => $apiToken]);
        }));
    }

    public function onAuthenticationSuccess(Request $request, TokenInterface $token,
string $firewallName): ?Response
   {
        // on success, let the request continue
        return null;
    }

    public function onAuthenticationFailure(Request $request,
AuthenticationException $exception): ?Response
    {
        $data = [
            // you may want to customize or obfuscate the message first
            'message' => strtr($exception->getMessageKey(), $exception->
getMessageData())

            // or to translate this message
            // $this->translator->trans($exception->getMessageKey(), $exception->
getMessageData())
        ];

        return new JsonResponse($data, Response::HTTP_UNAUTHORIZED);
    }
}
```

4.3 Configurar el archivo security.yaml

Encontrará los detalles de esta clase en la página de Symfony:
https://symfony.com/doc/current/security/custom_authenticator.html

Nuestros elementos están en su sitio.

Vamos a configurar el archivo **config/packages/security.yaml** (recuerde guardar su antiguo archivo **security.yaml** en una copia de seguridad para no perder lo que hemos hecho con anterioridad).

Así es como se actualiza su archivo **security.yaml**. Simplemente, reemplace el valor del campo **custom_authenticator**, que estaba definido de la siguiente manera:

```
custom_authenticator: App\Security\CustomAuthenticator
```

por nuestro **Authenticator**:

```
custom_authenticators:
                 - App\Security\ApiKeyAuthenticator
```

Finalmente, agregamos un `access_control` en la ruta `/apitest` con el role exigido: ROLE_ADMIN.

```
access_control:
          - { path: ^/apitest, roles: ROLE_ADMIN }
```

4.4 Agregar usuarios para el acceso a la API

Vamos a utilizar una fixture para crear un usuario que pueda acceder a nuestra API.

Cree, en **rc/DataFixtures**, el archivo **LoadUserData.php**.

Pegue este código, que genera un usuario con un token:

```
<?php
namespace App\DataFixtures;

use Doctrine\Bundle\FixturesBundle\Fixture;
use Doctrine\Bundle\FixturesBundle\FixtureGroupInterface;
use Doctrine\Common\DataFixtures\DependentFixtureInterface;
use Doctrine\Persistence\ObjectManager;

use App\Entity\User;
use Symfony\Component\DependencyInjection\ContainerAwareInterface;
use Symfony\Component\DependencyInjection\ContainerInterface;
use Symfony\Component\Security\Core\Encoder\UserPasswordEncoderInterface;
use Symfony\Component\PasswordHasher\Hasher\UserPasswordHasherInterface;
// class LoadImmatriculationsData extends Fixture
// {
class LoadUserData extends Fixture implements FixtureGroupInterface
{
    protected $encoder;
    public function __construct(UserPasswordHasherInterface $encoder )
    {
```

```
        $this->encoder=$encoder;

    }

    public function load(ObjectManager $manager)
    {
$users=[['username'=>'lucas','password'=>'adminpass','apitoken'=>
'12345', 'roles'=>['ROLE_ADMIN']]];

        foreach($users as $key=> $user){
            $objUser = new User;
            $objUser->setUsername($user['username']);

$objUser->setPassword($this->encoder->hashPassword(
    $objUser,
    $user['password']));
            $objUser->setapiToken($user['apitoken']);
            $objUser->setRoles($user['roles']);

            $manager->persist($objUser);
        }


    // actualizamos la base de datos con todos los persists
        $manager->flush();


    }
    public static function getGroups():array
    {

        return ['group4'];
    }
}
```

El usuario con el nombre de usuario: «lucas» y la contraseña «adminpass» podrá acceder a la API. Cuando nos identifiquemos con las credenciales de lucas, la aplicación podrá recuperar el token asociado que permitirá la identificación en la API, es decir, para el ejemplo: `'apitoken'=>'12345'`

Para ejecutar solo la fixture que pertenece al grupo `group4` sin borrar los datos de nuestras tablas existentes, ejecute en la línea de comandos:

```
php bin/console doctrine:fixtures:load --group=group4
--purge-exclusions=producto --purge-exclusions=distribuidor
--purge-exclusions=referencia --purge-exclusions=producto_distribuidor
```

Si revisa su base de datos (*localhost/phpmyadmin*), verá que se ha insertado un nuevo usuario, con el token api_token 12345.

4.5 Comprobar el funcionamiento de la API

Abra la aplicación Insomnia; si no dispone de ella, descárguela en: https://insomnia.rest/download

Si lanza la siguiente consulta http://localhost/miappsymf/public/index.php/apitest en la barra de direcciones en modo GET, recibirá un retorno en formato JSON indicándole que no tiene permiso para acceder a la API. Nuestro `access_control` ha funcionado:

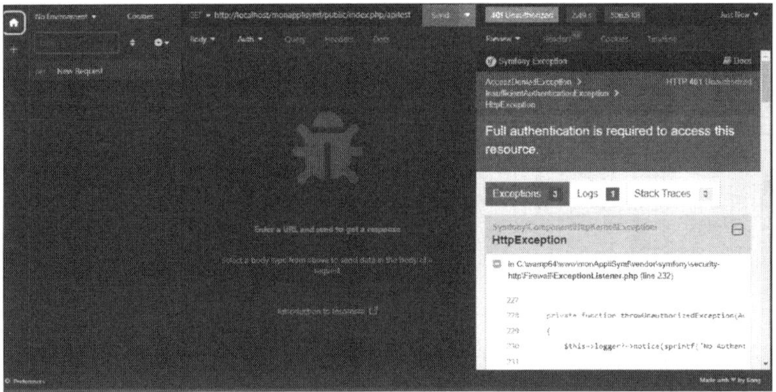

Debe usar el token de un usuario con el rol ROLE_ADMIN para poder acceder a la API.

Ahora usemos el token de identificación. En la práctica, podríamos imaginar que una ruta `/login` nos permitirá obtener el token de identificación a partir de un formulario de autorización, utilizando el nombre de usuario y la contraseña de lucas.

Aquí se le brinda la oportunidad de intentarlo; debería poder hacerlo sin problemas. Una vez que obtenga el token, debe insertarlo en la solicitud para poder identificarse.

En Insomnia, puede agregar este token en la pestaña **Header** > Etiqueta **x-auth-token** y el valor del token: 12345. Envíe nuevamente la solicitud con el botón **Send** y, esta vez, el JSON le devolverá los nombres de los productos:

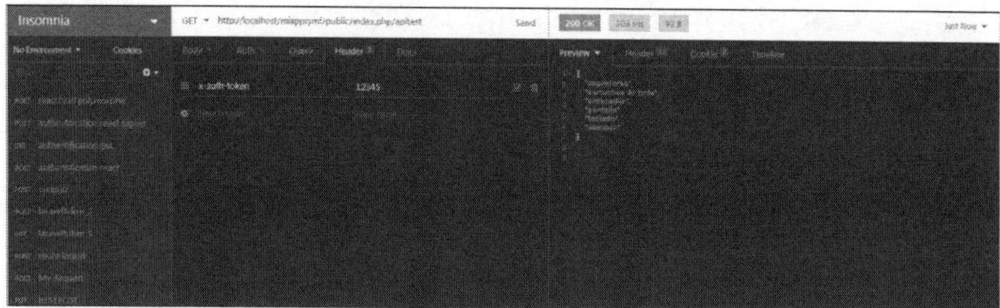

Ahora sabe cómo configurar una API y su seguridad en Symfony. Descubrirá más adelante otras soluciones más avanzadas para implementar seguridad, como, por ejemplo, el sistema **oAuth2**.

Capítulo 18
Personalización de las páginas de error

1. Presentación

Cada error detectado por Symfony genera lo que se llama una **Exception**. La excepción es detectada y una página de error muestra el mensaje de error generado.

Así, si intenta ejecutar una ruta que no existe, como, por ejemplo, la ruta /unknwon, Symfony mostrará esta página de error:

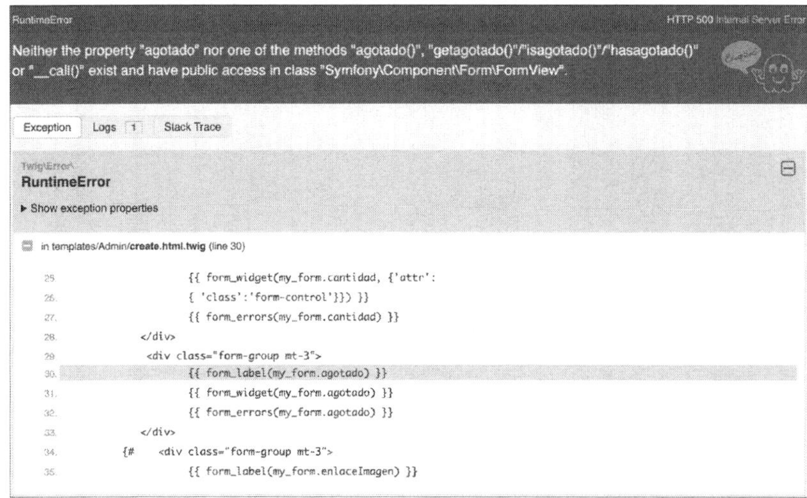

Esta página indica que se ha generado una excepción, pero el diseño no es muy bonito. Sería bastante molesto que apareciese un error así en modo de producción. Esto se parece más a un error de software no controlado. Además, las páginas de error deberían mantener el diseño de todo su sitio web, para evitar que el usuario se sienta desorientado.

Para resolver este problema, vamos a redefinir el aspecto de las páginas de error. Crearemos un nuevo controlador, que llamaremos ErrorController. En el terminal, escriba el siguiente comando:

```
php bin/console make:controller ErrorController
```

Edite el controlador yendo a la página **src/Controller/ErrorController**.

Vamos a crear un método llamado `show()` que se llamará cada vez que se dispare una excepción. En el controlador:

```
<?php

namespace App\Controller;

use Symfony\Bundle\FrameworkBundle\Controller\AbstractController;
use Symfony\Component\HttpFoundation\Response;
use Symfony\Component\Routing\Annotation\Route;
use Symfony\Component\ErrorHandler\Exception\FlattenException;
class ErrorController extends AbstractController
{
     #[Route('/error', name: 'error')]
     public function show(FlattenException $exception)
     {
          $message=$exception->getMessage();

          return $this->render('Exception/index.html.twig',
['message'=>$message]);
     }
}
```

El método `getMessage()` de la clase `FlattenException` devuelve el mensaje de error.

También puede obtener el código de estado del error con el método `getStatusCode()`.

Observación

Eche un vistazo a todos los métodos disponibles en la clase `FlattenException` *(en VSCode, haga clic en* `FlattenException` *con la tecla [Ctrl] pulsada).*

Mostraremos el mensaje de error en una vista que vamos a crear. Añada la carpeta Exception en la carpeta templates y el archivo: **templates/Exception/index.html.twig**.

Personalice la vista como desee.

Por ejemplo, podemos completar la vista index.html.twig de la siguiente manera:

```
{% extends 'base.html.twig' %}
{% block title %}
    {{ parent() }}
    Hemos encontrado un error
{% endblock %}
{% block body %}

    <div class="d-flex flex-row justify-content-center m-5">
    <div>
    <h2>Esto ha sucedido:</h2>
    <div class="alert alert-danger">{{ message }}</div>
    </div>
    </div>
{% endblock %}
```

Para que Symfony tenga en cuenta nuestro método para las excepciones, hay que especificarlo en el archivo **config/packages/framework.yaml**.

Agregue una etiqueta después de `framework`: respetando la tabulación:

```
framework:
    secret: '%env(APP_SECRET)%'
    http_method_override: false
    handle_all_throwables: true
    error_controller: App\Controller\ErrorController::show
```

Esta vez, si intentamos acceder a la ruta /unknown, nos encontraremos con nuestra vista personalizada, que mostrará el siguiente mensaje:

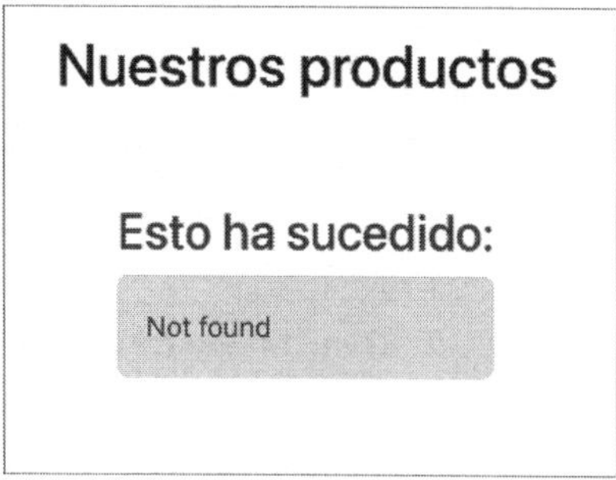

Ahora, todas sus páginas de error tendrán el diseño de su aplicación.

Capítulo 19
Internacionalización

1. Introducción

Las traducciones representan un elemento esencial de cualquier aplicación si desea adaptar sus páginas a diferentes idiomas sin tener que reescribirlas por completo.

2. El principio de la traducción

Hay tres elementos esenciales a la hora de implementar una traducción en Symfony:

- los elementos que se han de traducir,
- el idioma local al que deben realizarse las traducciones,
- los diccionarios de traducción.

No hay un servicio de traducción propiamente dicho en Symfony.

Symfony simplemente transfiere una cadena de caracteres de un idioma a otro según la variable local y el diccionario apropiado.

Tenga en cuenta que la capitalización (mayúsculas o minúsculas) es importante en los catálogos de traducción.

La desventaja de este método es que usted debe escribir todos los catálogos de traducción. Esto puede resultar muy tedioso si tiene muchas páginas para traducir. Si Symfony no encuentra una coincidencia en el catálogo del idioma elegido con el texto que se ha de traducir, conservará el texto original.

Lo primero es asegurarse del idioma elegido para la traducción. Este idioma está definido por la variable local.

3. La variable local

La variable de entorno local predeterminada se define en el archivo de configuración **config/packages/translation.yaml**:

```
framework:
    default_locale: en
    translator:
        default_path: '%kernel.project_dir%/translations'
        fallbacks:
            - en
```

Aquí, de forma predeterminada, la local es «en». Se utilizará el inglés. Los diferentes códigos de idioma están definidos por la norma ISO 639. Se puede encontrar sus valores en el sitio de Wikipedia:
https://en.wikipedia.org/wiki/List_of_ISO_639_language_codes

Esta variable local puede cambiarse dinámicamente en las rutas.

Imaginemos que desea utilizar rutas diferentes para cada idioma; puede definir el idioma utilizado para la página colocándolo como parámetro en la ruta.

Sintaxis:

```
#[Route("/idioma/{_locale}/"...
```

El parámetro `_locale` determina la variable local utilizada en la ruta. El valor se asignará automáticamente a la variable local de su aplicación.

Tomemos un ejemplo. En el controlador TestController que creamos al principio de los capítulos sobre Symfony, creemos una nueva acción con una ruta que contenga la variable local:

```
#[Route("/idioma/{_locale}", name:"idioma", requirements:
["_locale"=> "en|fr|es"])]
    public function idioma(Request $request)
    {
        // Recuperamos la variable local

        $locale=$request->getLocale();

        // Mostramos el valor de la variable local

        return new Response("idioma: $locale");

    }
```

Observación

El parámetro `requirements:["_locale"=> "en|fr|es"]` se recomienda para controlar los idiomas permitidos en su aplicación. Aquí, por ejemplo, permitimos francés, inglés y español.

Probemos esta ruta usando el idioma «es»: localhost:8000/idioma/es.

El objeto `Response` nos muestra correctamente el valor de la local:

idioma: es

También es posible modificar dinámicamente, en el método de un controlador, el valor de la variable local con el comando:

```
$locale=$request→setLocale('es');
```

Una vez que se define la local, debe crear el catálogo correspondiente.

4. Los catálogos de traducción

Los catálogos de traducción se definen en la carpeta **/translations**. Si instala un paquete específico (en forma de bundle), podrá definir los catálogos de traducción en la carpeta **Ressources/translations** dentro del bundle que ha creado (todo esto en la carpeta **vendor**).

Cada catálogo de traducción tiene un nombre particular. Todos los nombres de catálogos siguen la siguiente sintaxis: `domain.locale.loader`.

El significado de esta sintaxis es el siguiente.

- `domain`: una forma opcional de organizar los mensajes en grupos. A menos que las partes de la aplicación estén explícitamente separadas entre sí, se recomienda usar solo el nombre de dominio predeterminado de los mensajes: *messages*.
- `Locale`: el idioma local utilizado por el catálogo.
- `Loader`: el tipo de extensión utilizado para el catálogo. Aunque es posible definir catálogos en formato php o xml, se recomienda utilizar el formato YAML.

Por ejemplo, crearemos un catálogo en español para la local «es». Cree, en **/translations**, el archivo **messages.es.yaml** (usaremos el dominio estándar: messages).

Dentro de él, definiremos una traducción para el texto «Welcome to Symfony», por ejemplo.

El contenido del archivo **translations/messages.es.yaml** se verá así: etiqueta:valor.

En nuestro caso, escribimos lo siguiente:

```
Welcome to Symfony: Bienvenido a Symfony
```

Observación

Asegúrese de respetar el texto original que se ha de traducir. En este caso, no ponga espacios antes ni después del texto «Bienvenido a Symfony», para evitar sorpresas desagradables.

5. Los elementos para traducir

¿Cómo indicarle a Symfony lo que debe traducir?

Es posible, por ejemplo, realizar traducciones en un controlador: simplemente, inyecte el servicio `$translator` de la interfaz TranslatorInterface en el método deseado.

Sintaxis:

```
use Symfony\Contracts\Translation\TranslatorInterface;
public function methode(TranslatorInterface $translator)
{
    ...$translator->trans('texto para traducir');
}
```

Veamos un ejemplo. Dentro del método `idioma()` en el controlador TestController, copie estas líneas:

```
use Symfony\Contracts\Translation\TranslatorInterface;
...
#[Route("/idioma/{_locale}", name:"idioma", requirements:
["_locale"=> "en|fr|es"])]
    public function idioma(Request $request,
TranslatorInterface $translator)
    {
        $textoTraducido = $translator->trans('Welcome to Symfony');
        return new Response( $textoTraducido);
    }
```

Si ejecuta la consulta localhost:8000/idioma/es, accederá al texto traducido:

Bienvenido a Symfony

También es posible realizar traducciones en una plantilla (una vista).

Sintaxis:

```
{% trans %} Texto para traducir {% endtrans %}
```

Por ejemplo, modifiquemos el archivo **templates/test/index.html.twig**:

```
{% extends 'base.html.twig' %}

{% block title %}
    {{ parent() }}
    Página de bienvenida
{% endblock %}

{% block body %}
    <h2>Página de Test</h2>


<h1>{% trans %} Welcome to Symfony {% endtrans %}</h1>
<button>
    <a href="{{ path('hello', {'nombre':'john','apellido':'doe',
'edad':25}) }}"  title="digamos Hola">digamos Hola</a>
</button>

{% endblock %}
```

Se llama a la plantilla desde el método `idioma()`:

```
   /**
    * @Route("/idioma/{_locale}", name="idioma",
                             requirements={"_locale"="en|fr|es"})
    */
    public function idioma(Request $request,TranslatorInterface
$translator)
    {

        return $this->render('test/index.html.twig');

    }
```

Esta vez, la traducción se realiza en la vista. La solicitud localhost:8000/langue/es devuelve el siguiente resultado:

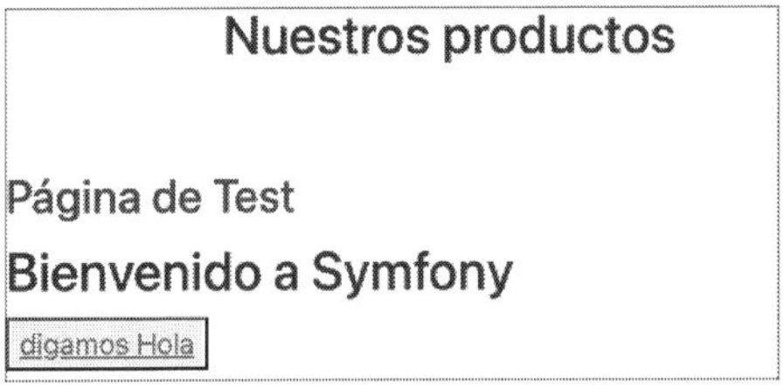

Nuestros productos

Página de Test

Bienvenido a Symfony

digamos Hola

6. Las variables en las traducciones

Los catálogos de traducción también pueden tomar en cuenta variables en las traducciones.

Modifiquemos nuestro catálogo **messages.es.yaml** de la siguiente manera:

```
Welcome to Symfony: Bienvenido a Symfony
say_hello: Hola %name%:
```

`%name%` hace referencia a un parámetro cuyo valor será transmitido dinámicamente por un controlador o una vista.

Por ejemplo, en nuestra plantilla **templates:test/index.html**, usemos el texto **say_hello** pasándole un parámetro:

```
<h1>{% trans %}Welcome to Symfony{% endtrans %}</h1>
<h2>{{ 'say_hello'|trans({'%name%': 'amigo'}) }}</h2>
```

Esta vez, la solicitud da como resultado lo siguiente:

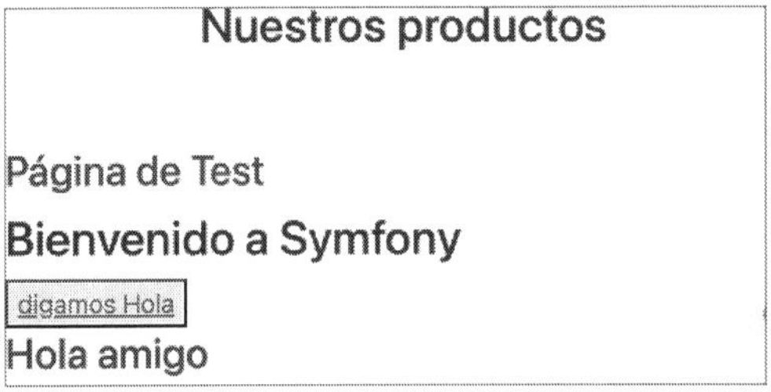

Nuestros productos

Página de Test

Bienvenido a Symfony

digamos Hola

Hola amigo

7. La ayuda para actualizar los catálogos

La tarea más larga al traducir una aplicación consiste en extraer todo el contenido del modelo para traducir y sincronizar todos los archivos de traducción. Symfony incluye un comando llamado `translation:update` que le ayuda en estas tareas laboriosas.

Por ejemplo, puede recuperar todos los mensajes de su sitio que aún no se han traducido en los catálogos con el comando:

```
php bin/console translation:extract --dump-messages es
```

Puede actualizar los archivos de traducción franceses con todas las traducciones pendientes en la aplicación. Las traducciones que faltan se reemplazarán por el texto de la cadena precedido de __ (ejemplo: Welcome to Symfony: __ Welcome to Symfony si esta cadena no está traducida).

```
php bin/console translation:extract --force es
```

8. La organización de los catálogos

Para poder orientarnos mejor en nuestros catálogos, que pueden ser muy extensos, tenemos la opción de estructurarlos.

Una de las prácticas es usar palabras clave en lugar de texto para las cadenas de origen que se deben traducir.

Por ejemplo, en lugar de traducir:

```
Welcome to Symfony: Bienvenido a Symfony
```

utilizaremos una abreviatura del tipo:

```
test.titulo: Bienvenido a Symfony
```

test es el nombre de la página en la que se debe realizar la traducción y titulo es el título de la traducción.

Por ejemplo, en la plantilla **test/index.html.twig**, usaremos este texto:

```
<h1>{% trans %}test.titulo{% endtrans %}</h1>
```

Esto puede simplificar en gran manera sus plantillas y sus catálogos, especialmente si el texto que se ha de traducir es extenso, como un párrafo entero, por ejemplo.

Una extensión de esta posibilidad es construir subniveles en el catálogo.

Será más claro y fácil gestionar catálogos organizados por páginas, por ejemplo.

Puede construir su catálogo **messages.es.yaml** de esta manera:

```
test:
    titulo:
        bienvenido:  Bienvenido a Symfony
    autor:
        Hola:    Hola {name}
    texto:
         introduccion: el texto de introducción...
```

Será posible hacer referencia a estas traducciones en la plantilla:

```
<h1>{% trans %}test.titulo.bienvenido{% endtrans %}</h1>

<h2>{{ 'test.autor.Hola'|trans({'name': 'amigo'}) }}</h2>
<p>{% trans %}test.texto.introduccion{% endtrans %}</p>
```

Cuando Symfony lea el catálogo, reemplazará cada secuencia «dos puntos - salto de línea - tabulación» por un simple punto, convirtiéndose así en el equivalente de lo que teníamos anteriormente.

Finalmente, es posible permitir el salto de línea en medio de las traducciones.

He aquí hay un ejemplo en un catálogo:

```
mipagina:
titulo: título de la página
contenido:
paragrafo: >
Lorem ipsum dolor sit amet, consectetur
adipiscing elit.
Donec justo eros, volutpat at elit at, luctus
gravida turpis.
Sed vestibulum id ante euismod sodales.
Donec malesuada, lectus
ac varius faucibus, metus tellus rutrum elit, in
faucibus justo enim sit amet dui. Aliquam
```

```
erat volutpat. Ut sapien libero, mattis et
consectetur sit amet, volutpat non orci.
```

La flecha «>» al principio de la cadena indica que la traducción está en varias líneas, pero los saltos de línea no estarán presentes en el código HTML de la plantilla. Serán reemplazados por espacios. Atención: la tabulación debe hacerse en todo el párrafo.

He aquí otro ejemplo respetando los saltos de línea en la plantilla.

```
mipagina:
titulo: título de la página
contenido:
paragrafo: |
Lorem ipsum dolor sit amet, consectetur
adipiscing elit.
Donec justo eros, volutpat at elit at, luctus
gravida turpis.
Sed vestibulum id ante euismod sodales.
Donec malesuada, lectus
ac varius faucibus, metus tellus rutrum elit, in
faucibus justo enim sit amet dui. Aliquam
erat volutpat. Ut sapien libero, mattis et
consectetur sit amet, volutpat non orci.
```

El símbolo «|» permite tener en cuenta los saltos de línea, que estarán presentes en el código HTML, y no serán reemplazados por espacios.

`nl2br(mipagina.contenido.paragrafo)` en la vista tomará en cuenta los saltos de línea e interpretará un salto de línea HTML. Al usarlo, se recuperarán las líneas tal como se describen aquí.

Le recomendamos encarecidamente que pruebe estos ejemplos y que practique con ellos.

9. La gestión del plural

Puede que necesitemos más flexibilidad en las traducciones, especialmente para la gestión de los plurales.

Imaginemos, por ejemplo, que queremos indicar el número de productos disponibles al realizar un pedido.

El mensaje variará según el número de productos disponibles:

- Ningún producto disponible
- Hay un producto disponible
- Hay x productos disponibles

Por supuesto, en la plantilla es posible, con la instrucción `{% if ...%}`, verificar el número de productos disponibles y mostrar el mensaje correspondiente.

Pero si este mensaje debe mostrarse en varios lugares, esto nos obliga a duplicar código solo para la traducción.

Symfony propone una gestión automática del plural en el catálogo.

Pero para aprovechar este tipo de traducción, Symfony utiliza un formato especial: el formato ICU.

Este formato está disponible en PHP. Encontrará más información sobre este tipo de formato en la página
http://userguide.icu-project.org/formatparse/messages

Para poder utilizar este formato, deberá renombrar el archivo de catálogo agregando **+intl+icu**.

He aquí ejemplos de conversiones de nombres de archivos de catálogo básicos a nombres de archivo en formato ICU:

Nombre del archivo estándar	Nombre del archivo en formato ICU
messages.en.yaml	messages+intl-icu.en.yaml
messages.es_ES.xlf	messages+intl-icu.es_ES.xlf
admin.en.yaml	admin+intl-icu.en.yaml

Por ejemplo, renombraremos nuestro archivo **translations/messages.es.yaml** como **messages+intl-icu.es.yaml**

Por lo tanto, podemos aplicar la lógica de ICU: las referencias a las variables en las traducciones se realizan entre `{ }`.

Reemplace el antiguo código del archivo por este:

```
Welcome to Symfony: Bienvenido a Symfony
say_hello: Hola {name}
```

Puede verificar que todo funciona de forma correcta. Symfony ha detectado adecuadamente este archivo como un catálogo de traducción para la variable local es.

Ahora veamos el uso del plural.

En nuestro ejemplo, mostraremos un mensaje diferente según el valor de la variable numero en una traducción que llamaremos productos.

Modifiquemos el contenido del archivo **messages+intl-icu.es.yaml** así:

```
Welcome to Symfony: Bienvenido a Symfony
say_hello: Hola {name}
productos: >-
    {numero, plural,
        =0    {Ningún producto disponible}
        one   {Un solo producto disponible...}
        other {Hay # productos}
    }
```

- si numero =0, se mostrará el mensaje «Ningún producto disponible».
- si numero =1, se mostrará el mensaje «Un solo producto disponible...».
- si numero >1, se mostrará el mensaje «Hay x productos!» (siendo x el número de productos).

Probemos estas posibilidades. En el archivo **templates/test/index.html.twig**, agreguemos estas instrucciones:

```
{% extends 'base.html.twig' %}

{% block title %}
    {{ parent() }}
    Página de bienvenida
{% endblock %}

{% block body %}
    <h2>Página de Test</h2>

<h1>{% trans %}Welcome to Symfony{% endtrans %}</h1>
<h2>{{ 'say_hello'|trans({'name': 'amigo'}) }}</h2>

<p>{{ 'productos'|trans({'numero': 0}) }}</p>
<p>{{ 'productos'|trans({'numero': 1}) }}</p>
<p>{{ 'productos'|trans({'numero': 2}) }}</p>


{% endblock %}
```

Si refrescamos localhost:8000/idioma/es, vemos el resultado esperado:

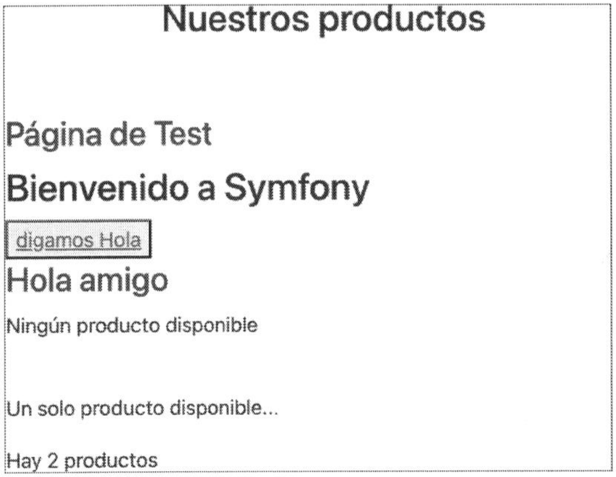

Nuestros productos

Página de Test

Bienvenido a Symfony

digamos Hola

Hola amigo

Ningún producto disponible

Un solo producto disponible...

Hay 2 productos

El formato ICU permite hacer muchas otras cosas, además de la pluralización. Es posible, por ejemplo, modificar una traducción según el valor de una variable.

He aquí hay un ejemplo de traducción según el género de una persona:

```
invitation_title: >-
    {organizer_gender, select,
        female {{organizer_name} has invited you for her party!}
        male   {{organizer_name} has invited you for his party!}
        other  {{organizer_name} have invited you for their party!}
    }
```

Encontrará más ejemplos y detalles en la página correspondiente de la documentación de Symfony: https://symfony.com/doc/current/translation

10. La traducción de los mensajes de las restricciones de validación

Traducir los mensajes en los controladores y en las vistas está bien, pero hay otros mensajes que pueden aparecer en su aplicación y que se deben traducir también. Este es el caso de los mensajes de error en las validaciones de formularios, por ejemplo (ver capítulo Formularios, sección Validación de los formularios).

Para traducir estos mensajes, se utiliza el dominio de validación en lugar del dominio de mensajes.

Cree un archivo **translations/validators.es.yml** e inserte en él las traducciones de sus mensajes de error de validación.

Tomaremos el ejemplo del mensaje de error de validación sobre el tamaño mínimo o máximo del número de caracteres en el nombre de los productos.

Modifiquemos el mensaje en las anotaciones de $numero en la entidad Producto:

```
#[ORM\Column(length: 200)]
    #[Assert\Length(
        min: 2,
        max: 50,
        minMessage: 'producto.numero.min',
        maxMessage: 'producto.numero.max',
        groups: ["all"]
    )]
```

Según la variable local, crearemos los catálogos correspondientes de **validators.locale.yaml**.

Por ejemplo, insertemos en el archivo **translations/validators.es.yml** la traducción de los mensajes en español:

```
producto.numero.min: El nombre debe contener al menos {{ min }} caracteres
producto.numero.max: El nombre debe contener como máximo {{ max }} caracteres
```

Para poder probar nuestros mensajes, modifiquemos el valor de la local en el archivo **config/packages/translation.yml**:

```
framework:
    default_locale: es
    translator:
        default_path: '%kernel.project_dir%/translations'
        fallbacks:
            - es
```

Basta con probar la ruta localhost:8000/admin/insert y poner un nombre de un solo carácter y validar para generar el mensaje de error.

Atención: asegúrese de restablecer la seguridad como estaba antes con respecto a la tabla de usuario (la hemos modificado para hacer una prueba de API). En su archivo **security.yaml**, el campo **custom_authenticator** debe ser restablecido a:

```
custom_authenticator: App\Security\CustomAuthenticator
```

Debe crear un usuario con el rol de Administrador para poder acceder a una página de inserción de datos.

Encontramos el mensaje tal como se definió en el catálogo validators.es.yaml.

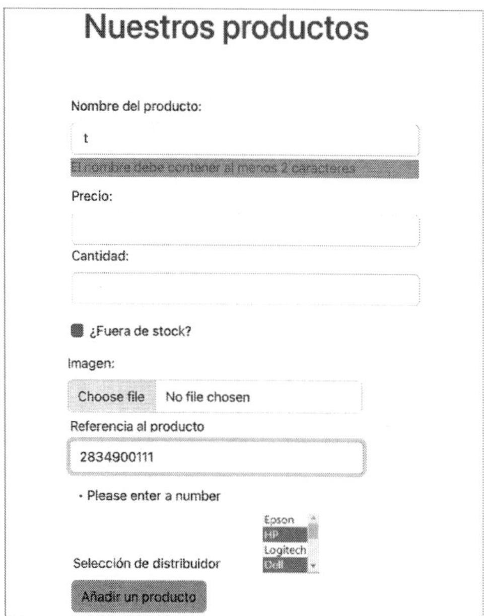

11. El uso del nombre de dominio

Acabamos de ver que, dependiendo del nombre de dominio, **validadores** o **mensajes**, no se realizan las mismas traducciones.

Puede ser útil especificar el nombre de dominio en el que está trabajando.

Supongamos que todas sus páginas tienen traducciones importantes. Su archivo *messages.es.yaml* corre el riesgo de crecer hasta el punto de que ya no pueda encontrar sus traducciones.

En ese caso, sería más conveniente dividir sus catálogos según el nombre de la página que se supone que debe usar estas traducciones.

Es posible definir el nombre de dominio deseado para nuestras traducciones.

Por ejemplo, creemos un archivo de traducción **test+intl-icu.es.yaml**.

```
say_thanks: Gracias {name}
```

En nuestra plantilla **test/index.html.twig**, añadimos esta línea:

```
<h2>{{ 'say_thanks'|trans({'name': 'amigo'}, 'test') }}</h2>
```

Puede comprobar que las traducciones siguen efectuándose correctamente.

Capítulo 20
Los servicios

1. Recordatorio sobre los espacios de nombres

Sabemos que obtenemos las clases de los objetos que manipulamos gracias a sus espacios de nombres (namespace) y a Composer.

Una clase está localizada por su espacio de nombres, definido antes de ella (instrucción use).

Por ejemplo, si queremos usar la clase User en un controlador, es necesario que esta clase esté definida por su espacio de nombres: **App\Entity\User**.

Sabemos que el espacio de nombres se determina por defecto por la ruta hacia la ubicación física de la clase. La clase User está en la carpeta **src/Entity**; por lo tanto, su espacio de nombres se declara de la siguiente manera:

Clase `User`:

```
<?php
namespace App\Entity;
...
class User implements UserInterface
{
...
}
```

Cabe destacar que usamos el alias App para definir la carpeta **src**. Este espacio de nombres raíz se ha definido en el archivo composer.json. Bajo la etiqueta «autoload», encontramos la definición de App:

```
"autoload": {
        "psr-4": {
            "App\\": "src/"
        }
    },
```

Puede darle otro nombre si lo desea, o agregar nuevos espacios de nombres aquí. Para que Composer tenga en cuenta sus modificaciones, luego debe volver a ejecutar el comando en el terminal:

```
composer dump-autoload
```

Cada vez que queramos usar la clase `User`, deberemos especificar su espacio de nombres.

Por ejemplo, en un controlador encontramos la definición del espacio de nombres de la clase `Usuario` con la instrucción `use`:

```
<?php

namespace App\Security;

use App\Entity\User;
...

public function setUser()
    {
    ...
    $user = new User;
    ...
    }
```

Es el autoloader instalado por Composer quien incluirá la clase en el código (archivo **vendor/autoload.php**).

La gestión de las instancias de clase (los objetos derivados de la clase) puede ser complicada cuando tenemos varias instancias que crear. A veces puede que no sea deseable tener varias instancias de la misma clase si estas instancias realizan el mismo proceso. Por ejemplo, si usamos la clase Mailer para enviar un correo electrónico, cada vez que utilicemos Mailer no desearemos crear un nuevo objeto de esta clase.

Por lo tanto, necesitaríamos poder gestionar la instanciación de objetos de ciertas clases muy utilizadas antes de ejecutar la solicitud. Aquí es donde entra en juego el concepto de servicio.

2. ¿Qué es un servicio?

Su aplicación está llena de múltiples objetos reutilizables. Por ejemplo, el objeto «Mailer» le permite enviar correos electrónicos, otro objeto le permite almacenar elementos en la base de datos, etc.

Cada vez que utiliza estas clases recurrentes, está obligado a instanciar las clases.

Existe una superclase en Symfony llamada **contenedor de servicios**. Su función es encargarse de la instanciación de las clases que usted desee antes de ejecutar la aplicación.

En pocas palabras, ¡lo hace todo por usted!

No solo le permite instanciar automáticamente las clases, sino que también instanciará sus dependencias. Por ejemplo, imaginemos una clase `NewsletterManager` que gestiona los boletines informativos. Esta clase utilizará la clase `Mailer` para enviar dichos boletines.

Si declaramos la clase `NewsletterManager` como servicio, el contenedor de servicios instanciará esta clase, así como la clase `Mailer`.

Otra ventaja del contenedor de servicios es que solo instanciará la clase una vez.

Si usted reutiliza un servicio que ya ha utilizado, le devolverá el objeto ya instanciado una vez, sin crear uno nuevo.

Probablemente ya percibe la utilidad de usar el contenedor de servicios, sobre todo para clases que se utilizan con frecuencia en el código.

Observación

Usamos el contenedor de servicios para clases que ofrecen un servicio independiente del resto del código. Obviamente, no tiene sentido declarar algunas clases básicas de Symfony como servicio, como por ejemplo el FrontController: kernel.php.

3. Uso de los servicios

Ya hay varios servicios disponibles por defecto en su aplicación. ¿Cómo saber cuáles son?

Solo tiene que ejecutar el siguiente comando en el terminal:

```
php bin/console debug:autowiring
```

Los servicios listados son aquellos que pueden usarse mediante inyección de dependencias en la acción de un controlador, por ejemplo (autowiring).

Hay muchos más servicios en el contenedor. Para obtener una lista completa, puede ejecutar el comando:

```
php bin/console debug:container
```

Tomemos el servicio LoggerInterface como ejemplo, que permite enviar mensajes al registro de logs. Observamos su clase ejecutando el primer comando:

```
php bin/console debug:container
```

```
Describes a logger instance.
Psr\Log\LoggerInterface (monolog.logger)
Psr\Log\LoggerInterface $cacheLogger (monolog.logger.cache)
Psr\Log\LoggerInterface $consoleLogger (monolog.logger.console)
Psr\Log\LoggerInterface $debugLogger (monolog.logger.debug)
Psr\Log\LoggerInterface $deprecationLogger (monolog.logger.deprecation)
Psr\Log\LoggerInterface $doctrineLogger (monolog.logger.doctrine)
Psr\Log\LoggerInterface $eventLogger (monolog.logger.event)
Psr\Log\LoggerInterface $httpClientLogger (monolog.logger.http_client)
Psr\Log\LoggerInterface $mailerLogger (monolog.logger.mailer)
Psr\Log\LoggerInterface $messengerLogger (monolog.logger.messenger)
Psr\Log\LoggerInterface $phpLogger (monolog.logger.php)
Psr\Log\LoggerInterface $profilerLogger (monolog.logger.profiler)
Psr\Log\LoggerInterface $requestLogger (monolog.logger.request)
Psr\Log\LoggerInterface $routerLogger (monolog.logger.router)
Psr\Log\LoggerInterface $securityLogger (monolog.logger.security)
Psr\Log\LoggerInterface $translationLogger (monolog.logger.translation)
```

La clase está definida por su espacio de nombres: `Psr\Log\LoggerInterface`, pero también por un identificador único. Por ejemplo, la clase base está definida por el identificador **monolog.logger**. Se define un identificador particular para cada tipo de log, como, por ejemplo, monolog.logger.cache para los mensajes almacenados en caché.

Podemos utilizar el servicio LoggerInterface directamente usando su espacio de nombres mediante lo que llamamos **autowiring**. Esto permite inyectar el servicio directamente en un método (por ejemplo, una acción de un controlador).

Probemos este método en nuestro controlador TestController:

```
<?php
...
use Symfony\Component\HttpFoundation\Response;
use Psr\Log\LoggerInterface;

class TestController extends AbstractController
{

#[Route("mylog")]
    public function list(LoggerInterface $logger)
    {
        $logger->info('Aquí estoy utilizando el servicio LoggerInterface');
        return new Response('OK') ;
    }
...
}
```

Si ejecutamos la solicitud localhost:8000/mylog, nos encontraremos el siguiente mensaje en **var/dev.log**:

```
[2023-04-21T12:51:06.040841+00:00] app.INFO: Aquí estou utilizando
el servicio LoggerInterface [] []
```

El autowiring es muy útil, ya que permite trabajar con los servicios como si fueran una clase estándar.

Sin embargo, hay varios servicios en el contenedor que implementan LoggerInterface, como monolog.logger.cache, **monolog.logger.request, monolog.logger.php...** ¿Cómo sabe el contenedor cuál utilizar?

Por defecto, usará el identificador base **monolog.logger**.

Si desea utilizar otro servicio definido por otro identificador, deberá crear su propio servicio indicándole el identificador del servicio como alias (ver la sección Cómo inyectar un servicio dentro de otro servicio).

4. Creación de su propio servicio

Es posible registrar sus propias clases como servicios en el contenedor de servicios.

Vamos a crear un servicio que genere mensajes aleatorios.

Creemos una carpeta Service dentro de la carpeta **src** y creemos el archivo **src/Service/MessageGenerator.php**:

```
<?php
namespace App\Service;

class MessageGenerator
{
    public function getHappyMessage()
    {
        $messages = [
            '¡Bravo, buen trabajo!',
            'Este es el mejor servicio jamás visto',
            '¡Esto es una auténtica genialidad! ',
        ];

        $index = array_rand($messages);

        return $messages[$index];
    }
}
```

El método `array_rand()` devuelve aleatoriamente un mensaje del array `$messages`.

¿Cómo se declara esta clase en el contenedor de servicios?

¡Ya está hecho! Es sorprendente, pero, por defecto, Symfony gestiona todas las clases que se encuentran en la carpeta /**src** como servicios. ¿Cómo se definió esto? La configuración de los servicios de su aplicación se realiza en el archivo **config/services.yaml**.

Abramos este archivo:

```
parameters:
    images_directory: '%kernel.project_dir%/public/img'
services:
    # default configuration for services in *this* file
    _defaults:
        autowire: true      # Automatically injects dependencies
in your services.
        autoconfigure: true # Automatically registers your services
as commands, event subscribers, etc.

    # makes classes in src/ available to be used as services
    # this creates a service per class whose id is the
fully-qualified class name
    App\:
        resource: '../src/'
        exclude:
            - '../src/DependencyInjection/'
            - '../src/Entity/'
            - '../src/Kernel.php'

    # add more service definitions when explicit configuration is
needed
    # please note that last definitions always *replace* previous ones
```

Bajo la etiqueta **parameters** se definen los parámetros de la aplicación (recuerde, creamos un parámetro para identificar la carpeta **images_directory**).

Bajo la etiqueta **services**, definiremos los servicios de nuestra aplicación, que serán gestionados por el contenedor de servicios.

Por defecto, el parámetro **_autowire** está configurado en `true` para permitir el autowiring de los servicios.

El parámetro **autoconfigure** permite registrar los servicios en comandos o eventos.

A continuación, vemos que todas las clases definidas por el espacio de nombres `App\` están declaradas como servicios.

```
App\:
        resource: '../src/*'
```

Aquí declaramos que las clases que se encuentran en la carpeta **/src** son como servicios con el prefijo de espacio de nombres App.

Es gracias a esta instrucción que nuestra clase **src/Service/MessageGenerator.php** se declara automáticamente como un servicio.

Es posible restringir esta instrucción excluyendo ciertas clases de la carpeta /**src**: aquí, las clases `DependencyInjection`, `Entity`, `Migrations`, `Tests` y `Kernel.php` no se declaran como servicios, ya que no tiene sentido.

Hay una definición especial para los controladores como servicios. En el archivo **services.yaml**, la última definición de un servicio tiene prioridad sobre las demás.

Las etiquetas (**tags**) permiten identificar ciertos servicios para que sean utilizados automáticamente en otros servicios (mediante inyección de dependencias). Para obtener más información, puede consultar esta página:
https://symfony.com/doc/current/service_container/tags.html

Puede añadir sus propios servicios en el archivo **config/services.yaml**. Si desea definir una clase que esté fuera de la carpeta **/src** como servicio, puede agregarla a continuación con la sintaxis:

```
MiClase\:
    resource: '../carpeta_de_la_clase/*'
```

5. Cómo inyectar un servicio dentro de otro servicio

Para inyectar un servicio en el constructor de otro servicio (inyección de dependencias), lo definiremos como argumento en el archivo **config/services.yml**.

Tomemos como ejemplo nuestro servicio: **App\Service\MessageGenerator**. Deseamos que este servicio utilice el servicio **LoggerInterface** mediante autowiring. Podemos pasarle el identificador del servicio como argumento.

Recuerde que puede encontrar la lista de servicios y sus identificadores mediante la instrucción `php/bin/console debug`.

En el archivo config/services.yaml, añadamos estas líneas:

```
    App\Service\MessageGenerator:
        arguments:
            $logger: '@monolog.logger'
```

Observación

El signo @ indica a Symfony que estamos pasando un identificador de servicio como argumento, y no una cadena de caracteres.

El parámetro `$logger` será inyectado automáticamente en el constructor del servicio **App\Service\MessageGenerator**. Modifiquemos esta clase para que pueda utilizar **LoggerInterface**:

```
<?php
namespace App\Service;
use Psr\Log\LoggerInterface;

class MessageGenerator
{

    public function __construct(LoggerInterface $logger)
    {
    }
    public function getHappyMessage()
    {
        $messages = [
            '¡Bravo, buen trabajo!',
            'Este es el mejor servicio jamás visto',
            '¡Esto es una auténtica genialidad!',
```

```
        ];

        $index = array_rand($messages);
        $this->logger->info($messages[$index]);
        return $messages[$index];
    }
}
```

Como puede ver, la inyección del servicio **LoggerInterface** en nuestro servicio **MessageGenerator** nos permite incluir mensajes en el log al llamar al método `getHappyMessage()`:

```
$this->logger->info($messages[$index]);
```

Solo nos queda probar nuestro servicio en el TestController, inyectándolo en el método `message()`:

```
...
use App\Service\MessageGenerator;

class TestController extends AbstractController
{

    #[Route("/message")]
    public function message(MessageGenerator $message)
    {
        return new Response($message->getHappyMessage());

    }
...
}
```

Se recomienda limpiar la caché:

```
php bin/console cache:clear
```

y detener/iniciar el servidor:

```
symfony server:start
```

Al ejecutar la solicitud localhost:8000/message, vemos que nuestro mensaje se muestra correctamente. También lo encontramos en nuestro archivo **var/log/dev.log**:

```
[2023-04-21T13:17:11.670581+00:00] app.INFO: ¡Esto es una auténtica
genialidad!  [] []
```

Si desea inyectar una clase que no tenga un identificador, simplemente defínale uno en el archivo **config/services.yaml**:

```
services:

app.rot13.transformer:
     class: App\Util\Rot13Transformer

App\Service\MessageGenerator:
        arguments:
            $transformer: '@app.rot13.transformer'
```

Aquí, estamos inyectando el servicio **App\Util\Rot13Transformer** en el servicio **App\Service\MessageGenerator**.

También es posible redefinir un identificador a partir de un identificador de servicio existente.

Ejemplo:

```
services:
app.console: '@monolog.logger.console'

    App\Service\MessageGenerator:
        arguments:
            $logger: '@app.console'
```

Los servicios son elementos muy importantes en un framework como Symfony. No debe descuidar su uso. Hay muchas otras aplicaciones de los servicios, especialmente en la gestión de eventos. Le invitamos a consultar estas páginas de la documentación de Symfony para obtener más información:
https://symfony.com/doc/current/service_container.html
#services-autoconfigure

y, para eventos: https://symfony.com/doc/current/reference/events.html

Capítulo 21
La clase Mailer

1. Instalación y configuración

Antes de finalizar esta exploración de Symfony, detengámonos en una clase bastante útil, que es la clase `Mailer`. En las versiones anteriores de Symfony, se utilizaba la clase `SwiftMailer`, pero hoy en día, en la versión 7, Symfony recomienda la clase Mailer para el envío de correos electrónicos: https://symfony.com/doc/current/mailer.html

La clase `Mailer` ya está instalada por defecto en la aplicación base. Compruebe que, en efecto, está presente en el archivo `composer.json`:

```
"symfony/mailer": "7.0.*",
```

Si no la encuentra, instálela utilizando Composer:

```
composer require symfony/mailer
```

Antes de utilizar Mailer, hay algo muy importante por hacer y que puede pasar desapercibido: **debe comentar las instrucciones asincrónicas**.

Si no lo hace, nunca verá sus correos electrónicos enviados y podría perder la paciencia tratando de entender por qué.

Para comentar las instrucciones asincrónicas, abra el archivo:

`config/packages/messenger.yaml`

Y comente o elimine las siguientes instrucciones:

```
routing:
 # Symfony\Component\Mailer\Messenger\SendEmailMessage: async
 # Symfony\Component\Notifier\Message\ChatMessage: async
 # Symfony\Component\Notifier\Message\SmsMessage: async
```

Es especialmente importante la primera línea, que concierne al envío de correos electrónicos.

Luego, debe configurar las instrucciones de envío al servidor de correo.

Si consulta el archivo **config/packages/mailer.yaml:**

```
framework:
    mailer:
        dsn: '%env(MAILER_DSN)%'
```

Por defecto, se utiliza la variable de entorno `MAILER_DSN`. Esta variable se define en el archivo **.env**:

En el archivo .env, por defecto, el envío de correos electrónicos está desactivado:

```
# MAILER_DSN=null://null
```

Comencemos realizando una prueba: vamos a enviar los mensajes a la barra de herramientas web de Symfony antes de mandarlos a un servidor.

Descomente la línea anterior en el archivo **.env**:

```
MAILER_DSN= null://null
```

2. Envío de e-mails

La biblioteca Mailer funciona creando y enviando objetos de la clase `Mailer`.

Crearemos un nuevo controlador para mostrar un ejemplo:

```
php bin/console make:controller MailController
```

Encontrará un ejemplo de código para el controlador Mailer en la página: https://symfony.com/doc/current/mailer.html#creating-sending-messages

Lo hemos adaptado a nuestras necesidades:

```
<?php
namespace App\Controller;

use Symfony\Bundle\FrameworkBundle\Controller\AbstractController;
use Symfony\Component\HttpFoundation\Response;
use Symfony\Component\Mailer\MailerInterface;
use Symfony\Component\Mime\Email;
use Symfony\Component\Routing\Annotation\Route;

class MailController extends AbstractController
{
    #[Route('/email',name:'email')]
    public function sendEmail(MailerInterface $mailer): Response
    {
      $email = (new Email())
          ->from('miAppSymf@symfony.com')
          ->to('destinatario@email.com')
          ->subject('Mi Applicación Symfony')
          ->text('¡Hola!')
          ->html('<p>Symfony is the best</p>');
        $mailer->send($email);
        return new Response('mensaje enviado');
    }
}
```

Un mensaje está definido por un objeto de la clase `Email`:

```
$email = (new Email())
```

Los `()` que encapsulan la instrucción new permiten ejecutar directamente los métodos siguientes (como `->from...`) tan pronto como se instancie el objeto.

Puede usar el correo electrónico de su elección como remitente. Aquí, hemos elegido miAppSymf@symfony.com.

De manera similar, para el destinatario, elegimos destinatario@email.com

Estas direcciones no existen, son solo ejemplos.

En el método `to()`, especifique el correo electrónico de su destinatario.

En el método `subject()`, puede proporcionar el asunto del correo electrónico.

En el método `text()`, puede proporcionar texto en el cuerpo del correo electrónico.

Si lo prefiere, puede proporcionar código HTML en lugar de texto en el cuerpo del correo electrónico, en el método `html()`.

Ahora solo falta probar el envío del correo electrónico lanzando la siguiente solicitud: localhost:8000/email.

Por el momento, el correo electrónico no se enviará.

No verá la barra de herramientas web en la parte inferior de la pantalla porque nuestra acción no devuelve una plantilla. Es un simple `new Response()` el que finaliza la acción.

Para ver la barra de herramientas web, es necesario ejecutar una acción que devuelva una plantilla. Por lo tanto, crearemos una plantilla para indicar el envío del correo electrónico.

Cree la plantilla: **mail/index.htm.twig** (la plantilla podría haberse creado ya).

Coloque un mensaje dentro como este:

```
{% extends 'base.html.twig' %}

{% block title %}Envío de email{% endblock %}

{% block body %}
<h1>El email se envió correctamente</h1>
{% endblock %}
```

Utilice esta plantilla en la acción `sendEmail()` de `MailController`:

```
<?php
namespace App\Controller;

use
Symfony\Bundle\FrameworkBundle\Controller\AbstractController;
use Symfony\Component\HttpFoundation\Response;
use Symfony\Component\Mailer\MailerInterface;
use Symfony\Component\Mime\Email;
```

```
use Symfony\Component\Routing\Annotation\Route;

class MailController extends AbstractController
{
    #[Route('/email',name:'email')]
    public function sendEmail(MailerInterface $mailer): Response
    {
        $email = (new Email())
            ->from('miAppSymf@symfony.com')
            ->to('destinatario@email.com')
            ->subject('Mi aplicación Symfony')
            ->html('<p>Hola!</p>');
        $mailer->send($email);
        return $this->render('mail/index.html.twig');

    }
}
```

Vuelva a lanzar localhost:8000/email. Esta vez, la barra de herramientas web se mostrará con una pestaña que indica el mensaje:

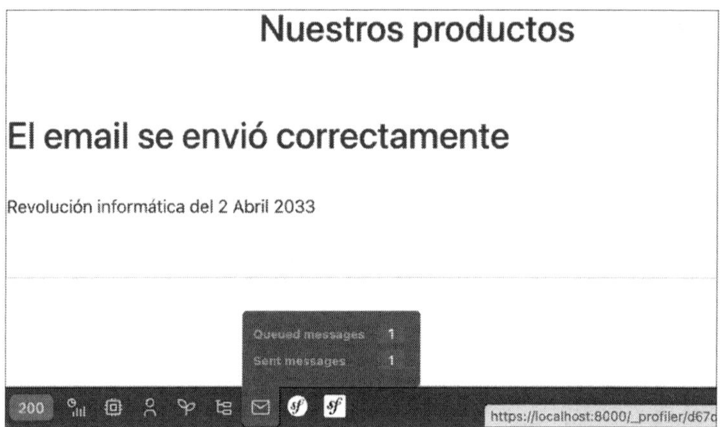

Al hacer clic en el icono, puede consultar los detalles del mensaje:

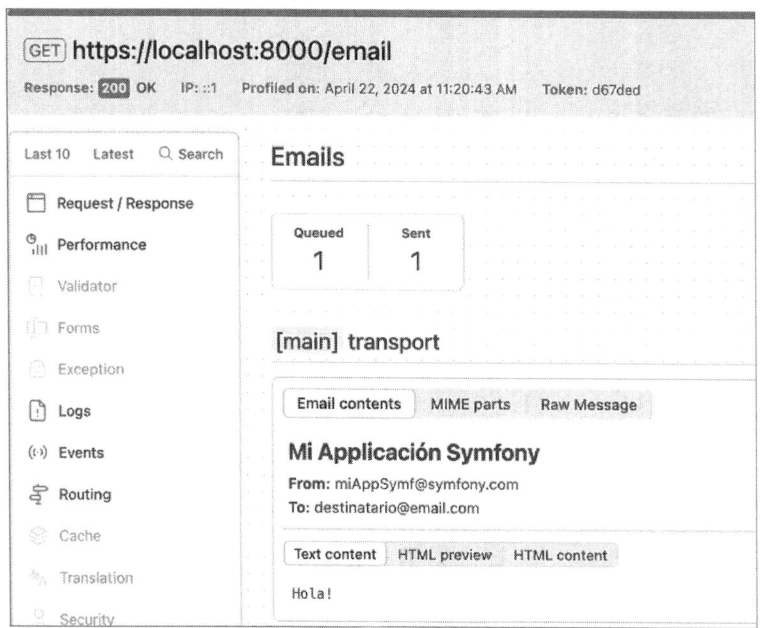

Encontrará el cuerpo del correo electrónico tal y como se esperaba.

Para enviar efectivamente un correo electrónico a un destinatario existente, es necesario configurar un servidor de correo.

Es en la variable MAILER_DSN del archivo .env donde configurará esta información.

Si va a la página de Symfony:
https://symfony.com/doc/current/mailer.html#using-built-in-transports

Encontrará configuraciones posibles según el protocolo utilizado: smtp, sendmail, nativo...

También puede utilizar un proveedor externo, que es más fácil de configurar. Encontrará ejemplos en esta página:
https://symfony.com/doc/current/mailer.html#using-a-3rd-party-transport

Le animo a explorar las diferentes opciones. Por supuesto, debe tener acceso a un servidor de correo con permisos de administrador para poder conectarlo a Symfony.

Por ejemplo, si utiliza el servidor Gmail para enviar sus correos electrónicos, debe tener acceso administrativo a Gmail. Encontrará documentación en esta página: https://support.google.com/a/answer/182076?hl=es

Para ilustrar un ejemplo de envío de correo electrónico, como por razones de confidencialidad no es posible demostrar aquí la configuración de un servidor de correo, utilizaremos un servidor gratuito llamado: https://mailtrap.io

Mailtrap captura correos electrónicos y los muestra.

Para obtener el DNS de Mailtrap para Symfony, haga clic en el botón **Sign up for free**. Luego, haga clic en **Email Testing**, luego en **Inboxes**. Se mostrará la siguiente página:

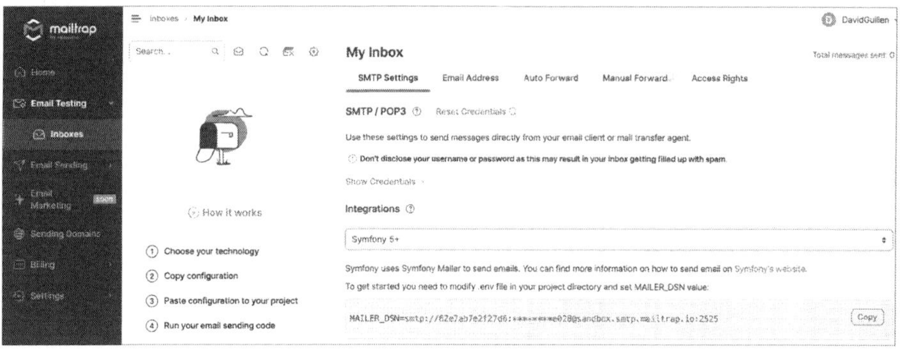

En el menú desplegable, seleccione **Symfony 5+**.

El valor de MAILER_DNS se debe copiar en el archivo .env en lugar de:

```
MAILER_DSN= null://null
```

Reemplace con el valor proporcionado anteriormente:

```
MAILER_DSN=smtp://06e891d7d8817a:bc784930e1061f@sandbox.smtp.
mailtrap.io:2525?encryption=tls&auth_mode=login
```

Volvamos a lanzar localhost:8000/email

Veremos en Mailtrap el email enviado:

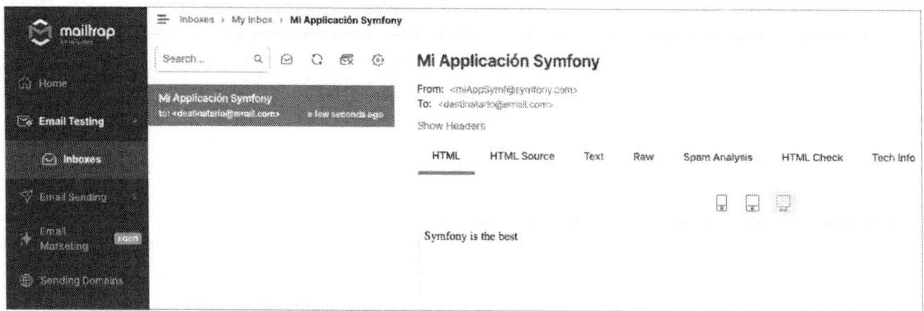

Si el mensaje no aparece, consulte los mensajes de error en el archivo **var/log/dev.log**. Encontrará enlaces que pueden ayudarle a comprender la naturaleza del error detectado.

3. Uso de una plantilla

Puede ser interesante utilizar una plantilla Twig para el cuerpo del correo electrónico en lugar de código HTML. Para utilizar una plantilla, simplemente reemplace la clase `Email` por la clase `TemplatedEmail`. Encontrará el contenido de esta clase en esta página:
https://github.com/symfony/symfony/blob/6.2/src/Symfony/Bridge/Twig/Mime/TemplatedEmail.php

Entonces podrá utilizar el método `htmlTemplate()` en lugar de `html()`. Por ejemplo, en nuestra clase `MailController`, estos son los cambios que hay que realizar:

```
<?php
namespace App\Controller;


use Symfony\Bundle\FrameworkBundle\Controller\AbstractController;
use Symfony\Component\HttpFoundation\Response;
use Symfony\Component\Mailer\MailerInterface;
use Symfony\Bridge\Twig\Mime\TemplatedEmail;
use Symfony\Component\Routing\Annotation\Route;

class MailController extends AbstractController
{
    #[Route('/email',name:'email')]
    public function sendEmail(MailerInterface $mailer): Response
    {
        $email = (new TemplatedEmail())
        ->from('miAppSymf@symfony.com')
        ->to('destinatario@gmail.com')
        ->subject('Hello')
        ->htmlTemplate('mail/email.html.twig');

        $mailer->send($email);
        return new Response('mensaje enviado');
    }
}
```

Ahora solo falta crear la plantilla **mail/email.html.twig**:

```
{% extends 'base.html.twig' %}

{% block title %}e-mail de la App Symfony{% endblock %}

{% block body %}
<h1>Ejemplo de plantilla para el correo</h1>
{% endblock %}
```

Actualizamos la URL localhost:8000/email y volvemos a mailtrap.io para encontrarnos un email generado a partir de la plantilla:

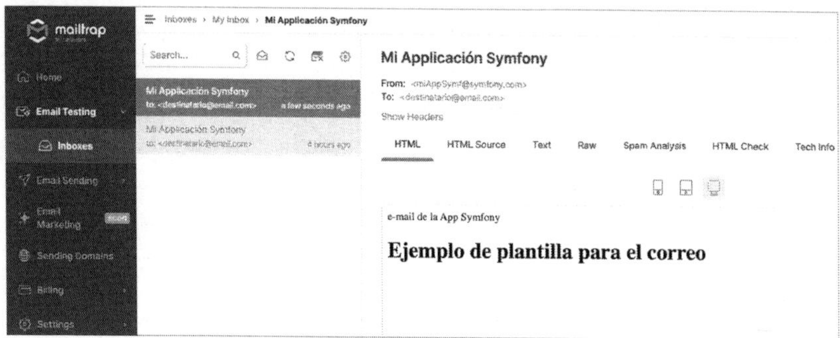

Además, podemos utilizar variables gracias al método `context()`. En este ejemplo lo hacemos con las variables nombre y apellido:

```
public function sendEmail(MailerInterface $mailer): Response
 {
     $email = (new TemplatedEmail()
         ->from('miAppSymf@symfony.com')
         ->to('destinatario@email.com')
         //->cc('cc@example.com')
         //->bcc('bcc@example.com')
         //->replyTo('fabiano.caruana@example.com')
         //->priority(Email::PRIORITY_HIGH)
         ->subject('Hello')
         ->htmlTemplate('mail/email.html.twig')
         ->context([
             'nombre' => 'Fabiano',
             'apellido' => 'Caruana'
         ]);
     $mailer->send($email);
     return new Response('mensaje enviado');
 }
```

Y en la plantilla mail/email.html.twig:

```
{% extends 'base.html.twig' %}

{% block title %}e-mail de la App Symfony{% endblock %}

{% block body %}
<h1>El email fue enviado correctamente por {{ nombre }} {{ apellido }}</h1>
{% endblock %}
```

En mailtrap.io, veremos como el mensaje contiene el nombre y el apellido:

Capítulo 22
Despliegue de la web en producción

1. Introducción

Hemos llegado al final de nuestra exploración de Symfony. Hemos visto muchas cosas y aún queda mucho por descubrir, especialmente los test unitarios, los eventos y los sistemas de caché, entre otros.

Hemos decidido voluntariamente no profundizar más para no sobrecargar este trabajo con elementos técnicos demasiado avanzados que no serán utilizados directamente por la mayoría de los desarrolladores de Symfony (al menos al principio).

Para aquellos que deseen profundizar, pueden consultar la documentación de Symfony, que tiene una altísima calidad y está siempre actualizada.

Sin embargo, con el contenido de este libro, debería poder desarrollar su aplicación Symfony incluso si es principiante en PHP.

Queda un último punto por abordar: el despliegue. Su sitio está listo en su servidor local. ¿Cómo lo implementa en el servidor de producción definitivo? ¿Qué precauciones debe tomar? A continuación, veremos los pasos que hay que seguir para una implementación exitosa.

2. Gestión del rendimiento

El primer paso esencial es vaciar la caché. Esto evita posibles errores que podrían ocurrir en producción:

```
php bin/console cache:clear
```

Incluso aunque no se haya utilizado necesariamente, tome la precaución de vaciar la caché de producción:

```
php bin/console cache:clear --env=prod
```

2.1 La memoria caché HTTP

El mayor desafío que enfrentará en modo Producción es la velocidad de carga de sus páginas (especialmente si tiene muchos usuarios conectados). No pierda de vista que hoy en día un usuario no volverá a su sitio si las páginas tardan más de 3 segundos en cargarse. Una velocidad de carga demasiado lenta reduce su tráfico, pero también afecta a su clasificación en los motores de búsqueda como Google. De hecho, tiene una herramienta para probar el tiempo de carga de sus páginas proporcionada por Google:
https://developers.google.com/speed/pagespeed/insights/?

Una de las formas más comunes de aumentar la velocidad de carga de sus páginas es utilizar una caché. La memoria caché más común en el mundo web (aunque hay otras) es la caché HTTP.

El principio de la caché es almacenar un recurso dado (por ejemplo, una página web) para devolverlo cada vez que se solicita sin tener que reconstruirlo a través del script PHP.

Cuando una caché HTTP recibe una solicitud de página en su espacio de almacenamiento, intercepta la solicitud y devuelve su copia en lugar de volver a descargarla desde el servidor original.

Hay varios tipos de caché HTTP: desde cachés a nivel de servidor hasta cachés en proxies y en navegadores...

Sí, sus navegadores utilizan parte de su espacio en disco para almacenar páginas en caché. Esta caché es la que le permite, entre otras cosas, usar los botones atrás/adelante para mostrar rápidamente las páginas correspondientes. Se recomienda vaciar con regularidad la caché del navegador, especialmente durante las pruebas de sus scripts ([Ctrl][F5] para Firefox y [Ctrl][F5] o [Shift][F5] para Chrome).

Pero ¿cómo se utiliza la caché?

Una solicitud HTTP, como hemos visto, incluye una cabecera (*header*) y un contenido. El *header* contiene toda la información necesaria para mostrar la página (el código de estado, los parámetros transmitidos, el verbo de transmisión, etc.). Es en este encabezado donde encontraremos los parámetros de la caché de la página.

Por ejemplo, para definir el tiempo de almacenamiento en caché de la página, tendrá que configurar el parámetro **Max-age**: 300 (en segundos).

Encontrará la definición de todos los parámetros de la caché en la página: https://developer.mozilla.org/es/docs/Web/HTTP/Headers/Cache-Control

Ahora podemos configurar estos parámetros a través de Symfony.

2.2 Configuración de caché en los controladores

Symfony tiene su propio sistema de caché, que se llama proxy inverso.

Para activarlo en modo de **producción**, añada estas líneas al final del archivo **config/packages/framework.yaml**:

```
when@prod:
    framework:
        http_cache: true
```

Pero aún estamos en modo de desarrollo (**dev**), así que, para probar la memoria caché en modo de desarrollo, agregue también estas líneas a continuación (conserve la tabulación):

```
when@dev:
    framework:
        http_cache: true
```

Para asegurarnos de que las modificaciones se aplican, podemos utilizar:

```
php bin/console cache:clear
```

Ahora puede utilizar el almacenamiento en caché HTTP en sus controladores a través de los métodos del objeto Response.

Veamos un ejemplo. Vamos a definir los parámetros de caché para la solicitud /test:

`'max_age'`	Tiempo (ms) durante el cual la página no se recarga.
`'s_maxage'`	Esta directiva indica por cuánto tiempo la respuesta es reciente (similar a `max-age`) — pero es específica para cachés compartidas, e ignorarán `max-age` cuando está presente.
`'public'`	La memoria caché se aplica a todos los usuarios.
`'mustRevalidate'`	La respuesta puede usarse mientras sea reciente, pero una vez que el recurso se vuelve obsoleto, la caché no debe usar su copia obsoleta sin validar correctamente en el servidor de origen.

Hay dos formas de aplicar caché en un controlador. Si desea cachear la respuesta a una acción, puede utilizar los atributos:

```
#[Cache(public: true, maxage: 600,smaxage:600,mustRevalidate: true)]
```

También puede, en la acción, establecer parámetros de caché a la respuesta:

```
$response->setPublic()->setSharedMaxAge(600);
```

No olvide utilizar el **use**:

```
use Symfony\Component\HttpKernel\Attribute\Cache;
```

Para que funcione, también debe modificar el parámetro **Auto-cache** de la respuesta (para no tener el comportamiento por defecto automático):

```
$response->headers->set(AbstractSessionListener::
NO_AUTO_CACHE_CONTROL_HEADER, 1);
```

Así quedaría la acción del controlador TestController:

```
<?php

namespace App\Controller;

use Symfony\Bundle\FrameworkBundle\Controller\AbstractController;
use Symfony\Component\HttpFoundation\Response;
use Symfony\Component\HttpFoundation\Request;
use Symfony\Component\HttpFoundation\Cookie;
use Symfony\Component\Routing\Annotation\Route;

use Symfony\UX\Chartjs\Builder\ChartBuilderInterface;
use Symfony\UX\Chartjs\Model\Chart;
use Symfony\Component\Notifier\Notification\Notification;
use Symfony\Component\Notifier\NotifierInterface;
use Symfony\Contracts\Translation\TranslatorInterface;
use Psr\Log\LoggerInterface;
use App\Service\MessageGenerator;
use Symfony\Component\HttpKernel\EventListener\AbstractSessionListener;
use Symfony\Component\HttpKernel\Attribute\Cache;
class TestController extends AbstractController
{
    #[Route('/test', name: 'app_test',methods: ['GET', 'HEAD'] )]
    #[Cache(public: true, maxage: 600,smaxage:600,mustRevalidate: true)]
    public function index(Request $request): Response
    {
        $response=$this->render('test/index.html.twig');
        $response->headers->set(AbstractSessionListener::
NO_AUTO_CACHE_CONTROL_HEADER, 1);
        return $response;
    }
```

NO_AUTO_CACHE_CONTROL_HEADER=true evita que Symfony aplique una caché automática cuando se utiliza la sesión.

Volvemos a localhost:8000/test y abrimos la solicitud con el inspector (pestaña **Red** o **Network**). Encontrará los parámetros de caché que ha definido en el encabezado de la solicitud:

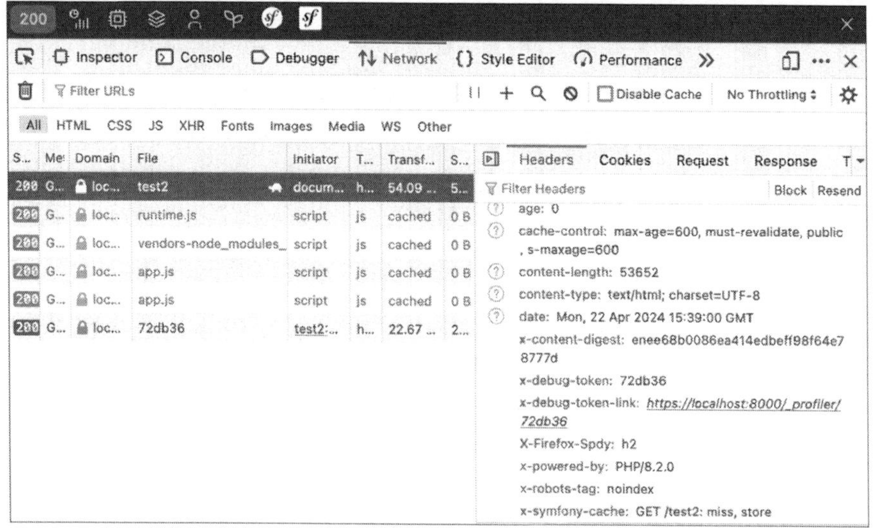

La última línea **X-symfony-cache** indica que la página ha sido almacenada en caché.

Si actualiza la página, verá que esta vez se utilizó la caché: **X-symfony-cache**: fresh

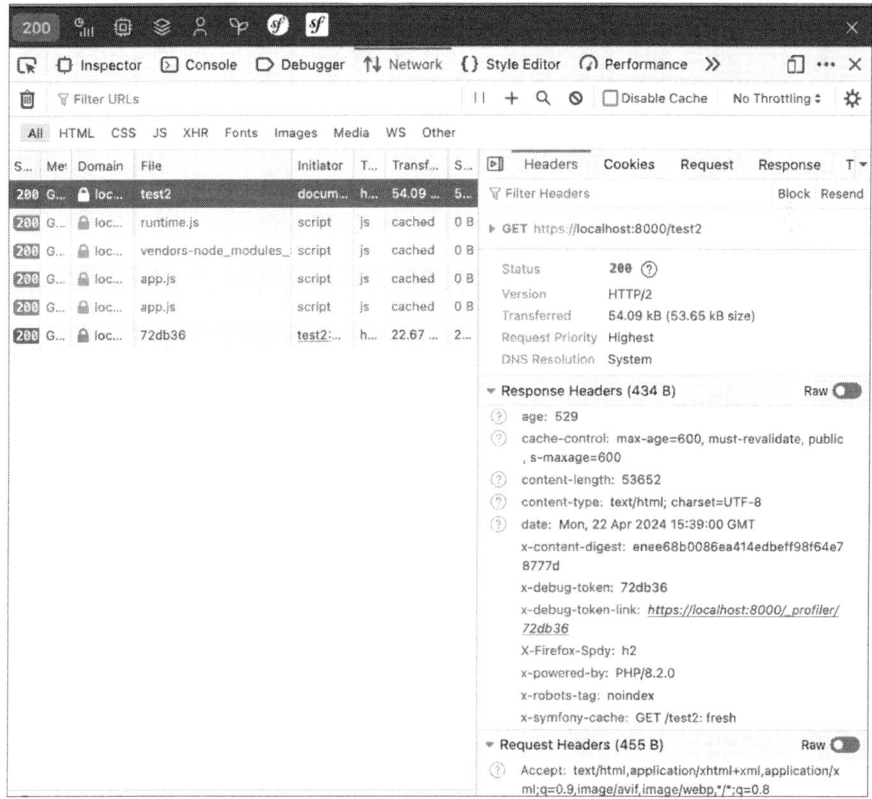

También observará el contador de edad (Age), que aquí es 529. Cuando alcance el valor de **max-age**, la caché se refrescará nuevamente.

Encontrará más información sobre el uso de la caché HTTP, y especialmente sobre los **includes** (Edge Side includes, cada vez menos utilizados) en la página de Symfony:
https://symfony.com/doc/current/http_cache.html#symfony-reverse-proxy

3. El entorno de producción

El entorno de producción es sustancialmente diferente al entorno local. Recuerde hacer una copia de seguridad de su archivo **.env** como **.env.local** para poder recuperarlo más adelante. Además, puede desactivar **.env.local** del control de versiones si está utilizando GIT, por ejemplo.

A continuación, debe crear las variables de entorno en el archivo **.env** que correspondan a su entorno de producción:

```
APP_ENV=prod
```

Desactivar el modo debug con la variable APP_DEBUG:

```
APP_DEBUG=false
```

Modificar la URL de acceso a la base de datos de producción. Que no se quede la contraseña por defecto:

```
DATABASE_URL=mysql://user:psswd@bdd_address/db_name
```

Y, finalmente, el acceso al servidor de email:

```
MAILER_URL=smtp://email_server_address
```

4. Comprobar la seguridad de las dependencias

Existen multitud de dependencias en un proyecto Symfony. Podrá constatarlo abriendo la carpeta **Vendor** lo podrá ver. El volumen es gigantesco y resulta imposible conocer de memoria todos las vulnerabilidades.

Para comprobar la seguridad de las dependencias, puede utilizar el comando:

```
symfony check:security
```

Si obtiene este mensaje:

```
No packages have known vulnerabilities.
```

¡Todo está bien!

5. Preparar el servidor de producción

Para preparar el servidor de producción y hacer que su aplicación sea visible en Internet, es necesario instalarla en un servidor remoto, conocido como servidor de producción. Este servidor debe ser compatible con la configuración de Symfony.

Si ha optado por un servicio de alojamiento (un sitio que le ofrece alojar su aplicación en uno de sus servidores), es fácil probar el entorno del servidor.

Puede encontrar muchos proveedores de alojamiento en Internet. Es recomendable elegir un proveedor de alojamiento de pago, ya que suele ser más confiable.

Para verificar si su servidor de producción cumple con los requisitos de Symfony, ejecute el siguiente comando en el terminal local:

```
symfony check:requirements
```

Si aún no dispone de servidor de producción, puede comprobar la configuración necesaria en la página:
https://symfony.com/doc/current/setup.html#technical-requirements

6. Desplegando la aplicación

Para desplegar la aplicación en el servidor de producción, tiene dos posibilidades.

Puede utilizar un programa como FileZilla (o Cyberduck en Mac) o puede desplegar en la nube (también llamada Cloud o «el servidor de otro»).

6.1 Desplegando vía FTP

FTP es un protocolo de transferencia. No tiene que preocuparse por ello, es solo un medio de comunicación entre ordenadores (el suya localmente y su servidor de producción a distancia).

VSCode permite desplegar su aplicación gracias al complemento ftp-simple.

- Instale el plug-in.
- Pulse [F1] y escriba ftp-simple.
- Seleccione la opción config ftp-simple.
- Establezca los parámetros de configuración de su servidor de producción (suministrado por el proveedor de alojamiento).
- Pulse nuevamente la tecla [F1] y escriba ftp-simple.
- Seleccione Crear directorio en el servidor FTP. Especifique la dirección del servidor.
- Seleccione el directorio raíz de su aplicación y luego pulse [Ctrl][Shift] **S**.

Si tiene dificultades con VSCode, lo más sencillo es utilizar una herramienta FTP, como FileZilla (o Cyberduck en Mac).

Vaya al sitio https://filezilla-project.org

- Descargue FileZilla y ejecútelo.

Aparecerá esta pantalla:

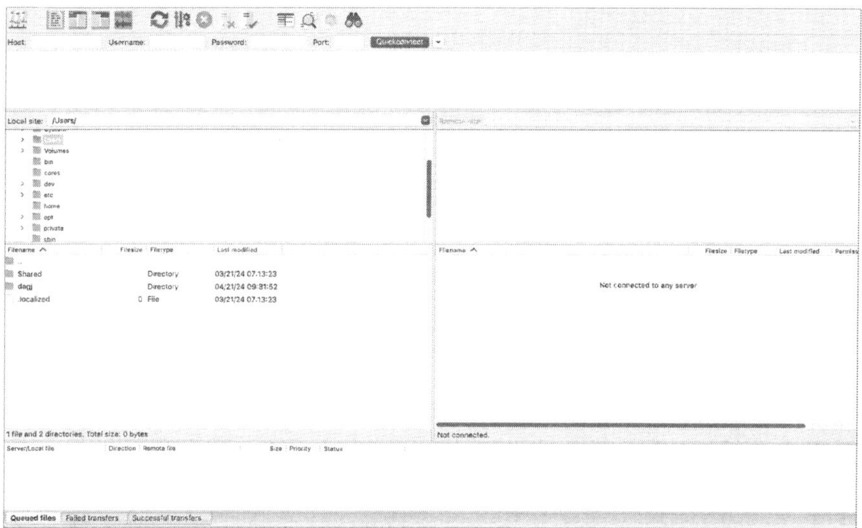

Si introduce en la barra superior el nombre de su servidor (Host), su inicio de sesión para el servidor (Username) y su contraseña (Password), verá en la pantalla de la derecha (Remote Site) las carpetas de su servidor remoto.

Entonces, simplemente arrastre y suelte la carpeta **miAppSymf** de su aplicación de la pantalla izquierda a la derecha y comenzará la descarga.

Esto puede llevar algún tiempo, ya que Filezilla tendrá que cargar todas las dependencias contenidas en la carpeta vendor.

Observación

Si tiene acceso ssh (pregunte a su proveedor de alojamiento), podrá instalar directamente estas dependencias a través de Composer en el servidor de producción (solo necesitará cargar el archivo composer.json y ejecutar composer install en modo ssh).

También necesitará aplicar las migraciones de las bases de datos en producción. Una vez más, requerirá acceso en modo ssh para acceder a la consola de su servidor de producción (pregunte a su proveedor de alojamiento).

Es importante saber que Windows 10 incluye un cliente OpenSSH nativo. Se encuentra en las opciones adicionales:

Texte manquant à traduire:

- Recherchez **Application et fonctionnalités facultatives** dans la barre de recherche Windows.
- Gérez les fonctionnalités facultatives.
- Cliquez sur **Client OpenSSH** et installez-le s'il n'est pas déjà installé.

Si no tiene acceso en modo ssh a su servidor de producción, la única solución es hacer todas las migraciones de su base de datos localmente.

Luego, deberá exportar su base de datos local al servidor de bases de datos remoto.

Esta última operación se puede realizar con phpMyAdmin.

- Ejecute Wamp y acceda a phpmyadmin: **localhost/phpmyadmin**.

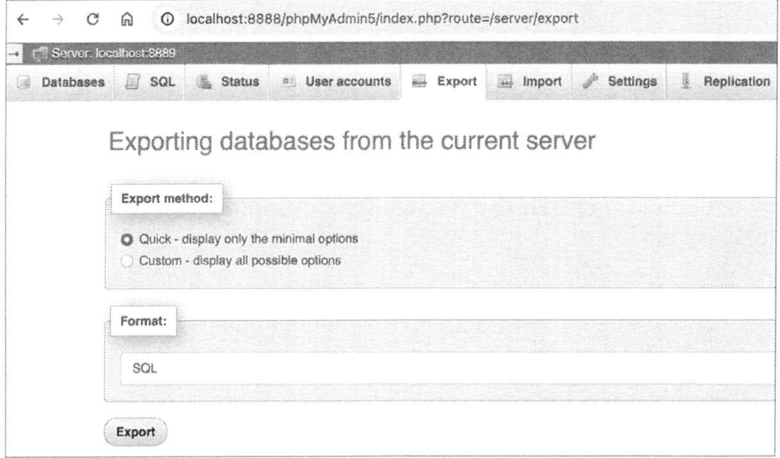

- Use la opción de la pestaña **Export**.
- A continuación, lance phpMyadmin en su servidor de producción e importe su copia desde la pestaña **Import**.

Desafortunadamente, esto solo es posible si la base de datos que quiere exportar no es demasiado pesada.

De lo contrario, tendrá que recurrir al comando mysqldump de Wamp. Para ello, proceda del siguiente modo:

- Inicie WampServer y espere a que el icono de Wamp esté en verde.
- Abra un terminal de comandos de Windows (teclas [Windows] **R** o vaya al menú de inicio y busque **cmd**).
- Busque la versión correcta de MySQL en el directorio **wamp64/bin/mysql)**:

```
C:\Users\PC> cd C:\wamp64\bin\mysql\mysql8.0.31\bin

C:\wamp64\bin\mysql\mysql8.0.31\bin>
```

▶ Lance el comando con la versión correcta de MySQL:

```
C:\wamp64\bin\mysql\mysql8.0.31\bin
```

Para volcar/exportar una base de datos, use el comando:

```
mysqldump -u username -p dbname > filename.sql
```

Por ejemplo, para exportar nuestra base de datos miappsymf a un archivo llamado miappsymf.sql:

```
mysqldump -u root -p miappsymf >
c:/wamp64/www/miAppSymf/miappsymf.sql
```

▶ Introduzca la contraseña que se le solicite (no hay contraseña predeterminada en Wamp) y luego pulse Enter.

Si regresa a su aplicación miAppSymf, encontrará el archivo de respaldo de la base de datos: **C:\wamp64\www\miappsymf.sql**.

Puede abrir este archivo en VSCode. Contiene todos los comandos MySQL para crear su base de datos.

▶ Exporte este archivo al servidor de producción a través de Filezilla.

Para importar su base en el servidor de producción, necesitará acceso en modo ssh a su proveedor de alojamiento y ejecutar el comando:

```
mysql -u username -p miAppSymf < miappsymf.sql
```

donde usuario es el nombre de inicio de sesión para la base de datos del servidor. También se le pedirá la contraseña.

6.2 Desplegando via herramientas open source

También tiene herramientas de código abierto para desplegar su aplicación. Se le proponen dos aquí: https://deployer.org/ y https://capistranorb.com/.

6.3 Desplegando vía el Cloud

Hoy en día, las empresas a menudo ya no gestionan ellas mismas el despliegue y la infraestructura de las aplicaciones. De hecho, cada vez más utilizan plataformas capaces de manejar esta fase del desarrollo de aplicaciones en su lugar. A menudo se habla de plataforma como servicio (PaaS), que despliega aplicaciones web en la nube.

El interés de estas soluciones es que usted compra un servicio con todo lo que eso conlleva, y no un servidor. Estas empresas son especialistas en infraestructura. Se encargarán de administrar sus servidores y todas las aplicaciones relacionadas. Por ejemplo, si hay una gran carga en su servidor, estas plataformas pueden actualizar automáticamente sus servicios para hacer frente al flujo de nuevos visitantes.

Como desarrollador, ya no tendrá que ocuparse de problemas de despliegue o configuración. Podrá concentrarse únicamente en su desarrollo.

He aquí algunas direcciones de nubes útiles:

https://platform.sh/

https://aws.amazon.com/

https://cloud.google.com/

Necesitará registrarse para poder utilizar la nube. La mayoría de estas nubes son de pago, pero puede obtener acceso gratuito para probar la aplicación.

A menudo, también deberá desplegar su aplicación a través de Git (software de control de versiones). Esta herramienta le permite gestionar diferentes versiones de su aplicación. Es muy útil, especialmente si trabajan varias personas en la misma aplicación.

Aquí encontrará ayuda para usar Git: https://git-scm.com/book/

Capítulo 23
Conclusión

Hemos llegado al final de este aprendizaje de PHP y Symfony. Esperamos que este libro le haya ayudado a comenzar su proyecto sin dificultades. Recuerde revisar y volver a practicar los ejemplos propuestos.

Si se encuentra bloqueado por alguna razón, puede consultar este foro, que es realmente útil: https://stackoverflow.com/

Una función de búsqueda le permite encontrar respuestas a un problema específico.

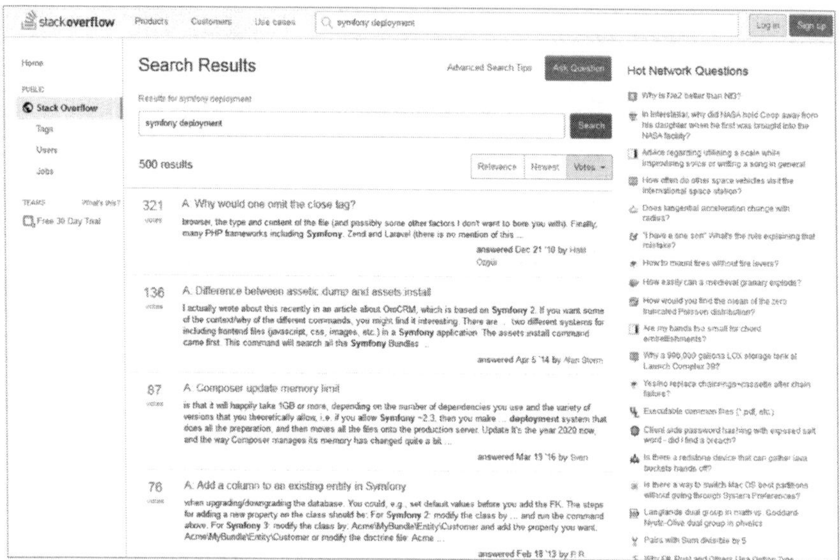

□ Haga clic en la pestaña **Votes** para ver las respuestas que han recibido más aprobaciones.

No olvide especificar la versión de Symfony que está utilizando para obtener respuestas más precisas.

Antes de despedirnos, le deseamos que profundice aún más en su exploración de Symfony y que siga la evolución de este maravilloso framework a lo largo del tiempo.

B

C

D

E

F

G

H

I

J

L

N

P

S

T

U

V

Para poder acceder durante un añoa
la versión online de este libro,
envíenos su justificante de compra a

librodigital@ediciones-eni.com

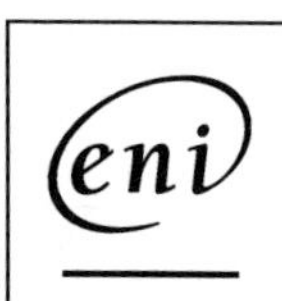